陕西理工大学人才启动项目“马克思现代性批判理论及其当代价值”(项目编号 SLGQD1813) 成果

马克思现代性批判理论及其当代价值

MAKESI XIANDAIXING PIPAN LILUN
JI QI DANGDAI JIAZHI

余艳 · 著

人民出版社

目　录

前　言

哲学是对时代的反思。当西方世界开始工业化进程的时候，人类开始进入一个新的时代。现代性正是对这种新时代反思的结果。在对现代性进行反思批判的过程中，德里达的解构主义、福柯的后现代理论、利奥塔的后现代主义、詹姆逊的晚期资本主义的文化逻辑等表现得尤为突出；而现代性的捍卫者中最著名的当属尤尔根·哈贝马斯。另外，还有从社会学、政治学、美学、文学等层面论述现代性的，如吉登斯、罗尔斯、沃尔夫等。

对于处于特殊历史情境的中国来说，深刻理解马克思的现代性思想，具有特殊、重要的意义。本书旨在通过深入研究马克思现代性思想，对其现代性批判的逻辑架构、批判领域、批判方法论特征以及对当代中国转型社会的价值等问题作出思考与回应。为此，本书从现代社会发展的现实出发，对马克思的文本进行深入开掘。

本书绪论首先介绍了现代性问题的缘起、现代性论争以及马克思现代性思想在当代社会发展中的凸显。第一章阐述了现代性与现代性批判，主要包括现代性研究的缘起及相关概念、现代性的特征、西方现代性的反话语；第二章展示了社会政治现实，即马克思现代性批判的基础，主要包括现代生产与现代性的关系、马克思现代性批判关注的现实；第三章讲述了从自我意识到异化——马克思现代性批判的全面展开，主要包括马克思现代性批判的理论基础、马克思批判的核心概念——人的类本质、资本主义社会的全面异化——现代性状况；第四章介绍了马克思现代性批判的特点及其限度，主要包括马克思现代性批判的特点以及马克思现代性批判思想的限度；第五章描述了马克思与当代社会性话语的对话，主要包括当代思想对话的基础与途径、马克思与福柯（资本、权力与现代性）、马克思与哈贝马斯（社会总体与领域分化）；第六章探讨马克思现代性思想对当代中国现代性建构的价值，主要包括马克思关于超越现代性的理论主旨、对资本主义现代性自由的超越、马克思现代性批判理论对当代社会的价值；第七章分析了现代性中的“我”和“我们”，主要包括“我”的主体性建构基础——自我认识、“我”的主体性建构——自我实现、“我”的主体性建构目标——自主生活、超越现代性中的“我们”——“自由的共同体”。以上七章内容力图实现理论与实践的融合，在这种融合的视野下揭示出马克思现代性思想的理论旨趣。

本书适合马克思主义理论研究者及中国现代性建构主题研究者进行阅读与参考。鉴于作者水平有限，书中难免存在不足之处，恳请读者提出宝贵意见和建议！

绪　论

一、现代性问题的缘起

今天，我们的生活完全可以说是一种充斥着“现代性”的生活。就像美国学者伯曼指出的，“人们即便在其一生中从来都没有听说过现代性这个词，也可以成为现代主义者”①。因为这种现实生活的变化，当代越来越多的人文社会科学把“现代性”作为其研究的核心问题。为什么现代性问题会成为人们持续关注的焦点呢？这就需要回到人类几个世纪以来所经历的现代化历程中去考察。现代社会的发展，现代科技的广泛运用，使得人类社会创造出迄今为止最高水平的人类文明，随之而来的，它也带给我们人类社会一些令人头疼的现象：经济危机、政治动荡、文化虚无、世界大战、生态危机等，它们日益暴露出现代性的内在矛盾和基本困境。现代社会发展进程中的矛盾与困境，促使人们对现代社会及其流行的“现代化理论”进行深入的反思与重新理解。

现代性正是这种历史的苦难和反思的结果。具体来说，现代性问题成为多方关注的焦点，既有来自现实的成因，也有来自理论层面的成因。从

① ［美］马歇尔·伯曼：《一切坚固的东西都烟消云散了：现代性体验》，徐大建等译，商务印书馆2003年版，第10页。

现实看，高度的大工业和现代化对人类生活产生了很多负面影响，危及人类生存环境甚至直接危及人类及地球的生命安全。人们开始对科技理性支撑的现代化进程产生怀疑：现代化带给我们的到底是福是祸？现代化进程到底要达到什么样的目标，要把我们带向何方？从理论的角度来分析，后现代理论对人们的影响更深，引起了人们对现代化进程的思考，使得“现代性”几乎成为学者们研究的核心问题。而当人类带着疑惑和憧憬跨过新千年的门槛后，先是亚洲金融危机，接着是源自美国进而席卷全球的金融危机，使得伤痕累累的西方现代性再次受到重创，怀疑与质询的目光再次聚焦现代性，怀有强烈责任感的学者们不禁再度审视现代社会的方方面面。现代性，将走向何方？

二、现代性论争

西方世界先于东方迈进了现代的门槛，因而早在康德、黑格尔的时代，对现代性的思考就已经开始了。但是那时，现代性并未充分展开，现代性问题只是以一种抽象的形式隐含在敏感的哲学家的沉思中。而随着现代化进程的推进，启蒙时代乐观的进步观念受到了现实的沉重打击，现代性问题日益凸显。及至 20 世纪六七十年代，随着后现代主义兴起，现代性问题一直是学界激烈争论的焦点，这便是旷日持久的现代性与后现代性之争。

可以说，“现代性”问题是在后现代主义思潮中被明确“课题化”的。激进的后现代主义者如利奥塔、德勒兹、德里达等将现代性指认为宏大叙事、同一性强制、逻各斯中心主义等，他们在不同程度上开始对现代性的思想根基如主体性、理性主义进行严苛的批判，对这些概念进行解构，这种对现代性的批判似乎宣告着现代性的终结，后现代开始降临人们的生活。几乎与此同时，又有另外一种声音出现，这些学者被称为保守自由主义者。在这些保守自由主义者的眼里，现代性并未结束，甚至可以说，现代性是人类社会永恒的发展形式。其中，最为大家熟知的是福山，福山认为现代性的最高成果就是资本主义的自由民主制度。在他看来，人类社会发展不可能出现大的、根本性的危机，从而也就不需要或者不会发生根本性的社会革命，资本主义道路本身就是人类未来的发展之路，现代性会成为人类历史的终结，是人类历史发展的终点。

后现代主义的现代性“终结论”和自由主义的现代性“不可超越论”看似对立，实际上有着共同的理论前提：两派理论学者都忽略了现代性是一个矛盾综合体，它当中包含着多对既相互转化又相互依存的矛盾。现代性不是一个简单的同质整体。正是因为现代性内部存在着这些矛盾，也使得它自身也就包含着解决现代性危机的条件。正是针对这种缺乏矛盾性思维的思考方式，两派学者都指出了问题，但也错失了思考现代性问题、寻找现代性出路的正确方法。

针对这种简单化的理论视野，西方一部分现代性理论家自觉地打破了激进的后现代主义者和保守的自由主义者关于“现代性同质性”的神话，从而在更为复杂的视野中重新提出了现代性问题。后现代主义家族主要有德里达的解构主义、福柯的后现代理论、利奥塔的后现代主义、詹姆逊的晚期资本主义的文化逻辑，等等。德里达的名字与“反逻各斯中心主义”和“解构”这两个词紧紧联系在一起，这是他的学术思想的关键词。他从颠覆言语和文字之间的关系入手，拆解西方传统中的各种“逻各斯中心主义”或“在场形而上学”，主张意义的不确定性和多样性。福柯一生的著述都围绕“权力”“真理”“主体”这几个概念，对现代性和人本主义进行批判，其无论是对“人已消亡”的宣告，还是对现代权力与知识形式已结成同盟而形成一种新的统治形式的批判，都带给当时以及其后的思想界极大震动。利奥塔的《后现代状态：一项关于知识的报告》影响极广，几乎成了“后现代”的宣言，它在很大程度上使得“后现代”概念以及与之相关的新术语得以广泛流行。其后现代论说的矛头直指现代性中以“普遍真理”或“人类解放”为宗旨的种种理论及其在现代社会中的实践后果，他使“拒斥形而上学”不再局限于自然科学领域而是延伸到一般文化现象，发展成对种种元叙事的否定。可以说，在后现代视野中，一切对现代性的叙述，包括科学的叙述，都可以被看成语言游戏，语言游戏是后现代状态下的知识或文化特征，科学知识的合法性根据出现危机。理论上的反基础主义在政治上相应地表现为反权威主义，既然作为政治权威之基础的元叙事已不复存在，那么政治权威的合法性也就成了问题。利奥塔的政治观是反对西方的种种理论权威，尤其是以理性为名义的理论权威的现代政治体系。只有充分承认和体现不同意见的政治才有可能是公正的。利奥塔所想象的政治及其公正概念主要是否定性和批判性的，确切地说是对现代西方的普遍主义、权威主义政治的否定和批判。利奥塔已经成了猛力攻击总体化和普遍化的理论与方法、捍卫一切理论领域以及话语中的异性与多元性的一面旗帜。

而现代性的捍卫者中最著名的当属久负盛名的德国哲学家和社会理论家尤尔根·哈贝马斯。另外，还有从社会学、政治学、美学、文学等层面论述现代性的，如吉登斯、罗尔斯、沃尔夫等。哈贝马斯回应了后现代理论家对于理性所作的激进批判，为此，他重新梳理了自黑格尔以来的现代性的哲学话语，宣布意识范式的终结，批判以主体为中心的理性，以及它所促进的对自然、社会和自我的支配。但是，哈贝马斯没有彻底解构和放弃理性，而是主张用新的理性，即用交往理性取代以主体为中心的理性。哈贝马斯坚决捍卫启蒙理想，在他看来，真正的问题不是过多的启蒙，而是启蒙远远不够；不是理性过度，而是理性不足，启蒙的缺陷只能靠进一步的启蒙来解决。

围绕着日益复杂化的现代性问题，现代社会思想呈现出光怪陆离的

"思想光谱"。根据对现代性的基本态度，现代社会思想可以大致分为四种基本言路：现代主义、反现代主义、后现代主义和新现代主义。在现代社会诞生之初，现代主义者就担起了为现代化进程保驾护航的重任。以启蒙思想家和德国古典哲学家为代表的现代主义者主张历史发展、社会进步的必然性和无限性：在理性的指导下，普遍人性能够通过科学技术、政治经济的发展而不断得到完善。他们的思想根植于启蒙思想主流的理性主义、进步主义和普遍主义观念之中，任何对于现代性进程的批评，都有可能被他们视作"反动"和"复古"而予以拒斥。反现代主义者直接构成了现代主义者的对立面。浪漫主义思潮返回到古希腊经典中去汲取灵感的路径，可以归结为早期的反现代主义。针对现代社会的种种问题，反现代主义者喜欢谈论人类文明的堕落、传统生活的丧失、价值秩序的颠覆、超验价值的枯萎等主题。这些主题持续发酵、生长，并进一步构成了后现代主义的基本母题。现代主义者关于人性的无限可完善性和历史持续进步的诸种信念，在当代遭到了后现代主义者的系统拆解和全盘颠覆。以利奥塔、福柯等为代表的后现代主义者坚持认为，现代主义者关于人性、理性和进步的一整套普遍主义观念系统恰恰构成了现代性的"宏大叙事"或"知识型"，这种宏大叙事或知识型正是一种阴险的权力机制，将每一个个体都整合到强制同一化的规训体系之中加以严密控制和深度形塑。后现代主义这些激烈的批判思想被快速接受，整个身处现代性社会的人们都或多或少地开始思考现代性问题。这种态势使得一种新的思考方式随之产生，这被后人叫作新现代主义。新现代主义者中影响最为广泛的有哈贝马斯、吉登斯、贝克。他们最大的特点是在自己思想的内核中，自觉地将后现代主义针对现代主义的批判吸纳进来。这就使得他们的现代性不同于传统现代性思想，而是从内具有一种自我反思、自我批判的特点，因而不同于旧有的现代性，成为新现代主义。对于现代主义有关人性、理性、进步和普遍性的基本理念内核，新现代主义者并未轻易抛弃，继续沿用了这些理念，但显然在他们那里，这些理念的实质指向已发生了改变。因为这种扬弃，新现代主义者开辟了一种新的思维模式，他们既没有像现代主义者那样不可避免地走向现代化，也没有像反现代主义者那样走向现代性的对立。在对现代性的态度、未来预测上，也没有表现得像后现代主义者那样，早早地就预言现代性已经结束。

值得注意的是，在异彩纷呈的现代性话语中，马克思的现代性思想却发生了显著的“缺席”。这不仅与激进的后现代主义者将马克思和马克思主义当作现代主义宏大叙事的典范而排斥有关，而且也与保守的自由主义者将资本主义自由民主制度宣布为历史的终点、将马克思主义宣布为“已经破产的乌托邦”有关。但比这些对马克思的误解更为严重的问题是：即使是马克思主义者自己对于马克思现代性思想的理论内容和当代价值也没有形成系统而明确的阐释。为了重新凸显马克思现代性思想的特殊地位，以马克思的视野、方法推动现代性问题的思考，我们有必要在当代境遇中“激活”马克思的思想资源。以马克思的视野、方法审视和思考现代性问题，构成了我们今天深化现代性问题研究、推动社会全面发展的关键路径。

三、马克思现代性思想在当代社会发展中的凸显

呼唤马克思现代性思想的重新出场，不仅仅是出于理论话语多样性的考虑，更是当代中国社会发展实践的现实需要。在当下甚至很长一段时间内，中国社会面临的主要问题，从根本上讲还是现代化的问题，或者说在全球化的背景下、在中国转型的特殊境况下，如何建构现代性的问题。从历史进程看，中国的现代化之路可以说是荆棘满途、风雨漫天。这种曲折既有国际条件的限制，也有中国建设的特殊国情的原因。中国当代现代化

的曲折，以及这个过程中的命运多舛，不得不使我们冷静地思考：在当代中国，如何建构现代性？如何处理现代性的矛盾和冲突？这种矛盾和冲突是现代性本身具有的还是中国特殊国情决定的？……凡此种种，当我们思考时，我们最终不免将思考的目光放置在“现代性”本身。在这种社会现实中，曾经在中国革命、建设中无数次引导我们走出迷雾的马克思思想无疑成为我们汲取力量的思想来源。从现实看，当代中国现代性建构中所凸显的矛盾与冲突、全球现代性发展中的危机与困境等都不断召唤着马克思现代性话语的出场。

（一）马克思现代性思想与中国当代社会发展的“相关性”

马克思的现代性思想在时代境遇、问题意识等方面与当代社会发展密切相关。不可否认，马克思所处的时代是资本主义社会发展的早期，距当今中国已有一百多年，社会发展的形态、社会性质等都存在很大差异。但是，这两个时代也有显著的共同点：从经济形态来看，这两个时代都处于市场经济社会形态。而且，马克思的现代性思想本身还具有一种可贵的前瞻性。正是基于这种共同的经济特征，马克思所描述的、关注的现代性问题同中国社会所面临的、关心的问题就发生了奇妙的重合。从内容上看，二者都注意到了在现代性社会中出现的异化现象、社会的断裂、价值缺失失衡的现状。中国的当代学者很多也认同马克思的观点，认为这些现象的根源在于资本逻辑的运行，并且试图通过从现代性内部找寻超越现代性的方式，从而建构新的现代性。相似的社会特征、关注点的重合，使得马克思的现代性批判思想的观点内容、思维模式对于中国构建现代性有了重要的借鉴意义。中国的现实召唤着马克思现代性批判思想的出场。

从全球范围看，当代中国现代性建构所处的时代境遇仍然是资本主义主导的时代，这就决定了马克思的现代性思想依然是我们时代不可超越的

“地平线”。即使是当下的时代，在不同的学者那里，也被按照他们理解的特征冠以诸如“全球化的时代”“后工业时代”“信息时代”“消费社会”等中性概念，但是这种名称无法掩饰它仍然是资本主义形态的事实。现代性的全球化特征是因为资本在全球的扩展而凸显的。虽然当代的资本主义在发展过程中做了诸多调试，但这种调试还没有突破资本主义框架，“后资本主义”时代尚未到来。因此，马克思的资本主义现代性批判思想仍然具有强大的生命力。诚如吉登斯所说：“西方社会自马克思出现以后，出现了一系列的变化，这些变化正是阶级冲突的一个缩影，但是即便社会发生了变化，但是资本主义的性质是不变的。”“马克思的著作在分析社会的时候仍然具备其不可忽略的重要作用。”① 当下，现代人只要还生活在资本主义的大时代中、仍然身处于资本运动所带来的各种利弊之中、仍然跟随资本逻辑的节奏而生活，马克思的资本主义批判视野就是不可替代的。为此，萨特反复强调马克思主义在我们时代的这种不可超越性，他认为马克思主义几乎还处于一个幼年的生长期，在整个时代中马克思主义的哲学都有其不可超越之处：“因为产生它的情势还没有被超越”②。

当代全球境遇的新变化为中国现代性建构创造了新的机遇、提出了新的挑战，这就需要进一步发挥马克思现代性思想的启迪作用。20 世纪最后 20 年，西方新自由主义经济政策的推广使得现代性在实践中发展出了新的景象，世界的融合前所未有地加深，世界被称为“地球村”。这种高度发展的全球化形式，隐然挑战着国家的分界，跨国公司、垄断资本似乎正在成为凌驾于国家强权之上的新力量，统治着全世界。这一切同马克思所描述、预言的如此一致。不久，这种全球化现代性带来的大规模的经济危机，使得新自由主义面对了严重的质疑和批判。但是需要强调的是，我

---

① ［英］吉登斯：《批判的社会学导论》，郭忠华译，上海译文出版社 2007 年版，第 42 页。

② ［法］萨特：《辩证理性批判》（上册），林骧华等译，安徽文艺出版社 1998 年版，第 28 页。

们并不认为，因为有全球化的经济危机，发展中国家就应该对全球化采取全盘抵制的消极态度。应该看到，在当代社会，市场经济的广泛触角导致全球化已然成为一种必然发展趋势，全球化已是一种现实的境遇，发展中国家只能思考：在全球化进程中，如何既能有效利用全球化平台获取利益，又能使本国避免被吞噬，保持自己的独立性。这是现代中国亟须解决的重要问题，同时也造就了马克思现代性批判思想在当下中国发展的机遇。

全球资本主义的矛盾冲突决定了中国现代性建构必须坚持社会主义方向，这就需要我们在当代现实问题中“激活”马克思的现代性思想。从马克思主义的视野看，资本主义现代性的悖论就在于，资本不断地克服自我扩张的界限，却又不断地在自己身上遭遇到这种界限。资本主义一方面主导了政治、经济、文化的世界体系，但另一方面无法将自身推广到全世界的每个国家和地区而形成一个稳定、完整、全面的资本主义“世界王国”。历史证明，全球资本主义的想象仅仅是一个被虚构出来的“伪黎明”。世界范围内频繁爆发的政治冲突和经济危机，显现出自由民主的历史终结论、新自由主义的自由市场理念等意识形态的深刻局限，同时也暴露了资本主义现代性发展在其方式上存在的矛盾。这些矛盾是无法从根本上解决的，始终制约着全球资本主义的发展进程，显现出资本主义必将被超越的历史暂时性。在吸收资本主义创造的一切现代性文明成果的同时，当代中国应当努力探寻超越资本主义的“另类现代性道路”，建构社会主义现代性，这就尤其需要马克思现代性思想的重新出场和实践参与。

再从中国现实看，面对当代中国社会发展，我们的关注点不是“要不要现代性”的问题（这已是一种既定的事实），而是应该探讨“要什么样的现代性”的问题。这就隐含着一种预设：建构一种新的现代性社会，超克旧的传统现代性社会。显然，马克思现代性批判思想就可以满足这种要求，他的思想就蕴含着人类解放的路径。那么，马克思的现代性思想必然成为当代中国的社会实践汲取启示与灵感的源泉。

改革开放以来，特别是近二十年来经济改革的深入化以及国家鼓励创新，增强了人们的自主性与创造性，使社会生活及结构发生了深刻的变化，中国社会从总体上步入快速发展的历史阶段。20 世纪 90 年代全面启动的市场化改革的特征主要体现在两个层面：其一，在国际上，改革将中国全面纳入世界市场，要求经济生活乃至整个社会生活与国际“接轨”；其二，在国内，改革将市场关系扩展到社会生活的方方面面，要求经济生活甚至整个社会生活都与市场交换、经济效益挂钩。以计划经济、平均主义体制为核心的生活方式迅速解体，市场经济与大众文化蓬勃发展，市场化改革取得了举世瞩目的成就，推动了社会生活的快速发展；而与此同时，市场经济的不完善、发展方式的不健全也带来了一些社会问题，诸如贫富差距拉大、腐败现象、物质主义泛滥、人文精神失落、生态环境严峻等。市场化改革过程中出现的一系列问题逐渐显现出中国现代性发展可能面临的风险与挑战：资本逻辑与权力逻辑相互结盟所推动的工具理性化趋势。恰如《启蒙辩证法》里描述的：“市场经济既成了理性的现实形式，又成了破坏这种理性的力量。”① 市场经济如果缺乏有效的政府规制与合理的民主参与，就可能会在无限扩张的趋势中造成社会生活的畸形发展。

迄今为止，应该看到，在发展的中国现代性中，内含着大量难以克服的矛盾，但仔细分析，其中也蕴含着解决矛盾的因素。对现代性的超越，不是排斥现代性，而是利用现代性蕴含的有利因素，从内克服现代性的危机。在这里提到的超越其实是一种对片面化以及畸形的现代性的超越，推动着现代性逐步完善，变得更加全面而健康。“片面化的现代性”其根源在于：资本逻辑主导的市场机制和权力逻辑支撑的官僚制体系相互结合，

---

① ［德］马克斯·霍克海默、西奥多·阿道尔诺：《启蒙辩证法》，渠敬东、曹卫东译，上海人民出版社 2006 年版，第 78 页。

并支配着整个社会生活，排斥人民的民主参与，将个人和社会都视作资本积累与权力扩张的工具。与此相反，“完整的现代性”则是真正的科学发展、理性发展：整个社会生活将“人的全面发展”当作目的本身，由此出发，整个社会对资本逻辑和权力逻辑实现合理利用与有效支配。扬弃旧的现代性发展方式，建构新的现代性发展方式，其核心就在于对片面化的现代性的超越，对更加完整的现代性的呼唤。

超越片面化的现代性，首要的是对中国的现代性现实状态有准确、清醒的认知，只有如此，才能有正确合理的超越实践。当前中国社会在国内国外都存在矛盾，国际上存在资本逻辑和社会现代主义的矛盾，西化势力为我国的现代化发展带来了极大影响；国内在市场经济不断发展的过程中，道德、人文、效率等逐渐与功利、科技以及公平等要素产生矛盾，现代性的正常发展受到“物化”现象的侵扰，压力巨大。① 片面化的现代性发展方式的本质就在于：没有合理解决上述两大矛盾，从而导致资本逻辑的全球扩展妨碍民族国家的自主发展，经济效率至上损害社会公平，功利取向腐蚀人文精神等社会断裂、失衡现象，严重危害社会整合与人民民主，从而也妨碍人的自由全面发展。要实现对这种片面化的现代性的超越，就必然要扬弃“唯经济增长”的片面的发展实践和理念，克服对资本和权力的不合理操作方式及其负面社会后果，从而合理地解决中国现代性社会的矛盾。

对于当代中国而言，克服现代性、建立新的现代性的最终目标应该是人的全面发展。这一目标达成的具体方式绝不是抛弃全部的现代性，而应该是在现代性社会里，对现代性社会的发展方式进行有效干预，对其不合理的发展方式进行矫正，既要利用资本、国家权力的强大作用，又要适时

① 丰子义：《发展的反思与探索——马克思社会发展理论的当代阐释》，中国人民大学出版社 2006 年版，第 147 页。

调控资本及权力的扩张，积极推动社会发展，为人的全面发展提供外在环境，夯实物质基础。具体来说，首先需要处理好“国际接轨”与“自主发展”的关系，应当立足于本国现实，结合中国的改革实践，同时积极学习国外资源与经验，依靠国际平台，走自力更生、自主创新的发展模式。其次，克服现代性还要处理好“经济增长”与“人的发展”的关系。在现实中，我们不可能为了追求人的健康发展而放弃经济发展。更常见的情况是为了追求经济增长，而忽视人本真的需要。在社会发展中，应兼顾“公平”与“效率”，完善社会保障体系，健全民主参与机制，限制市场化和私有化在重要行业、基础产业的渗透。这个目标的实现不断督促我们探索现代性发展方式的内在超越之路，开掘与激活马克思和马克思主义的现代性思想的当代价值，努力“召唤”马克思思想当代形态的到来。

（二）马克思的现代性话语：“缺席”与“召唤”

马克思思想在当代现代性论争中的“缺席”具有多方面的深刻原因。一方面，从世界范围内的社会主义实践看，马克思主义在广大非西方社会的革命进程中逐渐成为新兴国家政权的主导性意识形态。这一过程本身就意味着马克思主义有可能从“批判—建构”相统一的双重向度到建构、维护的单重向度的转化，因而无形中会钝化对社会现实进行批判性思考的锋芒。及至 20 世纪 80 年代至 90 年代初的东欧剧变、苏联解体，西方意识形态专家急于宣布资本主义的全胜和马克思主义意识形态的死亡，这又在一定程度上削弱了马克思主义在全球现代性实践中的直接影响力。另一方面，从当代中国的思想状况来看，20 世纪 80 年代西方思想的大规模引入、20 世纪 90 年代“学术凸显，思想淡出”的文化变迁，都在不同程度上推动了马克思主义研究的“学术化”“专业化”。专业学者们更愿意在纯粹学理的意义上甚至纯粹形而上学的意义上讨论马克思主义，因而也就在客观上造成了马克思主义的“学术”与中国现代性建构的“现实”之间的某种结构性脱节。主要由于上述两方面的原因，马克思思想在当代现代性话语和实践中日益淡出。

在这种情况下，马克思主义的革命性被消解，马克思的思想被净化为纯粹的原则。马克思主义的实践性经常因社会主义革命的所谓“失败”被剥离，更多的时候这种实践性是被曲解的：常见的理论误解是将“实践”抽象化，实践成为被用来解决理论对立的良药，但凡有无法说服的理论范式，就利用马克思的“实践”去论证马克思主义思想在思想领域中的领导地位。事实上，在理论的内在性中包含了实践，这是学院化思想与现实之间矛盾的一种体现。另一种趋势是利用“尊重现实”，一些学者更喜欢面对现实的非批判的肯定态度，不再去探寻对现存世界的探索、批判，寻找改变现实的理论路径。这两种思想从表面来看是相互对立的，但事实上都是马克思主义在“革命实践”中的失败案例，其共同基础的实质是相似的。在实践过程中产生的激进主义和实用主义就是马克思主义在实践中失败的最佳展现①。这两种策略表明，马克思主义仅仅存活在知识分子中间，在社会变革的趋势下，马克思主义已经“失去了信任”②。

马克思的思想作为一种理论，具备着实践特征，力图通过实践改变现实，实现人的自由发展，这就使得在阐释马克思主义现代性思想时，存在着理论与实践、学术与政治的矛盾，这种矛盾又进一步导致了对马克思思想的曲解和遮蔽。从20世纪80年代开始，西方的马克思主义学派就深入研究了马克思思想。但是，随着“解构主义”和“释义学”的兴起，特别是发展到后期，他们开始将一切按照自己理论的需要进行解构、解释，原本被赞扬的、能够对抗“霸权”和“强制”的“多元性”与“相对性”，

① 罗骞：《论马克思的现代性批判及其当代意义》，上海人民出版社2007年版，第4页。

② Joseph V. Femia, *Marxism and Democracy*, New York: Oxford University Press Inc., 1993, pp.l–2.

开始变成了相对主义和虚无主义的代名词。马克思思想的阐释成了一种随手可取的工具，仅供实用主义随意取舍。在研究马克思主义的领域里，人们认为马克思的思想适用于多个领域，如市场经济领域、现代性领域、形而上学领域以及反形而上学领域等。面对这种研究境况，马克思思想研究“原道”与“诠释”之间的争论越演越烈。这种争论的实质指向的是在马克思主义的思想内涵中确实存在内在性和确定性。事实上，在马克思主义思想中，其现代性观点的匮乏，更重要的是它的“批判性维度”的缺失，进而导致它的“建构性维度”的缺失。因而，马克思现代性思想所缺席的事实上正是这种“批判—建构”两位一体的“现代性视野”。值得注意的是，“批判—建构”两位一体的复合性视野的缺席并不仅仅发生在马克思主义学界，更重要的是，它还发生在当代中国的现代性理论和实践之中。因此，重新开启马克思主义社会批判视野中的社会建构思路，不仅对于我们建构马克思主义哲学的当代形态，而且对于我们建构中国现代性，都具有重要的理论和现实意义。

在马克思的思想中，对现代性的“批判”与对现代性的“建构”是紧密联系的。对既有的资本主义现代性的批判始终指向社会主义现代性的建构，而社会主义现代性的建构从一开始就根植于对既有的资本主义现代性的批判。批判以建构为导向，建构则以批判为前提，“新现代性”的建构处处需要对既有现代性展开批判，没有针对现代性的批判视野，建构新现代性的视野就无从开启。马克思并不是教条地预言未来，而是“通过批判旧世界发现新世界”①。马克思“超越现代性”的问题意识所开启的，正是“批判”与“建构”相互贯通的思想方式。没有批判就无以建构，或者说，没有对现存状况的深入批判，就没有对未来状况的实质性建构。社会建构并不是毫无根据的幻想，而是社会批判视野中的社会建构，对新社会的建

① 《马克思恩格斯全集》第 47 卷，人民出版社 2004 年版，第 64 页。

构正是奠基在对旧社会的批判上。

“新现代性”的建构需要对既有现代性展开批判，如果现代性批判的视野发生了缺席，那么势必会影响现代性建构视野的开启，从而导致现代性的“批判”和“建构”视野的“双重缺席”。这是因为，如果没有对既有现代性形式的矛盾裂变的批判性理解，就无法找到能够克服这些矛盾裂变的超越路径，因而也就无法规划更为合理的现代性形式的蓝图，也就无法保障现代性的健康发展。从这种意义上说，在批判视野中建构现代性极为符合当代中国发展实践的现实需要。

由于既有发展方式存在着诸多矛盾，当代中国的现代性实践迫切需要开启一种“以批判带动建构”的现代性视野，这就凸显了马克思现代性思想的当代价值。当代中国发展问题的核心在于：超越既有的片面化的现代性形式，建设新的、更为全面的现代性形式。因而，马克思所开启的社会批判视野中的社会建构，恰恰切中了当代中国现代性建构的核心问题意识。

第一章　现代性与现代性批判

当今世界，现代性早就成为这个时代总体性的概念，也可以说是这个时代总的概括，人们的生活、社会关系全部沐浴在它的光辉之下。现代化给现代社会带来前所未有的改变，同时也暴露出一系列令人深思和忧虑的困难与问题。我们惊讶地看到，现代社会带来了巨大的经济增长，克服了传统社会生产力低下的情况，但同时产生了大量我们从未遇到的新困难、新问题。这些问题较之传统社会的问题似乎更难以克服，更严峻地威胁着人类的生存。这种现实，引发了不同领域的学者对现代社会、现代性的深刻反思。

一、现代性研究的缘起及相关概念

现代性的研究在17世纪的西欧国家兴起。现代化理论在美国逐渐建立，是在第二次世界大战后。随后，现代性的研究在20世纪70—80年代获得全面发展。但随着西方发达国家工业社会的确立，工业化带来的矛盾性日渐显露，西方现代性理论不断受到后工业社会研究和后现代研究的挑战。

（一）现代性研究的缘起：西方现代化浪潮

任何一种理论都源于现实的需要。现代性理论的生成同现代化浪潮密不可分。正是现代化浪潮引起的生产生活方式的转变，催生了现代性理论。“西欧的现代化浪潮源于十七世纪的资产阶级世界革命。”[①] 这种现代化浪潮是最早在 17 世纪中叶的英国发端。在这场革命中，资产阶级明确提出自己的政治要求：推翻封建专制统治，确立资产阶级的统治地位。这种政治上的要求，为发展资本主义市场经济、确立资本主义政治制度奠定了基础。政治上的要求促进经济上的变革，这使得拥有政权优势的资产阶级借助国家机器，大力推行现代式生产方式所需要的一切政策和措施。英国的工业革命就是在这个基础上催生出来的。世界在工业革命出现以后划分为两个历史。生产技术的革新、资本主义生产方式的确立、资产阶级与无产阶级的对立等，人们从传统的劳动、生活方式，逐渐转向工业化、自动化、机械化的大规模生产方式，以及由此引发的社会交往、社会关系发生剧烈变化。

法国大革命深受英国资产阶级革命的影响。法国的资产阶级革命淋漓尽致地体现了经济基础决定上层建筑。法国的资产阶级依靠资本主义工商业的发展，以其拥有的雄厚资本、先进的设备在经济上变得极为富有。但因为法国严格的封建等级制度，为国家经济作出卓越贡献的资产阶级仍然被放置在政治地位的最末端——第三等级。资产阶级同农民、城市平民同处于最低政治等级。这种政治上的蔑视同经济地位的优越构成巨大的落差。法国大革命推动了整个资本主义的发展，在法国大革命以后才逐渐确立起资产阶级共和制度。

英国的资产阶级革命是现代化最初的起源之一，在这场革命的影响下最终催生了法国大革命的爆发，其封建专制制度也在此时宣告破灭。传统农业生产方式的淘汰，资本主义工商业的深入渗透，使得劳动者脱离专制控制，从而在资本主义工业为代表的现代国家里，树立起平等、自由、法

① 陈祖华：《现代化理论与实践的哲学反思》，《马克思主义哲学研究》2001 年第 1 期。

制等现代观念，这一切逐渐形成了西方社会现代化的标志。本·迪克斯在研究现代化的时候，说道："我把现代化理解为社会变迁的一种类型。"① 他将社会变迁的其中一种结果看作先锋社会，在英国工业革命以及法国大革命以后，社会的现代化开始浮出水面，在政治以及经济进步与变迁的过程中才逐渐催生出现代化，这是存在于"先锋社会"中的概念。

（二）西方现代性理论的形成与发展

现代化生产方式首先由西方发达国家实践，现代性理论也就最早在西方萌芽。"现代性"一词在什么时候开始出现，不同的学者有不同的说法。"现代"一词出现较早，哈贝马斯在《现代性——未完成的工程》一文中，曾经深入探讨现代这个名词，他认为"现代"一词的词根是拉丁文"modernus"。这个词语第一次出现在公元5世纪末期。它的使用是为了同"当时"（the present）相对应。"当时"本来是指"当代、当今"，后来被引申为"现代时期"，这个世界和过去的古典世界以及中世纪世界都存在本质的区别。"当时"在库尔珀的用法中也有当代、当今的意思，但是古典以及中世纪的内涵已经不被包含在"当时"这个名词含义中②。美国学者马泰·卡林内斯库（Matei Calinescu）在《现代性的五副面孔》一书中曾经提到，最早"现代"这一名词紧密地同基督教末世论联系在一起，尽管现代性概念几乎自动地联系着世俗主义。③ 他指出，从17世纪以来，英国就已经开始风行使用"现代"这个词。《牛津英语词典》中记录了"现

① ［德］沃尔夫·查普夫：《现代化与社会转型》，陈黎等译，社会科学文献出版社2000年版，第135页。

② ［美］大卫·库尔珀：《纯粹现代性批判》，臧佩洪译，商务印书馆2004年版，第21—22页。

③ ［美］马泰·卡林内斯库：《现代性的五副面孔》，顾爱彬、李瑞华译，商务印书馆2004年版，第18页。

代性”一词在 1672 年首次运用的过程：在公元 1672 年，贺拉斯·华尔浦尔在一封信中提到浪漫主义诗人马斯·查特顿的诗，在评价查特顿的诗歌时，他赞美任何只要有耳朵的人“都不能原谅”的“他们‘语调的现代性’”。显然，在这封信里，华尔浦尔用现代性表达的是他自己对诗歌的一种新的感受，这种感受是一种新颖的审美趣味，是一种不同于既有诗歌带来的心理感受。根据卡林内斯库的考证，在那个时代，人们通常将现代这个名词用于音乐的声音或语调等方面，是声音和节奏的一种新鲜感，这种解释包含了某种微妙的心理意识。“现代性”另一种含义就是华尔浦尔所谓的“观念和用语的最新特征”。但是，当下人们对现代性的指代同这两种含义显然是不同的。

在法国，现代性的法语表达是 modernite。利特雷认为这个词语在 1867 年被第一次使用，由泰奥菲尔·戈蒂耶在其同年发表的文章中使用了“现代性”。但这个论断被新近出版的综合性罗贝尔词典颠覆了。据该词典的编撰者考证，这个词最早出现在 1849 年问世的夏多布里昂的《墓畔回忆录》中，在该文中，现代性不是一个对现存世界的赞扬，而是带有贬义地描述现实世界令人难以忍受的庸俗，进而去赞扬中世纪的高雅壮丽。令人遗憾的是，无论是利特雷还是罗贝尔，都没有提到有关波德莱尔使用这个词语的情形。波德莱尔在 1859 年写就的一篇评论文章里使用了这个词。

在哲学家眼里，第一次解释现代性比较接近哲学理解的是波德莱尔。在波德莱尔那里，现代性和社会现实连接在一起，而不是简单地描述感受或指代时代。在波德莱尔之前，现代性更像是一个时间坐标，简单地划分公元 1500 年前后的三个世纪。之所以将公元 1500 年作为分界线，是因为在其前后出现了影响人类生活的三个历史性事件：新大陆的发现、文艺复兴、宗教改革。新大陆的发现将世界性的视野打开，文艺复兴打碎人们理性的蒙昧，宗教改革使人们挣脱旧观念的桎梏，这些毫无疑问形成了一个新时代。之所以强调波德莱尔，是因为他把握住了现代性的根本特征。1863 年，波德莱尔在《现代生活的画家》这篇文章中首先针对现代性给出了自己的理解，他认为“现代性是短暂的、易逝的、偶然的，它是艺术的一半，艺术的另一半是永恒和不变”①。显然，在他的观念里，现代性是一种具有强烈意义的时间观念，在人们感知事物的过程中时间飞逝，人们在转瞬即逝的时间里能够对事物有一个深切的认知。它最大的特征表现为流动性，它的生命力。这种特征使得它与凝固于僵化传统中、意味着无生命静止的过去截然不同，这使它与代表着永恒和不变的“过去”相区别。在波德莱尔看来，永恒不是存在于静止、圆满，不是存在于过去。永恒就存在于过渡与短暂中。这是一种奇妙的时间悖论。对波德莱尔而言，“现代性”在很大程度上已经不再是审美趣味或时间的意义，不是一种时间度量去区分现在和过去；而是描述一种新的开始，新的现实。在波德莱尔对现代性的理解方式中再也无法将现代人和古代人进行系统的对比，在波德莱尔现代论观点提出以后一场理论认知上的战争就此销声匿迹。

戴维・弗里斯比认为，“现代性”指的是一种生命体验，代表着生活质量，这种现代性和传统社会之间是存在本质区别的，这里的现代性与短暂的生命以及新奇事物的感受是息息相关的。②他曾强调，波德莱尔之重要性还在于一个更加特定的意义上：是波德莱尔在《现代生活的画家》中将重点放在了新奇事物的研究中，他认为新奇事物就是现代性，二者之间意义相同；他指出“波德莱尔对现代性概念的引介，连同对其时间、空间和原因（归结为偶然性）等方面的介绍，虽然不成系统，但对于未来的现代主义（以及现代英雄）辩论和形成现代性社会理论（尤其是在本雅明的

① ［美］马泰・卡林内斯库：《现代性的五副面孔》，顾爱彬、李瑞华译，译林出版社 2015 年版，第 50 页。

② ［英］迈克・费瑟斯通：《消费文化与后现代主义》，译林出版社 2000 年版，第 5—6 页。

著作中）的努力都是至关重要的”。[①]

对“现代性”的解释，现在的学者都认为美国后现代哲学家詹姆逊（Fredric Jameson）对它的理解更深刻。据他研究，现代性这个概念最早被使用时是用于区分宗教的年代分期，并没有指代当时的宗教时代优于过去时代的意思。然而，当时的人们在逐渐接受并使用这个词汇后，逐渐赋予它新的意义。基拉西厄斯教皇一世在使用这个词时，并没有意思说新建的帝国导致基督教内部出现新的断裂，形成新的纪元。但其他学者却认为这显然已经形成了一种质的变化，使得之前的传统、古典被打破，已然形成新的现代文化心理，新的文化心理出现的目的就是改变旧有，对旧有文化传统重新锻造。在詹姆逊那里，正是这种割裂使“现代”这个词有了特殊含义，即便是在今天，我们使用形容某种事物具有“现代”特征或使用“现代”时，也包含了该事物具有与过去截然不同的特征。詹姆逊对于对现代性进行定义很反感，他认为这是难以完成的，也是不必要的。但同时，他说明了现代性的四个准则：第一，在时代发展中现代性的出现必然会出现断代；第二，无论从哲学还是别的角度去理解现代性，实质上这就是一种叙述类型；第三，在对现代性进行叙事安排时不能够从立体性的角度去分类；第四，只有当现代性和后现代之间达到某种妥协以后，现代性的理论才具有现实意义。这一新型社会的主要特征包括：新的消费类型、有计划的产品换代、时尚和风格急速起落的转变、媒体对社会无与伦比的渗透、庞大高速公路网络和驾驶文化的到来，等等。詹姆逊认为，“现代化概念的一个不可回避的方面是现代化问题”[②]。在现代时期中，现代性总是和科技息息相关，现代即社会的进步。他赞同吉登斯的看法，把现代性看作

① ［英］戴维·弗里斯比：《现代性的碎片》，卢晖临等译，商务印书馆 2003 年版，第 28 页。

② ［美］詹明信：《晚期资本主义的文化逻辑》，陈清侨等译，生活·读书·新知三联书店 1997 年版，第 418 页。

一系列问题的“问题和答案”。值得关注的是，詹姆逊认为现代性“唯一令人满意的语义学意义”在于它与资本主义的联系，它的“本质意义”在于它是世界范围的资本主义本身；也就是说，在资本主义的第三阶段亦即晚期的资本主义阶段，全球化带来了一种经济与社会现代化的“标准化”，它具体表现为一种“普遍的市场秩序”的“殖民化”。①这意味着在詹姆逊心目中，现代性的过程是一个趋同的过程，它以资本主义的市场秩序为旨归。詹姆逊有关现代性、后现代性的界定，与我们所知道的福柯、利奥塔完全不同，他不是从哲学、思想观念、时代精神等方面来把握现代性，而是从现代性与现代化的不同阶段的对应关系来把握。在理解现代性与后现代性问题时，詹姆逊着重将现代性与全球范围的资本主义联系在一起考察。

以上都是“现代性”一词在最早发展的过程中，人们赋予它的内涵。相较于它最初被使用时所具有的意义，人们可能更想知道在当代社会理论论争中，现代性一词究竟意味着何种意义，这种意义对人类现实生活又有何现实相关性。一般情况下，对于现代性的概念界定，被广泛认同的主要有如下三位学者的学说。

第一，吉登斯在《现代性的后果》中对现代性的理论进行了全面而深刻的阐述，他认为“现代性实质上是社会生活或组织模式”②。欧洲在17世纪时就已经出现现代性的说法，随后在世界范围内纷纷受到现代性说法的影响。从这个角度来看，现代性和资本主义以及工业化世界的发展的真正内涵是趋同的，与之前的那些从“理性”“自由”“合理性”以及时代“精神”或“态度”等价值论、存在论哲学立场上来解释的现代性概念不同，吉登斯的现代性概念更加具体，他认为，现代性其实指的是一种制度，一种现

① 《詹姆逊文集》第4卷，中国人民大学出版社2004年版，第6页。

② ［英］安东尼·吉登斯：《现代性的后果》，田禾译，译林出版社2000年版，第1页。

代社会中的政治、经济制度。传统和现代性之间存在哪些差异性？吉登斯认为现代性和传统对现实以及行为的反思行为是存在本质区别的。吉登斯也由此将现代性又称为“反思性的现代性”。在社会的生活中知识的反思性运用本身就存于其组织内部，“使社会生活从传统的恒定性束缚中游离出来”①。现代性从根本上说是同传统社会的断裂，这种断裂主要表现在两个向度：一是从外在环境的改变看，全球化成为世界突出特征，它突破了国家、民族的界限，跨越了地域；二是从个人自身来看，现代性改变了人们的生活方式、思考方式，那些最能体现个人特色、自我特点的领域被彻底改变，“我”在哪儿、“我该如何生活”这些有关自我实现的问题成为核心追问的命题。

这种同传统社会断裂、产生现代社会的动力又在哪儿？吉登斯认为，现代性主要从三个角度来展现其动力机制，分别是时间与空间的分离、脱域机制的发展和知识的反思性运用。在传统社会，时间同空间相一致，人们通过在哪里来确定什么时间。而现代社会，时间被标准化，人们依靠统一的时钟来确定时间，进一步地，时间的虚化导致空间的虚化，社会生活空间不再受“在场”支配，在“缺席”的情况下，同样可以进行活动或思考。时空的分离构成社会系统的“脱域”，换言之，就是摆脱了时间和空间的限制将社会关系从过去的场景中剥离出来重新组织社会关系。社会系统的脱域机制区分为两大类，其一是“符号标志”，比如货币已经独立于它所代表的商品，显现为纯粹信息的形式；其二是“专家系统”，专家和技术人员组成的体系，保障着人们的物质生活，规定着人们生活的“规矩”，使人们在一种规则充斥的社会里进行自己的生活轨迹。吉登斯把反思性看作现代性发展的内在动力，这种反思特指对社会实践、社会生活形式的不

① ［英］安东尼·吉登斯：《现代性的后果》，田禾译，译林出版社2000年版，第46—47页。

断认识、再思考，它的根本意义，实际上可以还原为哲学层面上的对行为的“合理性”的预期以及对行为结果的“合理性”的追求。上述三种现代性动力来源构成了现代性得以从传统秩序中分离出来的条件，并由此形成了现代性的制度性的维度。这种维度发展最终会形成普遍性的命运——全球化。这种全球化的社会是充满风险的社会，是一个失控的世界。

第二，哈贝马斯把现代性的研究建立在两个角度上，一是把现代性看成一种病理学理论，二是将现代性看成“一项未完成的构想”①。从前一个看法出发，他试图从哲学层面说明现代性的根源。在他看来，“主体哲学”“意识哲学”实质上是现代性中思想的起源。在现代性中传统的社会和现代社会之间产生了价值转换，因此而发生了断裂，最终产生了新的价值系统，人们也就这些新的价值系统的合理性进行了反思。康德对上帝的批判使其不再成为人类价值的源头，从道德的意义上来看，上帝只能够让人存在敬畏感，使人变得自律，但并不再具备价值。在现代性的价值系统中其价值的源头不再是上帝，需要重新思考其价值的源头所在，这就面临着一个自我理解以及现代性需要确证自身的问题。从黑格尔开始，研究这个问题的学者遵循的思路都是通过主体的理性，通过理性反思活动来认同或确证现代性价值系统。黑格尔还从宗教、艺术、哲学三个方面进行论述反思的理性的建构。哈贝马斯认为黑格尔是失败的。因为理性一旦被视为某种绝对的知识或精神、某种预知了未来一切事件的命运并能够把它的绝对力量强加于他者之上的逻各斯，也就弱化了哲学的批判意义，贬低了哲学的现实意义，因而实际上也无法解决现代性的确证问题。黑格尔之后的现代性批判，都是针对这种主体性原则及其相关的理性观念。这些批判者认为，必须去除笼罩在理性外表上的虚假光环，因为这种理性的目的乃是

---

① ［德］于儿根·哈贝马斯：《现代性的哲学话语》，曹卫东等译，译林出版社 2011 年版，第 1 页。

要建立起它的合理性统治，将主体性提升为某种错误的“绝对者”。只不过在对理性进行批判时，他们采取了不同的策略，产生了不同的现代性话语。比如海德格尔通过对存在的追问，在摧毁了主体性后再次回到主体哲学的概念束缚中；福柯通过解构历史学，把现代知识看成建构主体性和自我意识的力量。哈贝马斯对这些话语进行了系统的批判，其目的就是总结出：它们都未能找到一条摆脱主体哲学或意识哲学困境的途径并作出自己的正确选择。这样的结论使哈贝马斯引出他理论中的第二个角度，即“交往行为”是人类维持其生活世界生存的基本条件，因此他的交往理论是走出这一困境、为现代性提供新的规范基础的唯一选择。

意识哲学强调了个别性以及理性，这是西方个体主义哲学的基本观念。与此相区别，哈贝马斯则认为主体和主体之间的交流与沟通能够催动彼此达成共识，甚至形成统一的行为步调。他强调的是主体间的关系。如何在不同利益群体之间进行博弈，求得一个合理的解决呢？按照哈贝马斯的交往理论，这需要主体之间具有一种“交往理性”，然后通过一种程序化的“沟通”过程，在交往理性的规范的约束下，各方都遵守真实性、正当性和真诚性的要求，对其行为进行协调，最终使各利益群体取得某种共识，于是万事大吉，棘手的问题得到各方均感满意的解决。具体来说，哈贝马斯认为，本身不同的人会对同样的语言有不同的理解，双方会通过语言来交流和谈判从而理解对方的理解，因此我们可以从语言范式中找出主体之间相互的认同感。当主体间能够通过语言或行为来实现交流，那么这些主体之间就存在主体间性，有了主体间性，在人际交往中个体才能够得到认同以及价值实现，也才可以在没有强制的情况下实现社会化。就像罗蒂揭示的那样，启蒙的主体哲学或意识哲学属于私人化的哲学，因为它关注的是诸如“主体”“人的本性”之类的问题，而交往理论属于公共的哲学、民主运作程序的哲学。哈贝马斯把哲学的视角引向对“公共领域”的关注，交往理论这一公共哲学对民主社会而言具有重大的现实意义。

第三，福柯（Michel Foucault）将现代性看作一种态度，这里的态度指代的是当代现实中一种由人的意愿选择所确定下来的模式。它可以是一种思想，也可以是一种行为，甚至可以是某一个时刻的一种具体的归属关系或任务，“它有点像希腊人所称的社会的精神气质”①。福柯强调现代性中的气质是一种对哲学的质疑，也是对当时那个时代的一种批判，可以将其理解为一种品格。他认为比起区分现代性和前现代、后现代之间的差别，找出现代性的态度更加重要。福柯对启蒙是持肯定态度的，他认为这种态度根植于启蒙。对理性的态度，福柯持的是一种偏属“中庸”的态度，反对非此即彼。他对这种理性的极端否定态度是持反对意见的，这种理性态度所抱持的消灭敌人的态度具有较强的危险性，但是他又认为如果对这种理性不假思索进行任意批判的行为也是一种极端危险的行为，这都会让人从理性陷入不理性。从根本而言，他是赞成理性的，他认为理性是一种自我创造的个性，能够在科学、文化、技术以及政治方面都表现出合理性。与此相关，福柯关注现代社会是否已经成为一个合理的、自由的社会。对于这个问题，福柯给出了明确的答案，现代社会仍是一个以管控为目标的规训的社会。对于规训现代社会批判，知识、权利以及伦理这三条轴线是一直贯穿其中的，福柯认为我们在探讨实践总体的时候需要用到这三个轴线。福柯实际上想说明的批判是“对我们是什么的批判”②。这在问题本身的意义上可以说是从古希腊的“认识你自己”到康德的“人是什么”的哲学永恒命题的延续。现代社会的规训是通过“权力”命题达到的。权力通过性话语、知识话语、道德话语等规训手段进行，这些手段能够让现有的社会对当前的道德规范表示认同，这种认同是从人格以及肉体上表现出来的，并非统治过程中的压迫式服从。他认为，权力和知识实际上是密

---

① ［法］福柯：《何为启蒙》，见汪晖等主编：《文化与公共性》，生活·读书·新知三联书店 1998 年版，第 430 页。

② 《福柯集》，杜小真编选，上海远东出版社 2003 年版，第 542 页。

切相关的两种事物，在他看来，权力与知识这二者其实是一个整体。福柯最终形成了著名的知识—权力观，知识、技术能够推动社会的规训制度的发展，比如它在监狱、学校、医院等场所中的应用，知识、技术将权力的作用扩展到了社会生活的最细微处，人们能够在社会有机体中深深地感受到权力是如何运用的。福柯权力论的一个突出特点是极大地扩展了权力的概念，尤其是把它从政治领域扩展到社会生活领域。福柯实际上并未参与到整个现代性的争论当中，他在理解现代性问题的时候并未有任何批判学说，对于这种批判他本人甚至还带有迷茫。在分析现代性问题的时候，福柯的意义在于：他的思想更重要的是展现一种哲学的精神、一种方法论的启示。

通过以上介绍，可以看出比较有特点的三位思想家对现代性作出了各自不同的解读。每一位思想家对现代性理解的角度多样化，这本身也就使得原本复杂的现代性问题更加扑朔迷离。从根本上说，对现代性的理解也应该是异彩纷呈、百家争鸣的。现代性是一个总体性概念，它深入渗透到社会生活的各个方面，既包含经济、政治、文化等多个领域，又包含自由、理性、正义、科学、价值等多个层面。任何学者想对其作一明确的定义本身就很困难。实际上，我们也不应该试图去给现代下一个新的定义。因为每当得出一个明确的概念，就必须抹杀它其他方面的特征。所以，更合理的方式是，我们应当从全面的视域来理解现代性。

二、现代性的特征

就学术领域而言，在现代性批判理论上，德国著名社会学家马克斯·韦伯是公认的与涂尔干、吉登斯等齐名的社会学家。在说明现代社会时，马克斯·韦伯有一个为后人广泛称道并一直借用的思维模式，他将启蒙运动以来所倡导的理性精神区分为工具理性和价值理性，并深刻地指出了现代社会在其发展中必然面临这两种理性不可同时实现的“二难境地”。自此以后，国外研究者大多把现代性问题归结为理性的问题，从而进一步使理性批判成为现代性批判的主要内容。这种理性批判导致思想家们对“现代性”的态度发生分化，以阿多诺（又译阿道尔诺，余不再注）、霍克海默、福柯和利奥塔等为代表的思想家，依据现代社会所出现的种种问题，对现代性持基本否定的态度，认为现代性本身的问题已经宣告了传统理性主义的破产，现代社会已经终结，至少已经接近终结。而以哈贝马斯为代表的思想家，则坚持认为启蒙时代的理性精神并没有过时，我们仍在启蒙之中。在哈贝马斯看来，现代社会所存在的问题不是理性本身的失败，而是把理性归结为工具理性的结果，是经济、政治系统对生活世界殖民化的结果。他面对生活世界提出“交往理性”这个概念，认为交往理性可以为现代社会实现启蒙理想提供新的可能性，因此现在宣称现代性的终结尚为时过早，现代性仍是一个没有完成的事业。

由于现代性本身的错综复杂，不同的研究者从不同视角出发对其加以批判，形成了一幅多彩的学术图景。这里主要介绍一些有一定代表性的观点。

（一）流变性

众多现代性研究者都认识到，现代性具有变动不居、短暂的特征。吉登斯在其《现代性的后果》一书中总结了现代性特征，并认为它不太准确：韦伯对现代性特征的描述认为，在现代社会中，文明程度越来越高，人所知越来越多，但人不自由的状态并未发生根本的变化。理性对人的束缚似乎更牢固了，理性就像是自由的狱卒，它将我们的个性紧紧囚禁。在现代社会学的三个主要奠基者中，韦伯最清楚地理解了现代社会发展中专业化知识的重要性，并且用它勾画出了现代性现象学的轮廓。

在戴维·弗里斯比看来，西美尔、克拉考尔和本雅明等学者关于现代性分析的共同点，是经常无意识地接受波德莱尔所刻画的现代性特征，即“过渡的、短暂易逝的、偶然的”。

西美尔对现代性的过渡性、短暂性特征论述得十分深刻。西美尔一直坚持，现代性本身就是一种心理层面上的内容，是心灵对外部客观世界的主观体验，是心灵形式。这里西美尔强调心灵形式实质上只是一种变动的形式，他认为在现代性中进行体验是最重要的。在他那里，现代性是社会发展到新阶段中一种有别于传统的人生体验方式。这种体验既是我们内里对它的一种接纳、顺应，又表现为外在的现代性生活转化为我们的内里。

也就是说，外在世界的广泛而深刻的变化会折射到我们的思想之中。外在世界恰恰在现代社会里表现出强烈的变化。这种变化首先是由科技和工业革命引发的。我们的世界在科技以及工业革命的带动下发生了巨大的改变，这种改变让人们有一种一直处于动态变化过程中的感觉，而这种动态变换的感觉实质上就是一种现代性的流动性。时间是流动性中的第一要素，人们将最新的东西称为现代，那么现代就是具备流动性的，这一点毋庸置疑。而流动性事实上就是与对过去的重重阻碍和束缚的解除息息相关的一个概念，在生产过程中获取的秩序或框架被流动性打破，新的秩序油然而生。因此，现代性就是一种对传统的、陈旧的系统的不断挑战和瓦解。新秩序和新框架的建立就意味着新的传统的产生，从这里可以看出，现代性的核心内容就是流动性。外在世界看起来似乎是一条湍急、永不停息的大河，这种世界外在的飞逝、碎片化就被带进我们的精神世界。因此，戴维·弗里斯比认为，西美尔的出发点是一个调节性的世界准则，每一个事物和其他事物之间都是存在一种交互性的，这种交互性是永久存在于人们之间的关系。这不只是一种启发性原则，而且是现代性的一个实质特征。

流动加速社会交互，交互构成现代社会人与人之间关系的基本特征。西美尔以一种感性的形式对现代性所处的社会经济体系进行了深入探讨，在他看来，现代社会这一概念，似乎常常依赖于消费之前的过程，即交换。作为一种独特的社会学现象，交换是物品相对性的经济实现，它将特定的物品及其对个人的意义提升到物品本身的稀有性之上，但不是进入抽象的领域，而是进入构成经济价值实质的活生生的互动领域。对西美尔而言，个体与个体之间这种交互、交往是社会关系的起点，甚至也是社会结构的起点。其中最有代表的是货币。货币的存在、货币的流通显然表现的是人和人之间一种纯粹的互动模式。它看起来是代表着个体，但它显然又超出了个体性，表现出了社会产品、社会关系的交换。交换的一个作用显然是创造了人与人之间的内在关联，即一个取代个体简单集合的社会，交换是社会交往的一种形式。它是那些众多个体借以成就一个社会群体的多重关系中的一种，而社会就等于那些关系的总和。[①] 这里西美尔表达了与黑格尔的市民社会相似的思想，大卫·库尔珀在《纯粹现代性批判》一书中更是对黑格尔的市民社会体制以一种交互性确认的模式和结构来理解，他说："对于黑格尔来说，所有社会体制都关涉到交互性确认的模式和结构，通过这种交互性确认，某人通过把其他人确认为正将其确认为一个人的人而获得自己的身份。那种可以为其指定信念和态度的先验自我是不存在的，而在韦伯的术语中，社会体制的基础肯定就是这种先验自我。"[②]

同时，西美尔对时尚的分析触及现代性的一个重要特征："过渡"和"瞬时即逝"的辩证法，"主要的、永久的、无可怀疑的信念正越来越失

① 《马克思恩格斯全集》第 1 卷，人民出版社 1956 年版，第 315 页。

② [美] 大卫·库尔铂：《纯粹现代性批判》，臧佩洪译，商务印书馆 2004 年版，第 21—22 页。

去它们的影响力。从而，生活中短暂与变化的因素获得了很多更自由的空间”。①

（二）断裂性

吉登斯认为，历史发展的每个阶段都存在着断裂，但现代性带来的是一种特殊的断裂。他认为，我们在现代性的影响下对旧的社会秩序坚决予以抛弃，建立了新的社会秩序从而形成了新的生活形态。从现代性的内外部意义来看，现代性卷入的变革比过往时代的绝大多数变迁特性都更加意义深远。② 从外延看，现代性将社会联系、社会交往扩大到全世界的范围，也就是呈现出全球化的特征；从内涵看，现代性的一切逐渐将我们生活里最熟悉和最带个人色彩的领域，也就是最能体现我们个性的东西改变了。虽然在传统和现代之间有着延续，有着共同点，但这种延续发展无法掩盖现代性完全不同于传统社会的特征。这些特征十分显著，且影响力巨大。当我们试图去描述这种剧变，试图用旧有的知识体系去理解它们时，能够得出的结论十分有限。吉登斯就说，我们应当通过什么样的办法来将传统的社会秩序从现代社会制度中脱离出来，使得二者能够断裂？在这个剥离的过程中涉及的要素非常多。首先，现代性的到来是极速的，是突然性的。从技术的角度来看就可以鲜明地看到现代性变更的惊人速度，几乎所有的领域都发生着惊人的变化。其次，在传统社会和现代性社会的断裂过程中，其展现出了一种变迁的范围。社会巨变的浪潮早已经从整个地球开始，全球的各个角落都在发生着变迁，绝非某一个地方。最后，现代制度的特性是固有存在的，并不能够从过去的历史时期中寻找到。现代性社会

---

① ［英］戴维·弗里斯比：《现代性的碎片》，卢晖临等译，商务印书馆 2003 年版，第 40 页。

② ［英］安东尼·吉登斯：《现代性的后果》，田禾译，译林出版社 2000 年版，第 4 页。

表现为与传统社会的断裂，现代性产生的生活模式以前所未有的巨变使人们脱离了一切传统社会秩序类型，不论是在广度上还是强度上，现代性所涵盖的转型比过去任何时代的变迁都来得更加凶猛而富有内涵。在广度方面，现代性让全球社会都跨越了时间和空间的阻碍，联系在一起；在强度方面，现代性改变了人们日常生存的最亲密性和个人特征。传统与现代之间呈现的断裂是明显的，使现代社会制度分离于传统社会秩序的断裂。一些现代社会形式在传统社会中无法轻易地找到，比如并非简单地在先前的历史时期中就能找到。

在传统社会里，时间与空间一直是一致的。在现代性社会里，时间的虚化导致空间的虚化。在前现代社会，大部分人都受到空间维度的影响，其空间和地点总是保持着惊人的一致性。在现代性发生以后，空间要素和地点要素被分离开来，人们不再局限于面对面的互动。在现代性条件下，地点不再是重要的条件，人们能够从地域化的情境中将时空以及社会行动提取出来，在更广阔的空间去重新组织新的社会关系。在对知识进行反思的过程中，需要明白这个过程本身既充满了活力，又必然变幻不定，它渗入了连接时间—空间的巨大跨距之中，使社会生活从传统的恒定性束缚中游离出来。现代的生活节奏异常快，这种快节奏、变动导致价值观的争论，没有稳定的价值观被信奉。甚至，人们开始逐渐对一切稳定性或连续性感到怀疑，稳定的节操、道德都是无法发生作用的。传统社会最大的特征就是保证了连续稳定，而现代社会完全不是这样，和昨天相比，世界几乎每天都有可能发生质的变化。

这些外在社会特征的变化，也使得人们在社会生活中依赖于专家系统，广泛依赖于陌生人的信任去生活。在现代人的内心，人们对他人的毫无基础的信任，不是源于信心，恰恰是源于风险。在信任所涉及的环境框架中（如对股市的投资、参加对身体有危险的运动），风险是可以通过制度化的方式来解决的。这里风险受到技术和机会的限制，但是一般来说在面对风险的时候人们都会对其进行周密的计算。但这种信任是缺乏根基的，因而现代人内心总是缺乏安全感，渴望用其他方式如制度等来给自己安全。现代人渴望自由，却又为了保证自由，设置各种束缚自由的制度，禁锢自身。这些外部特征、内心感受与传统社会截然分野。

（三）矛盾性

在现代性的各个特征当中最突出的一种就是内在矛盾性，而这也是现代性的维护者们最容易被攻击的一点，随着矛盾性的逐步显现，后现代主义才逐步凸显出来。在现代性的早期就已经凸显出其存在内在矛盾性的特点，马克思就矛盾性作出了解释，他就认为任何事物都存在两面性，我们能够看到机械对我们人类社会劳动的帮助，但是机械的发展也造成了部分劳动人民的饥饿以及过劳；新的技术能够为我们带来财富的源头，势必也会因为其不可思议的反面而为我们带来贫穷；我们以道德败坏的代价来获得了技术的胜利。

随着现代社会中矛盾的凸显，人与自然、人的尊严、理性以及科学在现代社会中逐渐成为人们批判的对象，研究者们在解读现代性的时候无一不想解决这种社会矛盾问题，希望能够通过理性的思考来解决这一矛盾面，从理性的悖论中寻求出路。韦伯在研究现代性哲学的时候提出了现代性问题的理论框架，他是从悲观主义的角度来理解理性的；霍克海默和阿多诺在探索理性化在现代社会中的发展问题的时候，看到了启蒙精神的落寞。在现代性的理性学说中，我们无法避免地看到理性对自我人性的一种荼毒，这是产生逻辑悖论的根本原因。马克思在思考现代性的时候则强调我们必须坚持从现代的生活方式中去寻找解决现代性生活矛盾的方法。在资本主义社会中，资本的需求推动了社会科学技术的进步，那么从资本运营体系的角度来看，这种科学进步实质上就是一种货币增殖机器，这种利润原则势必会在现代社会中形成种种悖论。我们在对悖论进行分析的时候实质上就是对生产生活方式的解读。现代社会似乎都烙印了资本的颜色，在资本生产过程中命运和初衷早已被扭曲。在资本关系的统治下，现代社会表现出诸多矛盾与悖论。

第一，工具理性与价值理性的矛盾。人们在启蒙运动以后对世界的认知变得越来越丰富，因此对未知的事物不再恐惧，人们开始借助于理性去思考，开始变得盲目自信，以为自己无所不能。但是，人们忽略了理性思维的多样性，理性可以是价值理性，也可以是工具理性。价值理性能够使人们对世界有更多的认识，在这种认知的过程中获得改变世界的力量。工具理性使得人们能够将理性作为工具来合理使用，以此在宇宙中生存，拥有更大的改变世界的力量。在现实的社会中，我们所有的生产生活都以物质生产为圆心，资本生产已经左右了人们的思想，人们被工具理性所左右，现代生活的基本原则以及价值导向开始由资本逻辑所掌控。资本主义宣扬的是科技理性、经济理性等一切与人们物质生产和再生产紧密联系的内容，不再强调价值理性的说法。

在资本主义社会中，人最重要的、有别于其他物体的一项技能就是财富的创造，它能够维持资本主义社会生产的秩序。人是生产中一个极为重要的环节，那么从这个理解上来看，人其实和劳动工具之间并无本质区别，唯一的区别就在于人能够自由活动、能说话。在这里，人的价值被简单地规定了，也就是将人放入了一个价值框架中，这个价值框架是以创造价值的能力大小来衡量人的价值的。马克思针对这种不平衡的理性发展作出解释，他认为资本将社会变成了一种唯利是图的关系，家庭的温暖和人与人之间的温情不复存在，全都以金钱为导向在社会中生产。人与人之间的价值以及关系都能够直接通过货币来表现，将宗教的信仰、人和人之间的帮扶以及血性都归结到利己主义中，浇灭了人们心中最后的温暖。“它把人的尊严变成了交换价值，用一种没有良心的贸易自由代替了无数特许的和自力挣得的自由。”[①]资本逻辑将现代性社会笼罩其中，过度放大了理性工具，使得价值理性逐渐在资本主义社会中消亡。

第二，理性与非理性的矛盾。启蒙理性是资本主义发展的精神根基，但是在工具理性逐步扩大的过程中，人们开始过度崇拜工具理性而排斥了精神理性，非理性和反理性的思维在这个时期开始逐步占领人们的精神世界。在理性力量的影响下，国家制度、自然观以及宗教都是依靠人类的精神世界所建立的，但是如果非理性占据人们的思维世界，那么国家制度、自然观以及宗教都将被推翻。竞争中总是充满了嫉妒和诡计，暴力压迫逐渐被贿赂所取代，人们开始尝试通过金钱来取代斗争，在钱与权的欲望下渐渐放弃争斗。那么封建领主手中的权利在资本主义社会中逐渐被资产阶级工厂的厂主所占据。总而言之，理性所建立起来的社会制度与华美的约言相比较，是一幅充满极度讽刺意味的图画。启蒙运动中为人们描绘的充满美好诗意的画卷被现实所打破，人们精神层面的美好祝愿都落空了，启蒙运动以后，人们的信仰变成了金钱和贪欲，人们对生产和消费的欲望被无限扩大，这些非理性消费的追求将人们牢牢地绑缚在生产过程中，其身体和精神都不再自由。人们一旦离开了现代化生产，不再成为生产工具，反而变得无法适应自由的生活，会感到失落、迷惘。就像在生活中有很多人一旦不加班，就焦躁不安、忧心忡忡。现代性的最终，人们并没有因为理性而自由，物的生产导致人的异化，人被束缚于物质之中。情感、信仰、理想离人们越来越远。在现代资本主义社会中，人们的理性和非理性是共存的，人们在理性驱使下活动的过程中也会希冀着通过非理性来成长，当人们通过理性来实现目的以后，却对未来感到越来越迷惘。人们不懈地追求物质的满足，以为能够通过物质满足来获得精神上的愉悦，却陷入了物质欲望的深渊。在现代社会中理性和非理性本身就是完全对立的。

---

① 《马克思恩格斯选集》第1卷，人民出版社2012年版，第403页。

第三，资本的增殖与人的贬值的矛盾。在启蒙运动中崇尚思想的自由与发展的平等。人们在对未来社会的规划中，有着美好的祝愿，是对自由的一种强烈的追求。人们对理性的追求源于理性能够帮助人们实现愿望，但是在追求理性的过程中人们却逐渐迷失了自我，逐渐沦为制造财富的工具，其精神世界不再丰满而被无限压缩。在理性过度放大后，人们的价值全都通过财富来评判，物质是评价人们生活幸福指数的唯一标准，一个人的存在以及生活的痕迹都通过物质资料来确定。而一个人的理想、信仰以及对真善美的追求等早已在理性追求的过程中被抛诸脑后。换言之，资本在物质力量的推动下不断增殖，人们却在资本社会中失去了存在的本真价值。事实上，人的贬值和资本的增殖是互为因果关系的，有资本的增殖就必然存在人的贬值。资本主义社会中商品在资本主义私有制的影响下不断增殖，在这个过程中人们的精神却不断受到压迫；在资本主义社会中人只是一个生产要素，人的物性随着资本增殖速度的增加而增加。资本增殖和人的物性增高本身是一种悖论，人本身应该以人的姿态在社会中生活，但是在现代性的发展中、在资本主义社会的带动下，人不再是人，成了资本增殖的一种工具，与其他生产要素之间的差距仅仅在于人会说话、会活动。

（四）世俗化和“祛魅”

启蒙以来，社会由原有的尊重神性回归到以人性取代对神的敬畏，人们对世俗生活积极追求，对爱情、幸福进行最广泛的讴歌与赞美，从原有对上帝的虔诚膜拜变为肯定世俗主义。马克斯·韦伯将其称为祛魅的时代，他认为在这个时代中原本的人性以及人们对神性的尊重和敬畏都被理性和理智所占据，那些高贵的对生活的美好追求早已在人们的生活中销声匿迹，这些对爱情和幸福的追求只能存在于私人交往中。这里所说的“祛魅”，是指人们的理性战胜了感性，对宗教的批判揭开了宗教世界神秘的面纱，人们从崇拜未知转变为崇拜理性，认为一切都是可知的，一切都是人可以改造的。人们对世界的把控达到了新的高度。一方面，人们因为世界的剧烈变化、秩序的被破坏感叹自身力量的强大，对世界感到迷茫；另一方面，对宗教神圣的怀疑，超生希望的破灭，以及关于生死的原有既定设想的毁灭，死亡的绝对性、客观性造成了人类精神的危机。信仰的丧失、敬畏感的缺失，使得人自身上升到神的位置后，更难以获得精神的满足，精神更加空虚、无以寄托。

察觉到这种复杂感觉的是敏锐的艺术家。现代主义认为表面现象无意义，而试图揭示内心现象的潜在基础。这表现在两个方面：一是“距离”的销蚀——心理距离、社会距离、审美距离等，坚持经验的绝对现在性，即同步感和即刻感，他们更注重此刻和当下；二是在主旨追求上，坚持个人的绝对专断，坚持不受他人左右，不受任何他物限制，坚持追求、迫切超越。这种审美上的固执，在彼岸消失后，确实为人类建立了精神支柱，从关注遥远、消失的彼岸变为关注近在眼前的此岸世界。个体世界这种审美态度乃是为了个体在失去彼岸世界支撑后得到此岸世界的支撑。从这种态度的缘起来看，它有一种似乎是与生俱来的颠覆性，即对现存的文化规范和价值的批判与否定。换言之，审美现代性的基本精神乃是一种对制度化的反抗。正如韦伯所说，人们越理性化，就越显现出世界的除魅，“人们可以通过计算来掌握一切。而这意味着为世界除魅……技术和计算在发挥着这样的功效，而这比任何其他事情更明确地意味着理智化”[①]。

神圣的消失、世俗的关注，在文化追求上就表现出媚俗艺术的大大增加。阿多诺和霍克海默引入“文化工业”的概念（有时也用“消遣工业”“娱

① ［德］马克斯·韦伯：《学术与政治》，冯克利译，生活·读书·新知三联书店 1998 年版，第 29 页。

乐工业”等说法）来说明媚俗艺术的产生。文化工业逐步朝着伪文化市场发展，产品设计者的设计目的不是为了人们感知美，而是追求轻松、放松的享受。早在1941年，阿多诺就已认为大众对于消遣或“乐趣”的需要既是现存（资本主义）生产方式的结果，又是其最典型的产品之一。在媚俗艺术和低成本之间有着必然的联系。但这并不意味着这种媚俗的艺术仅仅存在于富人中，对于穷人而言是不可触摸的。在社会学和心理学中，媚俗艺术可以是富人的一种生活方式，也可以是与穷人相关的低等艺术。媚俗艺术本质上与贵贱没有根本联系。这种生活方式的表达源于艺术已被作为消费品看待，而非“美”。当媚俗艺术家着手工作时他脑子里想着什么呢？首先，他要想的是如何打动和取悦那些将要购买他作品的消费者，而不是考虑作品的美学概念。那么，从美学上讲，我们可以说媚俗艺术家会（自觉或不自觉地）使用平庸原则，因为这样的原则能够让他的作品更容易被大众所接纳。其次，媚俗艺术的生产者必须明确一点，社会公众的兴趣以及欲望是存在极大差异性的，在明白这一点以后才能够通过折中主义来创作出更容易被人们所接纳的艺术。媚俗艺术这种风格上的折中主义意味着商业上的可获得性。于是，文化不再是异质的、不再是批判的，而是被规模生产出来，被规模传播的。于是，我们能看到“媚俗化”的文化产品被各类媒体所大肆宣扬，如廉价杂志、电视广播中的重复播放等。艺术、文化已经完全世俗，不再是高尚的、永恒的。

三、西方现代性的反话语

可以说，现代性带来了人的个性和尊严的解放，引发了自然科学的繁荣和社会的高速发展。但是，由于理论和现实的许多弊端，现代性逐渐成为众多西方思潮批判的对象。这些思潮观点各异，门类众多，本书选取其中最主要的两种思潮进行探讨，即人文主义的反理性思潮和后现代理论。

（一）人文主义反理性思维

人文主义（humanism）这一词语本身就令人迷惑，不仅因为到目前为止它已经被译为人道主义、人本主义和人文主义这样几个同样令人迷惑的词语，而且因为它源远流长的历史，并且在这漫长的历史中几易其意。从古希腊罗马时期，西方的人文主义传统开始萌芽。直到今天，人们还在颂扬古希腊思想，其中最重要的原因之一就是它以人为中心，而不是以上帝为中心。苏格拉底的哲学把人们的关注点从天上带到地上，由此他被赞扬。他是第一个把人类向外宇宙探寻的目光拉回到向自身的内宇宙探寻的哲学家。从古至今，人文主义思想家的思想不尽相同，风格各异，但其基本的思想倾向是对人的自然状态的尊重和对个体性价值与尊严的维护，提倡宽容，反对暴力，主张自由、平等和价值的实现。古罗马作家西塞罗是第一个意识到人文主义内容及其价值的人。但是，从文艺复兴时期开始，人文主义才获得了意义。这一时期人文主义的特色是反对神权的束缚，注重个性的自我、生命的欢欣，而忽视人的普遍理性的一面。启蒙运动则既发展了人文主义，同时其“抽象知性”又成为人文主义批判的对象。这里需要指出的是，人文主义传统与理性传统存在着复杂的关系。人文主义不是批判所有的理性，因为理性与人性其实是不可分割的。就启蒙运动时期来说，人文主义反对的是抽离了人的丰富性的“抽象的知性”。现代性是启蒙的遗产，它对理性的史无前例的依赖和发挥正成为人文主义批判的目标。人文主义从自然的人出发，谴责理性埋没人的个性、天才的灵感，肯定人的自然欲念和自然权利，否定冰冷冷的理性原则；关注现代境遇中人的精神健康，反对片面追求经济增长而忘记人的精神家园；更为重要的是，在如今科技空前昌盛的时代，它为科学方法划界，反对科技对人文世界的僭越。

1. 肯定人的尊严和自然欲念，谴责理性主义埋没自然人性

文艺复兴运动以“发现人”著称于世，这个“人”，就是自然的、有着天然情感的人。从文艺复兴运动开始，肯定人的自然欲念就是人文主义的重要内容。从这一时期艺术家的作品中我们可以看到，他们所表现的就是一副人的形象，虽然形态各异，但是却用视觉形式传达了人文主义者对人的尊严的信念。大约 13 世纪末 14 世纪初，人类在文艺复兴运动中明确感受到了思想的解放，在这个过程中，人们前所未有地感受到“我”的存在，而不是上帝。人的自我意识开始逐步觉醒。文艺复兴时期，人们为了反对上帝主宰论，反对基督教神学统治理论，通过音乐、戏剧、绘画、诗歌等文学艺术形式来歌颂人的伟大以及创造力，在这些艺术形式中充满了人们对美好尘世生活的向往，而不再是之前对天国的向往。

启蒙时期崇尚理性，哲学家们激烈地攻击正统教会的堡垒，对教会拥有巨额财富、腐化堕落和追名逐利进行猛烈的批评。启蒙思想家相信，人类可以依靠理性的力量从恐惧和迷信中解放出来，改造自己的生活条件，改造世界。古人教导人们听天由命，基督教教导人们等待拯救，而启蒙哲学家们则教导人们争取解放——有勇气依靠自己，其理想就是寻求一个由理性和公平来统治的更好的世界。但是，早在 18 世纪 70 年代，一种新的反叛力量——狂飙运动渐渐兴起，它在德国的影响最为巨大。狂飙突进运动作为现代人文主义的一部分，其声讨的对象直接指向启蒙运动的理性主义。在这场运动中，年轻的学者们指责理性主义吞噬了感情的自发性、主体的个性，一切人的本真特征被迫从属于理性化规则和坏趣味。他们从新的生命感情出发，反对“抽象的知性”的僵化、空疏。

由于启蒙时期的大家大都不仅是哲学家，还是伟大的政治家、思想家。于是，他们的哲学如同文艺复兴时期的人文主义一般充满了诗意。同时，他们不会像平庸的学者那样，仅仅将自己的思想停留在对人的伟大与价值的赞美和颂扬的语言上。他们将自己深刻的感受从哲学理论的层面抽

象提炼出来，这当中，笛卡尔弘扬我思故我在的理念，康德提出绝对理性中的自由意志，费希特则强调人的精神自由……这几乎都是用不同的词汇、不同的理解来讴歌人的主体性的意义。当然，他们对人的主体性关怀没有停留在哲学理论层面，他们是从人的本性这个角度来理解人的自由与平等的，在他们的视界里，人在本质上无差别，生来平等、自由，这是人的本性，是其天赋权利，没有人可以将人的这种天赋权利剥夺。如卢梭所言，自由平等理念的提倡其实质就是为了人与人之间平等关系的维护，如果自由和平等被践踏，那么就是做人的资格被践踏，人的行为将完全失去道德意义。自由、平等至高无上，不可转让、出卖。

德国哲学家费尔巴哈就曾直接宣称，他的哲学关注焦点在于人与自然，人与自然是他的研究对象，"自然界和人就是我所有学说观点的概称"①。从这两个角度出发，他创造了自己的"人学""人本学"。针对黑格尔思辨的唯心的理性主义学说，费尔巴哈提出"人学"，就是为了将哲学研究的领域从抽象概念转向现实，关注现实的人。这种思想后来给了马克思很大启发。在费尔巴哈看来，人本学的设立，就是将哲学回归到现实世界，回归到人本身，而不是停留在对形而上世界的苦苦追寻。他反对将哲学定义为一种虚幻的精神乐园，他认为哲学应该是与现实生活息息相关的，是与多灾多难的生活存在密切关联的。虽然黑格尔的辩证法影响深远，对人的理性思维大书特书，但在费尔巴哈看来，黑格尔这种哲学思维并未尊重人的尊严和价值，反倒建构了一个新的神秘的"神"——理性本身，去束缚人的价值。也就是说，黑格尔的理性本来赞扬的是人的理性，但他将这种理性深化，使得理性在他那里无所不能，是一切合法化的根源，理性充当了曾经的神、曾经的上帝来主导世界，人脱离了宗教的上帝，又进入了理性神学的牢笼。在他看来，上帝、宗教都是人的感性、本

① 《费尔巴哈哲学著作选集》下卷，荣振华等译，商务印书馆1984年版，第523页。

质异化的结果。不是上帝创造了人，而是人创造了上帝。他崇拜人，但不是崇拜人的理性。

在人文主义传统的重新发展中，许多启蒙思想家、哲学家提出了自己新的看法，作出了新的贡献。他们注重通过人性的自我丰富来解释人文主义："它以人自身为中心，提出有关人的最终本性问题"①。人文主义的中心是人的本性，它的目的是试图从人的自身范围中找出丰富人的修养、人性以及教育的方法。它既不像神学那样，把人看成神的秩序的一部分，又不像科学那样，把人看成自然秩序的一部分，而是以人为中心，将人看作感性的、欲望的、理性的综合，一切从人的经验开始。而且，他们并不因此就认为宗教信仰无用，更不拒绝将人作为自然的一部分进行研究。人文主义赞扬尊严对人的重要性，认为人的尊严是至高无上的，其他一切价值、人的权利的根源都在于人的尊严。

2. 关注人的现实生存处境，鼓励追求人的精神家园

现代社会经济急速发展，使得金钱、财富的力量前所未有地得到彰显。人的一切似乎都可以用金钱来衡量。对财富的大规模、毫不掩饰、竭尽全力的追求，可以说是现代社会的一大特色。对金钱的追求，成为生活的动力。现代社会在建立、发展过程中，已经形成了固有的一种错误理念：认为社会的发展应该用经济发展速度或者生产力水平、物质财富的创造量来衡定，物质财富越多，社会进步程度越高。至于精神文化水平，是受物质发展水平所限。基于这种观念，现代社会注重科学技术，强调人在物质财富生产中的作用，使人成为活的机器，永无止境地追求物质。现代技术带来生活便利、提高生活品质，但也成为新的控制力量，使得人更加不自由，被迫成为生产环节的零部件，逐渐丧失人的本质特征、失去自

① Lasilo Verenyi, *Socratic Humanism*, New Haren, 1965, p.1.

我。现代人在生活中越来越迷惘且困惑，他们征服了自然获得了成就感，却在这些方法的捆缚下失去了自我，不再是真正意义上的人，已经成为机械的奴隶。人对物化世界的物质规则了解甚深，对自己却知之甚少。就像弗洛姆所言："人对于人的存在最重要、最基本的问题——人是什么、人应该怎样生活、怎样才能创造性地释放和运用人所具有的巨大能量——都茫然无知。"①

与传统形而上哲学家们不同，关于人学的探讨重点，现代人文主义哲学家不再关注"本质""基础"之类的问题，他们更多地思考的是"现代人的处境"及与之相关的问题。最初关注这个命题的是哲学家。后来随着现代性的深入，政治家、思想家、社会学家、经济学家和科学家也纷纷加入探讨，分别就自己的理解阐述观点，构成现代人文主义思潮的新内容。其中，赫舍尔认为，哲学研究人，把人作为其研究对象，是因为人的苦恼、困惑和焦虑等处境，而不是求知的欲望，不是好奇。如果不研究人的处境，忽略"人是谁"，这种哲学也就不成其为哲学。费尔巴哈有关"自我"的论述，也意味着传统理性主义时代在此时宣告终止，在这里非理性的人本主义思潮开始逐渐占据上风。人们开始对形而上学的二元论思想进行批判，对形而上学的本质保持批判和怀疑的态度。费尔巴哈的思想更关注人的意志、欲望以及本能，他将人从抽象的概念中抽取出来，把人从苍白、单调的世界引入鲜活的现实世界。叔本华、尼采、柏格森等都在这一时期提出了自己的生存观，这些学者的观点在此时期广为流传，他们对当代人文主义的追求都源于非理性主义思潮的推动。这些理论关心的不是人的本性为何的问题，更多考虑的是人所处的社会环境是什么的问题。在工业文明内部冲突的硝烟中应运而生的存在主义思潮，就是对人的生存境遇高度关注与担忧的典型代表。存在主义之所以在世界范围内影响深刻而久远，

① 《弗洛姆文集》，冯川等译，改革出版社 1997 年版，第 132 页。

并且饱受争议，就是因为其对在发达物质社会中失去精神家园的人类处境的真实揭示。海德格尔、萨特提出的极其深沉的追问，萦绕在几代人特别是西方知识分子的脑海中。存在主义的思想家们痛切地指出，烦乱、孤寂、绝望是当代西方人的基本生存状态。工业文明将所有的人与物纳入了无限的追逐利润的竞争之中，在生存竞争和无休止的循环中，人们丧失了时间和空间感，体会不到任何生产和生活的意义，在无限的循环和重复，竞争—淘汰的循环中，现代人感受到的只是烦乱和孤寂、疯狂和绝望。存在主义反映了20世纪人类特别是西方知识分子在工业的片面统治下，刻骨铭心、难于言表却挥之不去的苦痛。在现代人生活中，人总是处于焦虑当中，生活充满苦恼与困惑，一种苦恼与困惑消失，新的苦恼与困惑又产生，生活总是如此循环，困惑无法消除。而许多思想家认为，这一困境正是科技理性僭越了它的地位造成的。

3. 为科学划界，倡导人文理性

整个20世纪是科学的时代，科学取得令人瞩目的成绩。在这个时代里，爱因斯坦创立了相对论以后，玻尔也立即提出了量子力学，科学的不断创新也宣告着技术的快速发展以及更新。人类在科学探索中不再仅仅停留在中观世界，科学的触角深入到宏观和微观世界。科技的进步让人们感受到为生活带来便利的同时，又引发了人们的不安与恐慌。第二次世界大战中原子弹的使用带给人的恐惧感迟迟无法消除，核发电技术等新的科技成果被无休止地应用于人们的生活当中。科学的进步对于人类生活是有利有弊的，人文学者对科学保持着严厉的批判态度。不少科学家也开始对科技的力量进行反思，他们呼吁科学家在运用科学成果的时候一定要肩负起应有的社会责任，履行社会义务。很多伟大的科学家和人文主义学家开始关注建立新的人文主义。

由此，人文主义者强调，艺术和人文学的传统对象——信仰、价值观、感情、对艺术的各种反应、人类经验的暧昧模糊性以及社会相互作用的复杂性——都不应该是用科学方法来研究的，因科学方法带有简化论和决定论的色彩。在自然世界以及人的自然以外，还有一个人类参与的第二维度，即人类精神文明世界，它是不同于科技的世界，包含着人类的思想、价值观、信仰、艺术，是一个特殊的世界，是对人有极其重要意义的世界，甚至在某种程度上来说是最重要的世界。这一维度的人的特殊世界，它是感性的、情感的、想象的、模糊的，不应该成为科技理性统治的对象。

（二）后现代理论

现代性与后现代理论处于非常复杂的关联之中。不仅现代性本身是如上所述的矛盾状态，后现代理论更是纷繁复杂的多种言说，很难说诸多后现代理论家有较为统一的观点，但是大致可以把后现代理论家分为两派：一派是激进的后现代理论者，主张彻底解构、抛弃现代性；另一派是温和的后现代理论者，他们对现代性的批判有所保留，承认现代性与后现代的连续性甚或某种根本的一致性。

如果说现代性理论最初表现为社会理论，而最初的后现代理论主要以文学思潮或文学理论的形式体现出来。最早，后现代理论是通过文化批判去批判和解构现代性的，它批评现代性理论是一种还原主义，其论调过于总体性，认为现代性理论是立足于基础主义神话之上的（福柯、利奥塔、德勒兹与加塔利、拉克劳与墨菲）。因此，它批判“元叙事”，拒绝宏观观点，强调微观观点，重视微观政治，以拒绝的态度对待所有现代的一致性预设，倡导片段性、未知性和碎片性。为了证明与现代性的宏大叙事不同，后现代理论一般利用话语理论表达自己的观点，即利用话语解释的意识形态达到消解其他传统理论所强调的“客观性”“真理性”的目的。在后现代理论中，人们主要在知识领域和话语领域争夺意识形态霸权，这两处场所是人们争夺理论制高点的主要领域。从这一角度来分析，话语理论便被赋予了知识社会学的特征。后现代理论批判反映再现理论，他们更愿意采取“视角主义”“相对主义”的观点，认为理论最多能够提供关于对象的局部性观点，而且这些关于世界的认知性的理论还要受到历史和语言的中介的影响。在现代性与后现代理论的论争中，后现代理论对现代性的攻击主要集中在现代性的理论基石——理性与主体上。

第一，浪漫主义美学的批判。

艺术一向被批判理论家们认为是拯救现实的希望。在他们看来，传统艺术既是对现实苦难的抗议，又是超越现实的乌托邦。艺术通过作品的风格表现人的个性追求，这种风格是艺术审美品质的基本要素，也是艺术品个性与精神追求的基础。然而，启蒙的社会浸透了实证主义的铜臭，堕落为廉价的大众消费品，从而丧失了对现实的批判意义。

浪漫主义作为审美后现代性的代表，首先对现代性作出批判，运用反思性意识或者说怀疑精神对现代性进行审视，这本身又代表着现代性的反思性知识的特征，是反思性在审美态度上的贯彻。在他们看来，强大的文化力量的确正在把文化推向统一，一个建立在传统的丧失和遗忘基础上的野蛮的统一。浪漫派实际上仍然体现了现代主体性和个人主义原则。大众文化所强加的秩序，是通过把个人简化为商品生产机器的一个标准化部件来运行的；因此绝不能把文化工业理解为一种生活世界的物化转移，而是要理解为对维系自我和人类文化的本质关怀的关系的毁灭。以物化形式体现出来的文化压力会逐渐自我缩减，最终可能与建立在文化工业基础之上的固定模式产生模仿关系：换言之，大众总是努力用个体的方式去观察、生活，尽管这看起来是个人选择的产物，但实际上它是一种权力强制的结果。浪漫主义就是想打破这种壁垒，通过肯定或张扬人的情感、欲望以及体验来转移现代关于解放、自由的要求，使其体现在精神领域，从而实现对个体所承受的新型统治的对抗。这不仅是现代艺术的出发点和落脚点，也是它基本主题的体现。基于此，现代美学观念中对美的追求总是表现出“相对性”“瞬间性”，以便对确定性以及现实秩序进行对抗，这样不但能体现出对客观世界的真实体验，深刻体会到现代社会中永恒的远去，而且也能将对抗现实秩序的被“物化”充分表现出来，将现代性对生命的控制更好地展现在人类面前。

哈维认为：“后现代主义思想的标志是不确定性、分类性以及严重不信任带有普遍性的话语。”[①]哈维的归纳基本将现代性的总体特征提炼出来了，他总结出后现代思潮的总的特征表现为对普遍性的怀疑。后现代的思想立场以审美现代性的美学原则为主要表现，审美现代性强调流动、差异、短暂，拒绝绝对、静止和永恒，倡导多元化、相对性和具体性，反对绝对性、抽象化、还原主义以及本质主义等。然而，后现代主义却将“现代主义”“他者化”到一个更加广泛的“现代性”概念中进行批判，以实现形象上的自我辨认。当它与审美现代性之间的渊源关系被逐渐正确地揭示出来以后，它本身激进反叛的先锋形象也就变得日渐模糊了。艺术就是试图从短暂、流动性中寻找普遍与永恒，在对确定性的质疑中追求普遍性和确定性。后现代主义强烈批判这种观点，并将其作为批判对象。在很长一段时期内，人们认为现代主义代表精英主义立场，具有自我合法性，而且具有宏大叙事基础，而后现代主义通过转化审美现代性时间观念，利用现代主义的流动性、差异、瞬间、他者等立场来批判现代主义。

事实上，无论是个体表现出来的自我肯定及自我实现，还是审美的内在救赎与超越，两者都是现代“人本论”的外在表现。从用现实的人来对抗和批判神性世界的角度来看，审美现代性与人本论之间并不存在任何差别，二者的区别在于，审美现代性利用内在精神原则来对抗和质疑已经异化的世界，它从内在角度出发，通过对“自我”的重新建构来实现救

---

① ［美］戴维·哈维：《后现代的状况》，阎嘉译，商务印书馆 2008 年版，第 15 页。

赎精神的目的。在后现代主义的叙事中，它“把世界看作是偶然的、缺乏依据的，多样的和不确定的，是一系列分离的文化或释义”[①]。显然，后现代主义中关于世界的观点与审美现代性观点呈一一对应关系。也正是因为如此，后现代主义提出了抛掉宏大叙事的自我合法化的要求，进而形成相对的、多元的且带有不确定性的态度与风格。哈维将后现代主义进行了概括，认为后现代主义的出现是元叙事消亡的标志，元叙事具有为带有普遍性的人类历史性观点提供支持，并赋予其合法性的功能。现代人类正在逐渐摆脱现代性的操控，并正在从对总体性的崇拜中逐步清醒，于是步入后现代多元论设置的空间中，那些已经被异化的语言和生活方式与自身合法化和总体化之间的距离越来越远。他强调，无论是哲学还是科学都应该停止形而上学观点的宣扬，而应以谦虚的态度看待自己，将自己看作另一套叙事，而不是自诩为真理。

第二，对理性的批判。

在后现代语境中，启蒙理性的反思和批判本质，被视为抽象的理性理解。人们在使用无论是启蒙精神、现代性还是理性主义时，都被认为它们属于相同的指代。现代性的批判逐渐成为反思启蒙运动中的人道主义和理性主义。一般情况下，人们对现代性的认识停留在利用“人义论”来批判“神义论”的层面。事实上，启蒙思想家的理性既具有反思功能，又具有论证功能，批判理性与科技理性的共同作用是其双重功能的体现。现代理性精神的批判理性与科技理性并不孤立存在，而是互相影响、互相支持，而启蒙也因此成为动态的综合，成为人类不断追求的思想境界。启蒙精神中理性主义中的“理性”并不同于与感性呈对应关系的理性，它也不是与价值理性对应存在的工具理性。启蒙精神中理性主义中的理性带有鲜明的反抗神性的意识，是一种人类所具有的历史自觉性，笛卡尔将这种理

① [英]特里·伊格尔顿:《后现代主义的幻象》，华明译，商务印书馆2000年版，第1页。

性称为“怀疑”，这被称作哲学的经典表达。现代社会里，学者们普遍的观点是，理性是一种单面化的工具理性，以至于人们总是会将理性主义等同于工具理性主义。从这个层面理解，启蒙精神不能简单地等同于理性主义。理性被单面化理解，不是启蒙精神发展的结果，而是现实资本原则的内在要求和强力推进。将理性的单面化归结于启蒙的原因，实际上是忽视了“理性”形态的社会历史基础。可是，在后现代语境条件下，不管是包括哈贝马斯在内的现代性坚守者，还是以福柯、德里达为首的批判者，他们都以理性批判为前提，任何批判理念都建立在理性批判的基础之上。他们认为，启蒙精神以及建立在人道主义合理性基础之上的元叙事带来现代性危机，现代的全部灾难无一不体现了启蒙理性的错误。

我们发现，现代灾难和文明危机的成因是理性主义和人道主义，对此进行反思成为批判现代性的最重要的思考角度，相反他们较少把这些历史灾难同非理性思想之间建立联系。这种方式将现代性危机的根源定义在理性主义上，如同在非理性主义上定义现代性危机的根源，二者是同样的道理，都缺乏真实历史的支持，因此这种批判很难突破观念批判的层面。对于理性主义是现代性灾难的理解，很多学者是不认同的。比如，以卢卡奇为代表的思想家认为，一旦非理性主义面临巨大灾难或者社会危机，就指责是理性主义导致一切的发生，而真实的情况恰恰相反，正是非理性主义思潮导致了这一切。在卢卡奇的《理性的毁灭》里，他的学说体现出一种明显的机械决定论倾向，并且带有强烈的意识形态色彩，但卢卡奇的这一论断却让我们看到，面对 20 世纪的极权主义、灭绝人性的大屠杀，人们不是揭示它的非理性根源，而是把它看成现代理性主义的结果。在对现实历史的批判中，非理性主义获得一个又一个胜利，理性本身成了被批判的目标。这种奇怪的现象甚至遮蔽掩盖了对历史野蛮事件中非理性主义本质的指认，所有的批判全都针对理性，批判了理性的错误性与虚假性，很少有人认识到非理性是怎样在理性环境下突出自己的。由于任何革命或解放的途径都以人性或理性为前提条件，因而它们都被认定为宏大叙事下的非真实承诺，这种非真实承诺只能为人类带来灾难和危机，根本无法为人类带来平等和自由。

后现代主义者认为平等、解放以及自由以人道主义和理性主义为前提，因此将其视为“总体性”立场，认为“应当以人类解放的名义彻底放弃启蒙运动的规划”①，以达到对现代性进行批判的目的。如此一来，在后现代主义研究视野里，最明显的变化就是将现代性研究对象由普遍主义转变为个体实践。所谓现代性追求，应该是解放和探讨“理性的他者”，如欲望身体等。伊格尔顿对后现代主义的理解是比较受人追捧的，他提出哲学中的后现代思想是开放的、相对的、多元的和怀疑的等特征，是不具有封闭性的概念体系。后现代主义提倡分裂、破碎、异质，拒绝协调、整体和单一，它认为自我是流动的、临时的、多面的、缺乏实质性的。后现代主义者认为，后现代主义特征强烈地批判了统一的政治观念以及专制制度。于是，后现代主义中的相对性是多元和宽容的基础，后现代追求差异、破碎、他者、瞬间以及零散。所以哈贝马斯说，现代性在哲学中的自我解释，可以归入工具理性批判。尽管哈贝马斯明确指出，这种现代性不能等同于蕴含它的时代本身，但现代性批判还是被阐释为一种观念的批判，一种哲学形态的批判。

后现代思想的基本立场来源于对现代主义美学立场的哲学转化，把作为现代生存体验和批判的审美特征和美学观念普遍化为一种理论诉求和世界观，批判指向了现代的精神形态，指向了社会历史的观念论副本，而不是现代的社会历史存在本身。

---

① ［美］戴维·哈维：《后现代的状况》，阎嘉译，商务印书馆 2008 年版，第 22 页。

第二章　社会政治现实：马克思现代性批判的基础

实际上，关于现代性的话语有着很长的历史，哈贝马斯认为这种传统可以追溯到黑格尔。即便其后的学者们采用华丽的辞藻来包装自己的思想，学者们也无法绕开“理性”这一线索。哈贝马斯说，“到韦伯为止，现代性与合理性之间的联系无须明说，可是如今却发现出了问题”①。就是说从黑格尔—韦伯—霍克海默—阿多诺—哈贝马斯，甚至包括吉登斯、罗尔斯，先贤们一直贯彻着用“理性”传统探讨现代性。这一思维模式导致理性精神与主体性精神备受诟病。在这样的语境下，马克思的思维路径更显得难能可贵。马克思一直关注从社会存在、社会现实、社会生产方式去研究现代性。也就是说，每一个历史时期下的经济生产方式必然会导致相对应的社会结构出现，而这恰恰为特定历史时期下的政治与文化的确立奠定坚实的基础，必须从特定的社会结构出发才能得到对应的历史。

马克思本人从未使用过“现代性”这样的词，但马克思的论著中却处处充斥着对“现代社会”的见解。马克思对现代性的理解的独特性首先表现在对“现代”的理解上。马克思按照生产方式来划分时代，而非采用理性。在马克思的视野中，现代性问题的本质和现代生产、资本逻辑密不可

① ［德］于尔根·哈贝马斯：《现代性的哲学话语》，曹卫东等译，译林出版社2004年版，第5页。

分，甚至在一定程度上是同一的词。现代生产包含着多个要素、多个环节，其中既有现代性的问题，也有可能顺利解决问题的思路。在现代性出现的影响下，不单单生产技术以及工业发展出现了巨大变化，包括经济、政治、文化、生活方式以及价值观念在内的整个社会都会随之发生变迁，这种变迁直接与资本生产过程联系在一起。

一、现代生产与现代性的关系

研究现代性的生成与发展，首先需要探究的是现代性的根源问题。马克思是用现代生产来理解现代性根源的。从社会发展视野来看，现代性根源就转化为现代性历史起源的问题，即是何种因素对现代社会起源起到了决定性作用？在马克思看来，“尘世的粗糙的物质生产”是“历史的发源地”，现代物质生产的起源史同时也是资本主义的起源史，是资本与雇佣劳动的形成史。

资本主义社会是人类历史长期发展的产物，是在封建社会基础上发展而来的，关于这一点，马克思在《共产党宣言》中明确提出，“现代资产阶级本身是一个长期发展过程的产物”①。资产阶级所赖以形成的绝大多数条件都是在封建社会里已经孕育了的，当生产和交换资料孕育发展到了一定阶段，要求自由雇佣工人和自由贸易，要求统一市场，而这些要求同封建农奴制的个人依附关系、封建割据状态以及行会的经营方式不相容时，打破这种束缚生产力发展的“窠臼”就成为必然。现代社会中的资产阶级、资本主义社会模式也就是在这种历史背景下形成、发展起来的。

从历史看，现代社会的形成是以地理大发现为契机的，新大陆的发

① 《马克思恩格斯选集》第1卷，人民出版社2012年版，第402页。

现、新航线的开辟，为资本主义生产引领新的天地。地理大发现促成了商业的繁荣和世界市场的建立，市场的世界化又反过来刺激生产规模的扩大、科技更广泛地应用在提高劳动生产率上，工人的劳动强度进一步加强，正在崩溃的封建社会内部的革命因素迅速发展起来。生产力水平越来越高，市场越来越大，需求总是在增加，现代资产阶级越来越有力量，对资产阶级有利、被其倡导的生活方式贯彻到各个角落。将现代性的生成与发展的最终根源理解为现代生产，从生产方式来理解现代社会的确立，是马克思现代性思想的一个基本观点。很多现代性思想家则更愿意从观念、价值、文化、心理等不同角度来解释说明现代性及其起源，其中最具代表性的是韦伯。韦伯与马克思其实在现代性上共有两个探讨前提：其一，他们都把现代社会的基本特征理解为资本主义，将现代社会的起源理解为资本主义的起源；其二，他们都承认资本主义现代性的起源是多种因素共同作用导致的。[①] 韦伯指出，对于现代性的起源问题，历史绝对不能用带有抽象性的公式来把握，而是必须利用正在发生的、具体的、具有独特个性特征的关系来把握历史[②]。虽然韦伯与马克思都秉持现代性的起源是多种因素作用的结果，但二人对多种因素中到底哪种因素是最根本、最为重要的却有不同见解。韦伯更强调宗教观念、经济伦理等社会“精神气质”的历史作用导致现代性产生。韦伯认为，在资本主义起源的多种因素中，基督教精神的内部变迁即新教伦理的兴起起主要作用，而非现代生产。在新教伦理的推动下，社会生活和个体行动日益理性化，这恰恰构成资本主义首要原则：在资本主义发展初期，人们正是本着新教的“天职”观念来合乎理性地从事资本主义经济活动的。韦伯的这一论点凸显了现代性起源过

---

① ［德］马克斯·韦伯：《社会科学方法论》，李秋零、田薇译，中国人民大学出版社1999年版，第74页。

② ［德］马克斯·韦伯：《新教伦理与资本主义精神》，阎克文译，上海人民出版社2010年版，第36页。

程中特定社会意识的具体而强大的作用。但顺着这种思维模式，我们不禁要追问：为什么基督教伦理在欧洲的上千年持续演变都没有引发资本主义合理化兴起，却在短短一两个世纪之内引起了如此剧烈的全局性变革？更进一步地，为什么基督教伦理本身会在特定的时间、特定的环境下，发生这种教育和伦理上的根本变化？仔细推敲之下，韦伯将宗教伦理看作现代社会起源的最重要因素的看法是很成问题的。因为在这里他缺乏系统的意识形态分析或知识社会学分析，即站在实践的社会需求的立场来论述伦理变化下的社会基础的变动，所以他很难从历史的角度出发来理解社会意识的特定演变所具有的社会内容与社会作用。与韦伯思路不同，我们却可以从马克思的意识形态分析中寻找到一条合理解释宗教伦理的社会根基的方法，其要点是将宗教伦理理解为受制于社会物质生产方式的一种精神生产类型。

现代生产的主要内容是物质生产，但这并不是说它就是唯一的作用因素，现代精神生产对现代社会的发展具有推动作用，并且成为现代性的来源之一，尽管它并不是最重要的，但也不能缺少。由于物质生产出现了巨大变革，生产关系以及其他社会关系也随之发生变革，进而使人类精神领域出现巨大变革，处于再生产行为中的生产者随生产行为的改变而改变，他们形成新的良好品质，并在生产过程中不断完善自身，更新思想观念，采用新的交往方式和语言，产生新的需要等。① 物质生产的更新，是社会更新之源。正是现代生产的起源与蓬勃，从根基处启动了现代物质生活、精神生活乃至整个社会生活的生成与发展。如果没有现代生产方式的迫切需要和实际推动，很难想象在抽象概念中演化的复杂教义和思辨概念能够迅速被广大民众所接受、所践行，从而产生如此重大而深远的社会影响。

---

① ［德］马克斯·韦伯：《新教伦理与资本主义精神》，阎克文译，上海人民出版社 2010 年版，第 86 页。

如果没有现代生产方式的暗中“呼唤”和操纵，也很难理解，为何宗教信仰的根基会逐渐枯萎，很难理解作为“天职”的工作会普遍地蜕化为赤裸裸的谋利活动。

这种物质生产本质上是一种社会规模的商品生产。它意味着自然经济的解体和历史向世界历史迈进。在自然经济条件下，绝大部分生产资料和生活资料是由农民家庭自己生产加工并消费的，现在，这些资料变成了商品，变成了工场手工业产品，相应地，孤立的生产经营、分散的买主，在现代社会里集中为工业资本供应的巨大市场。如此一来，改变的不单单是生产方式，那些旧的生产关系、人口关系以及经济关系都随之发生了转变。现代社会条件下的商品生产不但影响了农业，而且还在很大程度上控制了农业和经济部门。社会生产中的任何活动都必须符合市场经济规律，社会资源的配置当然也不能违背市场经济规律，因而现代生产的标志是市场经济规律在生产领域的主导作用。市场的大力裹挟导致这种物质生产另一特点的形成，即广泛的分工。这里首先是生产的发展带动了社会分工的出现，而社会分工的发展又使产品交换成为可能，随着产品交换的不断发展，世界资本最终产生。

当资本市场已经扩展到全球范围的时候，大工业市场也就逐渐确立下来。关于这一点，马克思认为，大工业推动了世界历史的发展，它不仅满足了世界范围内文明国家中的个体需要，而且也使之前形成的国与国之间互不联系的状态发生了改变①；大工业的出现使社会不同阶级之间的关系趋于一致，使不同民族之间的特殊性逐渐消失。现代生产方式的出现使一个国家的历史活动转变为世界范围内的共同活动，它将各个现代国家以及国家下生活的各个主体都联结在一起，很难有任何一个国家或任何一个个体呈孤立状态。同时，大工业生产的市场化要求，使社会必须合理地配置和

① 《马克思恩格斯选集》第1卷，人民出版社2012年版，第194页。

利用资源，这意味着专业化分工会越来越细，原来少数部门所承担的功能必须分化为由更多的部门去完成。其结果是吊诡的现象出现了，高度的社会分工同高度的社会一体化紧密结合在一起。由于现代生产方式的出现，单个国家的历史活动成为世界性历史活动之一，每一个现代化国家以及个体的需求也都成为一个整体，国家与社会再不像之前那样呈孤立状态。随着大工业生产的到来，社会必须优化资源配置，提高资源的利用效率，如此一来，原来承担社会功能的数量相对较少的机构便不能满足现实的需要，需要有更多的机构出现才能承担起这些社会功能。这时候便会出现一幕令人非常惊奇的现象，即高度的社会分工化与社会一体化密不可分。

与此同时，科学技术成为现代物质生产的最重要因素。它的发展与传播，带来了新的世界文明的出现。大工业把巨大的自然力和自然科学介入生产过程，大大提高了劳动生产率。正如马克思所说，生产力之所以飞速发展，“最终总是归结为发挥作用的劳动的社会性质，归结为社会内部的分工，归结为脑力劳动特别是自然科学的发展”①。科学技术传播打破了狭隘的国家和民族的界限，物质生产成为世界的物质生产，精神产品成了公共的财产，世界的交往成了不可遏制的潮流，现代社会以加速的步伐向前发展。但这并不意味着，我们赞同一元技术决定论。

现代性源于现代生产，而现代生产并不是现代性的唯一来源。社会生产特别是物质生产，尽管为现代性提供来源，可是它接纳其他社会生产方式。社会生产的实质是社会关系再生产的一种，马克思认为，物质生产和精神生产都受制于社会生产普遍规律，生产和消费属于私有财产的转移，它是生产运动的感性展现，即人的现实或人的实现。无论是艺术、科学、法律、道德，还是家庭、宗教、国家，它们无一不是特殊的生产方式，它们都需要遵循生产的一般性规律。不能将现代生产理解为物质资料的生

---

① 《马克思恩格斯选集》第2卷，人民出版社2012年版，第453页。

产，它其实是一种人所特有的生活方式和生产方式，更确切地说，它是生产与再生产特定社会关系的过程。如此一来，社会生产力、社会关系以及生产方式之间便构成了运动的互动关系。“社会关系和生产力密切相联。随着新生产力的获得，人们改变自己的生产方式，随着生产方式即谋生的方式的改变，人们也就会改变自己的一切社会关系。”① 在现代社会的运行过程中，现代生产的确起到了重要作用，可是这种作用并不是在简单、机械关系中出现，而是在彼此的影响中出现的，即通过一系列中介环节的相互作用而产生、发展和持续。只有在一整套的社会有机系统和因果链条的参与下，才可能使现代社会生产力、社会关系以及社会权力互相连接、影响，组成一套复杂的交互网络体系。从逻辑角度来看，当由资本支配的生产过程完成推动资本主义关系和资本主义经济权力的使命之后，它会进一步构建复杂的伦理关系和政治关系，在经济、政治、文化、社会等不同领域的权力关系之间建立起良好的沟通与交换机制。

现代社会中最为重要的关系，就是建立在权力关系生产和资本关系生产这种双重生产过程基础之上的、政治领域和经济领域之间的交互关系。这种政治与经济的交互关系，随着权力生产与资本生产的交换，资本与权力之间建立起密切联系，组成了我们时代最为强大的宰制性力量，最终形成了国家垄断资本主义。

当然，现代生产包括物质生产和社会关系再生产，而精神生产也是现代生产其中之一。精神生产能够作用于物质生产以及社会再生产，且具有一定的独立性，所以精神生产是现代生产的重要组成部分。由于精神生产的相对独立性，更由于现代生产中存在的大量中介环节，物质生产的变革不会立即在精神生产领域产生显著的表现。同时，精神生产随着分工的发展，越来越呈现出自身特有的规律，这表现为它似乎具有某种自律性。这

① 《马克思恩格斯选集》第 1 卷，人民出版社 2012 年版，第 222 页。

一点早就被马克思非常敏锐地注意到了，他认为，某一具体历史时期的物质生产发展与精神生产发展之间的关系呈现出一定的不平衡性。举例来说，尽管古希腊时代的艺术作品是希腊古典时代不发达社会条件的产物，可是如果将其放到现代社会，这些艺术作品蕴含的艺术水平仍然不可能被超越。因此，现代文明发展中出现了一种错误论点：尽管物质生产已经提升到一个较高的水平，而且取得了丰硕的物质生产成果，精神生产却似乎丧失了其足以催生出全新力量的根源，不得不一次又一次地回到传统中去汲取灵感，希望从中找到能够超越现代社会的动力。现代性是否已经成为某种将人的生存异化为其自身对立面这样一个可怕的机制，因此不得不在传统中寻找人自身的立足点，这个问题或许值得深思。

当然，马克思在思考现代性运行中诸多影响因素之间的关系时，特别指出了物质生产在现代社会中的重要作用。根据阿尔都塞的观点，唯物史观以多元决定论为基础，不但对矛盾发展的不平衡性展开分析，而且将主导结构在不同环节联系中的功能放在突出位置。“归根到底由经济所起的决定作用，在真实的历史中，恰恰是通过经济、政治、理论等交替起第一位作用而实现的”①。各种矛盾在很长一段时间内呈失衡状态，现代社会在这一条件下得以健康运行。尽管现代生产的作用十分重要，可是现代生产与其他因素之间并不是简单的对立关系，它们彼此之间存在错综复杂的关系，既相互制约又相互依存。

二、市民社会：马克思现代性批判关注的现实

关于现代社会的存在模型，法国思想家雷蒙·阿隆提出两种著名的模

---

① ［法］路易·阿尔都塞：《保卫马克思》，顾良译，商务印书馆 2006 年版，第 28—29 页。

型：托克维尔的平等模式和马克思的阶级斗争模式。阿隆认为，从一定意义上说，所有现代化社会或者工业化社会都是人民的社会、平等的社会，即使在现实社会中，普罗大众并未意识到自己对社会发展、变革有什么巨大的影响，即使很多国家在口头上号称一切权力来自人民。当然，阿隆也承认人和人之间存在天然的差别，无论在收入、生活方式、思维方式、社会影响、参与政权各方面。现代化的工业社会存在两种既相互矛盾又相互关联的特征：处处宣扬人人平等，但同时在消费中使消费者和生产者之间形成等级。由此我们产生了一个怀疑：这种法律上的平等和事实上的不平等是怎样形成的？"在政治上或形式上的平等和社会地位不平等之间形成的这个矛盾是马克思考虑问题的出发点"①，也就是说，在阿隆看来，托克维尔关于社会模型的着眼点是平等，而马克思模式的着眼点是不平等。托克维尔在《论美国的民主》下卷"实业为什么可能产生贵族制度"一章中指出，随着分工的细化，工人的地位越来越边缘化，他们的作用被限制，越来越在生产中处于从属地位。而在工人地位不断被贬低的同时，资本家的地位越来越高，越来越像一个大帝国的行政长官，而工人的生活则日趋艰难，简直就像牛马一样生活着。劳资双方毫无共同之处，而且这种差异越来越加大。他们就像铁索的两端，各自占据一端，谁也离不开谁，但又无法走近。由于人民群众越来越倾向于民主制度，资产阶级贵族化特征越来越明显，粗看起来，人与人之间的相似性越来越突出，但实际上是人与人之间的差距也真实地在不断加大。最后的结果是，"在大多数人中间，不平等的现象虽然减少了；但少数人与大多数人之间的不平等现象反而加大了"②。换言之，在现代社会中，出现了两个差距甚大的集团，即少数非

---

① ［法］雷蒙·阿隆：《阶级斗争：工业社会新讲》，周以光译，译林出版社 2003 年版，第 10 页。

② ［法］托克维尔：《论美国的民主》（下卷），董果良译，商务印书馆 1988 年版，第 696 页。

常富裕的人和大量贫困的人。对这一事实的观察，使得托克维尔和马克思的观察点已经很接近了。只是托克维尔认为这一分化的趋势是从属于平等化的压倒趋势的，因而也就不是他的现代性诊断或者说他的现代社会模型的核心。与之相对，对马克思来说，社会分裂为两大差距巨大的对立集团（众所周知，马克思称之为“阶级”）乃是现代社会的根本特征，或者更精确地说，是现代市民社会即资产阶级社会的根本性特征，从而也是他的资本主义分析批判所要聚焦的核心问题。

马克思在编辑《莱茵报》时有机会直接面对社会现实问题，他与黑格尔的批判哲学相结合，最终提出了市民社会是历史发源地的观点。从最初认识市民社会在历史发展中的重要作用，到最后超越市民社会的理想，马克思主义一步步揭示出资本主义的全部社会生活，阐明了现代性的发生、发展及其命运。可以说，他正是通过深入分析市民社会与国家之间的关系，才最终确立了现代性标志是现代国家与市民社会的分离这一观点。而马克思对市民社会经济领域的考察，则指出了市民社会才是现代性发展的真正策源地与发生地。通过综合分析市民社会，马克思认为市民社会既具有矛盾性，又具有一定的局限性，并以此为基础提出了从政治解放到全人类解放的观点，即共产主义理想。在马克思现代性理论中，市民社会理论处于基础性地位，几乎完整地代表了马克思的思想历程及其对现代性的辩证态度，因此有必要对马克思关于市民社会的理论以及与现代性相关的内容加以详细梳理。

（一）市民社会与国家

马克思关于市民社会与国家的思想，是从分析批判黑格尔开始的。马克思在写于1843年的《〈黑格尔法哲学批判〉导言》中指出，在德国对宗教的批判已基本结束，德国历史是明确表现出与当代现实处于同一水平的国家哲学与法哲学的国家历史，最能说明现代性。所以说，马克思关于市民社会的思想就是从对黑格尔的法哲学批判中发展起来的。

随着 17 世纪的到来，西方社会逐渐出现了市民社会这一概念，在这之前，脱离国家的“市民社会”根本不存在，不管是在现实还是观念中，都没有“社会”的概念。古希腊的社会范围重合于城邦政治范围。在亚里士多德那里，市民社会一词指的是城邦。西塞罗认为它不仅指单一国家，也指达到城市水平的文明政治共同体的基本情况。这些文明政治共同体拥有相对独立的法典，形成了特定的礼仪和都市特性、市民合作及依据民法生活并受其调整，以及“城市生活”和“商业艺术”的优雅情致。提出社会与国家的分离，并在理论上论证其可能性的，是霍布斯和洛克。尽管二人具有完全相反的政治立场，但他们都希望通过契约论来阐述国家的出现。来自苏格兰的启蒙思想家弗格森是从正面对市民社会进行阐述的第一人，同时他也是最早认识到市民社会具有两面性的思想家。一方面，弗格森意识到市民社会相对于国家是独立的，这就使个体在市民社会的范围内具有不受国家干涉的自由，这种自由虽然是消极的，但在一定程度上，这种自由使社会财富实现了更大程度的积累。但另一方面，从另一角度来分析，弗格森也认识到，财富的积累使市民的物质欲望增强，而不断增强的物质欲望又破坏了公民道德，如此一来，市民便会过上一种限制或妨碍自由出现的物质生活。

黑格尔提出的市民社会观，在很大程度上受到弗格森市民社会两面性的直接影响。在黑格尔那里，市民社会是与绝对精神或者说理念的辩证运动相对应的一个环节，是由家庭、市民社会和国家三个辩证环节所构成的伦理生活的一个组成部分。黑格尔首先将市民社会从国家中分离出来，之后又提出市民社会与国家最终会融为一体的观念。在他看来，国家才是绝对精神的直接实现，而家庭与市民社会都仅仅是国家理念下的两个不同领域，概括来讲，家庭与社会的内在目的是国家。黑格尔认为家庭代表着直接的和自然的伦理精神，国家代表着普遍理性的、自觉的实体性伦理精神，而市民社会是连接二者的中间环节。他指出："市民社会，这是各个成员作为独立的，单个人的联合，因而也是在形式普遍性中的联合，这种联合是通过成员的需要，通过保障人身和财产的法律制度，通过维护他们特殊利益和公共利益的外部秩序而建立起来的。"① 很明显可以看出，黑格尔对市民社会的界定基本遵循的是斯图雅特、亚当·斯密这些古典经济学家的自由市场模式，也就是说个人利益通过市民社会这一普遍联系的中介得以实现，同时个人利益的实现意味着共同利益的间接实现。显然，黑格尔对市民社会维护成员个人利益的作用给予了肯定，他认为市民社会的法则是合理性的表现。所以，以私有财产权为基础，通过法律保障形成的市民社会是现代性的成就。

在黑格尔看来，现代性的一个根本特征是个人从封建权威的束缚下解放出来，而市民社会代表了这种个人自由或自由个体在制度和政治上的体现。虽然市民社会是一个以商业利益为驱动力的社会，但它同时也是一个人类历史上此前从未有过的自由的社会。它坚持个人不可让渡的平等权利，尊重和认可人的需要，丰富了满足人们需要的方式。黑格尔与那些自由主义者一样，认为私有财产是自由的根本前提，取消私有财产就是取消个体自由。因此，国家必须保护私有财产，承认对个人利益的正当追求，任何其他法律或规则都不能建立在损害或取消个人权利的基础之上。所以说，个体自由是他的哲学的最高原则，不仅具有政治和道德的意义，更有形而上学的意义。

在肯定市民社会成就的同时，黑格尔也强调市民社会存在的冲突与欠缺。在他看来，市民社会到处存在着公共利益与私人利益之间的冲突。根据黑格尔的观点，特殊性与普遍性是市民社会中两个基本原则，他所提到

---

① ［德］黑格尔：《法哲学原理》，范扬等译，商务印书馆 1961 年版，第 197 页。

的特殊性与普遍性指的是个人的私人利益与全体成员的公共利益之间可能存在矛盾的关系。个人的私人利益以及全体成员的公共利益不但为市民社会提供了可以依赖的条件，又构成了它们彼此分裂的前提。对市民社会中任何一名个体来说，他们的目的都是为了追求私人利益，而市民社会中其他所有的成员以及事物，在此个体看来都是虚无，或者说被对象化、客体化，失去个体存在的价值属性。这样一些自利的、带有强烈个人欲望的个体，在为了满足自身需求的目的下，利用自身优势条件以及得天独厚的外部环境，最大程度地追求个人利益，这必然会在市民社会内部引发一定的冲突或者分裂。“在市民社会中不但不扬弃人的自然不平等（自然就是不平等的始基），它反而从精神中产生它，并把它提高到在技能和财富上，甚至是在理智教养和道德教养上的不平等。”① 所以黑格尔批评市民社会，不是因为它产生了贫穷，造成了大规模失业和它不公平的财富分配，或者经济帝国主义、殖民主义等，而是因为在市民社会中，公共的善或全体的利益没有应有的地位。

因为在黑格尔和古典自由主义者的定义中，自由终归是个体追求和实现个人利益的自由，而权利自然也是为了维护个人利益的权利。也就是说，个体自我是市民社会的基本出发点和前提。同时，市民社会既是相对独立的，却又是非自足的，这就天然地形成了其内在矛盾。在市民社会状态下，个体行为受个人利益的支配，因而市民社会是一个体现诸多个人利益的联合。由于市民社会中的市场秩序是成员个人利益之间的互动形成的，因而这种市场秩序必定不能坚固，所以不得不引向对国家的思考。贫富差距、分配不均的问题并不是由市民社会暴露出的问题引起的，恰恰相反，它是在自由市场经济条件下，社会在正常运行中出现的必然现象，是市民社会固有的内在矛盾所导致的正常结果。贫者益贫，富者益富，由此

① ［德］黑格尔：《法哲学原理》，范扬等译，商务印书馆 1961 年版，第 211 页。

产生阶级对抗、社会冲突。市民社会成员的特殊利益，尤其是体现在财产方面的不平等性是在形式的普遍性下产生的。事实上，被黑格尔看出是市民社会的第二个环节的“司法”所要“公正”保护的，主要就是财产权。而被黑格尔看作市民社会中“一件大事”的所谓的“公正”，主要也就是肯定每个市民社会成员作为一个自利的人都有权拥有他出于自利的目的而通过市场与他人合作或竞争来获得财产和利益，并非指保障每个人都能真正实现其平等的、普遍的基本权利和自由。

正因如此，市民社会才必须过渡到国家。而被黑格尔看作市民社会的第三个环节的“警察”和“同业公会”就成了过渡的桥梁。黑格尔认为，市民社会的各种不足与缺陷，乃至市民社会内部存在的各种矛盾，只能为国家所包容。国家对公民自由追求个人利益的权利应该给予尊重与保护，但是应该注意对公民个体的自由进行规范，以免对“普遍的权利”造成伤害。国家只有严格遵循这一原则，才能最终建立起理性的自由。黑格尔观点中的“国家”不是作为一种暴力机构和行政管理机构的现代国家政权或国家机器，而是指作为人们共同生活基础的伦理与文化共同体，当然，它也是一个主权政治实体。国家的本质不在其外在的暴力特征，而在其内在的理性性质。国家是保证个人与社会充分发展的结构，黑格尔将它称为“国家的合乎理性的建筑结构”。国家体现了理性的秩序与自由。它不是要取代市民生活，而是要保护它的利益。它是个别与普遍的完美统一。市民社会体现了个人的自由和权利，它是主体性的表现。个人服从国家，正是在于个体扬弃了自己狭隘的主体性，才使人的生活重新获得了理性：“国家高高地站在自然生命之上……人们必须崇敬国家，把它看作地上的神物。”① 黑格尔提出，市民社会的个人自由和权利只有借助于国家权威才不会在相互冲突中走向自我毁灭。

---

① ［德］黑格尔：《法哲学原理》，范扬等译，商务印书馆 1961 年版，第 260 页。

（二）马克思的市民社会和国家观

马克思深受黑格尔关于市民社会的积极意义和欠缺理论的影响和启发。他接受黑格尔的观点，认为市民社会是在现代世界中形成的，并且把市民社会等同于“资产阶级社会”（burgerliche Gesellschaft），就如黑格尔把市民社会理解为一个自由市场社会一样——真正的资产阶级社会（市民社会）只是随同资产阶级发展起来的[①]，并且认为资产阶级社会这一名称自始至终都是源于生产和交易的社会组织的标志。无论在哪一个历史时期，这一社会组织都是国家以及其他上层建筑的基础性必要条件。马克思描述市民社会普遍特征以及表达相关观点时，都体现了他与黑格尔的观点如出一辙，可是需要特别说明的是，马克思是在批判黑格尔观念的前提下继承和发展他的观点的。这个批判表现为，马克思用唯物史观的关于国家与市民社会的因果关系取代了黑格尔提出的具有唯心主义色彩的国家与市民社会之间的因果关系。黑格尔认为，“精神”（理念）是“世界历史”的根本决定因素，“世界历史”只是“精神”的舞台和实现自身的场所，市民社会则是整体的精神（理念）发展过程中的一个中介环节。这在马克思看来是大错而特错的，是对现实因果或动力关系的根本倒置，也就是说，在黑格尔那里，在精神（理念）与现实的关系上，精神是现实的解释性概念；从国家与市民社会二者的关系来看，国家是市民社会的解释性概念。马克思认为必须对这种关系从根本上进行历史唯物主义的颠倒，也就是说市民社会应列入国家解释项的范畴，并且应该从政治经济学中解剖市民社会。在《德意志意识形态》中，马克思（和恩格斯）明确指出，要解释这些社会观念，要坚持唯物主义历史观，并指出“这种历史观和唯心主义历史观不同，它不是在每个时代中寻找某种范畴，而是始终站在现实历史的基础上，不是从观

① 《马克思恩格斯全集》第 3 卷，人民出版社 1960 年版，第 41 页。

念出发来解释实践，而是从物质实践出发来解释观念的东西”[①]。

1. 国家与市民社会：分裂与分离

马克思认为，现代性生长发育的前提是国家与市民社会的适度的独立性和自主性，只有这样，现代社会才有可能生成与发展。因此，国家与市民社会的分离构成了现代性生成与发展的起点。

马克思认为，国家与社会尚未完全分离，中央政府经常处于高于一切的地位，政府对主要的社会事务具有完全的操控和主宰是前资本主义社会的普遍特征，而这一特征对市民社会的发展显然具有阻碍作用。如果以亚洲式的前现代社会为例展开分析，这些国家的中央政府通常由管理军事、财政以及公共事务的三个部门组成。这些部门对社会经济、文化、政治等各个领域的活动具有支配权，社会实质上没有太多的自由发展空间。各种社会组织自身缺乏独立存在的价值和自主力量，通常以政府部门附属品的形象出现，具有一定的政治性，却由统治者所控制。整个社会的发展和进步完全取决于其君主与政府的好坏，各种民间社群组织的力量十分微弱，且分散而不具备实质的影响力。在这个意义上，很难讲这样的社会是具有独立属性的市民社会。这种国家与社会尚未完全分离的直接后果是无法建立完善的市场机制，人治取代法治，商品生产以极其缓慢的速度发展，特权处于高高在上的地位，民间组织难以发挥自身作用，整个社会处于停滞不前的状态。这是亚洲社会在长达几千年的时间里从未出现任何根本性变化的“超稳定结构”的具体表现。

与传统社会相比，现代社会最突出的结构性特征便是国家与社会的分离，因而黑格尔认为，国家与市民社会的分化是现代社会的前提。马克思正是受到黑格尔启发，在这一意义上理解市民社会对于现代性生成的基础

---

① 《马克思恩格斯全集》第 3 卷，人民出版社 1960 年版，第 43 页。

作用。他认为现代国家才会有自身的抽象，个人生活的抽象也同样如此。政治国家的抽象也是随着现代的发展而出现的。他一针见血地指出："在中世纪，人民的生活和国家的生活是同一的。人是国家的现实原则，但这是不自由的人。……抽象的反思对立性只是现代世界才有。中世纪是现实的二元论，现代是抽象的二元论。"① 与传统社会中经济生活与政治生活没有分化的状态不同的是，现代社会在发展中的社会分工越来越细化，不仅经济体系与政治体系完全分离，而且在这一基础上诞生了市民社会与政治国家。

那么，国家和社会的一体化状态是怎样被打破的呢？马克思认为，启蒙运动之后的"政治解放"以及"政治革命"的直接后果是国家与社会的分离，这既标志着传统社会的消解，也标志着人类社会发展史中的重大进步。"政治解放同时也是同人民相异化的国家制度即统治者的权力所依据的旧社会的解体。政治革命是市民社会的革命。"② 这一政治革命和政治解放的重要成果带来了深远的影响，如政教分离使政治家摆脱了宗教的束缚，市民社会开始真正独立；重新界定了国家权力，使市场机制得以完善和发展，社会组织生长、发育；契约关系得以广泛培育；基本人权得到了确认和普及；健全的法律制度为国家、社会及人权的发展和繁荣提供了基本的保障与制约；代议制民主政治形式有利于消除市民社会与国家之间的矛盾，使市民社会对政府能够产生持续影响力。这些成果，充实了现代性的内涵，推动着现代社会的持续深入发展。

2. 市民社会自身的分裂

与国家与市民社会的"分离"相伴随的是，市民社会自身也没有消除

① 《马克思恩格斯全集》第 3 卷，人民出版社 2002 年版，第 43 页。

② 《马克思恩格斯全集》第 3 卷，人民出版社 2002 年版，第 186 页。

分裂现象。国家与市民社会的分离不仅标志着现代性的出现与发展，而且还是现代性“自我分裂”的重要组成部分之一。仅仅指出国家与市民社会的分离是现代性的起点，还不能完全深入现代性的实质内涵之中，还必须从现代性矛盾分裂的视角出发，深入理解国家与市民社会的分离。马克思之所以能从独特视角来考察市民社会，就在于他对国家与市民社会的“分离”，并不只是理解为社会进步的单纯表现，而是进一步理解为现代社会“内在分裂”的症候。马克思把现代社会中冲突的本质视作“普遍利益和私人利益之间的冲突，政治国家和市民社会之间的分裂”[①]。将国家与市民社会的“分离”明确地诊断现代性的“分裂”，这是马克思为现代性批判开辟的关键性路径。市民社会的自我分裂主要表现为两点：一是社会再生产中的各种内部矛盾，二是社会生产中社会结合与社会关系之间的对抗性冲突。这种对抗性冲突在个人与社会、个人与自身、不同阶级之间等多个层面都引发了深刻的分裂。

这种自我分裂首先表现为个人与社会的分裂。与传统社会不同，现代的社会结合与社会关系再生产主要依靠的是资本支配下的“非人格化”的市场机制。现代社会表现为一种“市场—社会”，这种社会使用了一种物化的、“非人格化”的特殊社会结合机制，这也是这种社会的最突出特征。马克思认为，与传统社会中凭借血缘和地缘关系建立社会的组织形式不同，现代社会完全摆脱了传统组织方式，采用以“物的依赖性”为前提的人的独立性作为该社会的结合方式，当然，这也是该社会的组织原则。“物的依赖性”指的是包括资本、商品在内的资本的物化形态，在市场作用下，它们形成了人们之间进行交往的沟通媒介，并构建起物化的社会关系体系，而现代的生存方式也由此出现。基于此，受资本影响的市场体系连同市场体系下的生产行为与交换行为，便建立起具有“非人格化”特征的社

① 《马克思恩格斯全集》第3卷，人民出版社2002年版，第174页。

会结合机制与社会再生产机制。从表面来分析，该“非人格化”关系网络摆脱了传统等级关系的束缚，使个人利益统一于他人利益，可是事实并非如此，资本权力以及它与国家权力的联合对其具有制约作用，所导致的直接后果便是割裂了个人之间以及个人与社会之间原有的密切联系。交换的中介是货币与交换价值，尽管交换的前提条件是生产者之间的依赖性，可是生产者之间的互相隔离以及社会化分工也可以同时作为交换的前提条件出现。社会分工的统一并不以个人为中心发生转移，如同自然关系一样。一面是普遍的供给，另一面是普遍的需求，二者共同导致压力出现，而这种压力使彼此不存在联系的人产生了一定的联系。人类社会分裂的主要原因是个人之间的社会关系不是合理的、人性的关系，而是一种异己的、强制的关系。尽管分工协作机制的出现使人们之间建立起一定的联系，可是并不能改变人们之间分裂、对抗的事实，于是这种联系便不受他们的支配，反倒成为一种支配他们的异己联系。正是因为社会再生产机制、社会结合具有异己性，现代社会中的个人利益与社会普遍利益之间的矛盾不仅依然存在，而且出现了更加复杂的分裂形式，分裂形式的隐蔽性更强。现代社会中的普遍利益也具有异己性，所以普遍利益与特殊利益之间仍然没有出现统一状态。这种利益的分裂与对抗经常以虚幻的方式加以暂时解决：少部分个人借用联合的手段实行统治，这种做法只不过是打着“普遍利益”的幌子追求个人特殊利益。这种方式在实质上是利用非真实的共同体维护个人特殊利益。

国家与市民社会以及社会与个人之间的分裂还导致个人生存的自我分裂，而这则被称为“公民”与“市民”以及“公人”与“私人”的二重化。因为国家与市民社会的分裂，个人在市民社会中的存在与在国家中的公民存在也呈分裂状态。如此一来，个人自身存在分类为“特殊的我”与“普遍的我”两种形式。在现代社会中，“人不仅在思想中，在意识中，而且在现实中，在生活中，都过着双重的生活——天国的生活和尘世的生活”①。由此，精神与物质、理性与欲望、公共性与私己性、普遍性与特殊性之间的二元对抗与纠结撕扯，便构成了现代人永远的伤痛与快乐。个人存在形态的分裂使现代性带有无可避免的局限性，并为超越现代性提供了可能。

从社会与个人及个人自身来看，现代社会都包含着难以克服的内在分裂，其社会关系再生产的方式隐含着巨大的矛盾与危机。除此之外，现代社会的分裂还有其更为具体的社会形式，这属于社会结构性断裂的阶级分化。在分析了市民社会内部个人与社会的分裂之后，马克思更为具体深入地分析了群体性利益冲突的实质与表现，其中最重要的莫过于现代社会日益白热化的阶级斗争。

资本统治下的市场机制，使得少数利益集团日益垄断了经济、政治权力，市民社会分裂为各种等级或阶级，个人不得不隶属于特定的阶级，这就深化了人类社会的“结构性不平等”。而马克思则试图在更为具体的历史分析中探讨这一问题：将针对资本—市场机制的分析与针对阶级关系的分析结合起来，深入剖析市民社会的自我分裂在社会结构层面的断裂性症候。马克思曾反复强调现代社会中阶级冲突史无前例的尖锐性，随着资本关系的生成、现代性的兴起，整个社会日益剧烈地分裂为两大对立阶级——资产阶级和无产阶级。这种对抗不仅包括个人间的主观对抗，也包括源于社会生活的对抗，是现代关系的本质性、结构性对抗，是由资本推动的市场机制及其社会关系的必然产物。这构成了社会结构性断裂的表征，它集中体现为劳动力人口过剩、贫富两极分化及底层赤贫人口的不断再生产。

这种结构性断裂是受资本—市场机制控制的。资本通过控制人口生产的速度来为自己提供大量的劳动力资源，人口的增长过程服从于资本增殖

---

① 《马克思恩格斯全集》第3卷，人民出版社2002年版，第172页。

的需要和规定。马克思指出，在资本主义发展的早期，由于生产自动化、机械化水不高，劳动生产率水平较低，资本有机构成相对较低，对劳动力的需求量相对较大，资本便通过压低生活资料价格等手段刺激了人口的大规模增长，并将大量新生人口吸纳到生产过程中来，从而为资本的快速积累提供了足够的劳动力。但随着资本积累的加速发展，科学技术在生产领域的广泛应用，机械化、自动化水平的进一步提高，劳动生产率水平加速提高，资本有机构成显著提升，对劳动力的需要也随之呈现相对下滑的趋势，由此，大量劳动人口又被抛出生产和就业体系，形成了日益增长的过剩劳动人口，从而导致了无产阶级的日益赤贫化及整个社会的两极分化：资本主义积累的规律制约着同资本积累相适应的贫困积累。“因此，在一极是财富的积累，同时在另一极，即在把自己的产品作为资本来生产的阶级方面，是贫困、劳动折磨、受奴役、无知、粗野和道德堕落的积累。”①与统治阶级不断加速的财富积累过程相伴随的，恰恰是人民大众的不断贫困化和不断被排斥到边缘与底层。底层不断扩大，阶级冲突不断凸显，社会无论在政治经济还是在文化教育方面都日益发生结构性的断裂，形成极不稳定的社会等级结构，随时可能爆发大规模的暴力冲突。

新中产阶级的勃兴，是否表明无产阶级的地位有了本质性的变化，两极分化的结构也已经缓解或消除了呢？答案是否定的。作为无产阶级上层的新中产阶级地位的改善，并不意味着整个无产阶级地位的改善。“新一轮两极分化”恰恰集中发生在工人阶级内部，新的底层正在形成。当代资本主义的发展恰恰是一个在新的现代性阶段导致新型两极分化的过程。拉什在分析从工业社会向后工业社会、从简单现代性阶段向自反性现代性阶段的转化时指出，转变后的中产阶级在信息和交流结构中工作，而自反性工人阶级为这些结构工作并使用这些结构进行工作。那么在这两个阶级之

① 《马克思恩格斯全集》第 44 卷，人民出版社 2001 年版，第 743—744 页。

外，在自反性现代性中还有第三阶级，这个阶级被根本地排除在信息和交流结构之外。“如果说后工业中产阶级（主要部分）和被改良的工人阶级（勉强够格）是今天的信息化资本主义秩序中的‘自反性赢家’，那么从简单现代性中的古典无产者沦落下来的这个第三阶级则是‘自反性输家’，是21世纪初底层的、在很大程度上被排除在外的‘多数社会’。这个新的下层阶级中的大部分都可以说是处于‘社会底层’。”[①] 在后工业社会自反性现代化阶段，以知识和信息的生产为主要场域的资本—市场机制并没有弥合社会的断裂，而是造成了更为精致、更为隐蔽的两极分化与不平等。因而，马克思通过资本—市场机制对市民社会所作的阶级分析，在当代仍具有不可估量的启迪意义。

3. 市民社会的整合路径：解放

哪种方式既能对市民社会的分裂进行整合，又能对现代性的分裂进行弥补呢？怎样才能减少市民社会中过于追求特殊利益而出现的利益对抗、人际关系不紧密以及两极分化的现象呢？又怎样才能将个人活动集中在特殊利益统一于普遍利益的秩序之内？斯密与黑格尔都或多或少地认识到市民社会特殊性与普遍性之间的矛盾关系，二人整合了市民社会中的分裂，并站在市场和国家两个不同视角提出了相应的整合策略。在继承黑格尔的问题意识的前提下，马克思的整合方案更具有批判性，马克思认为真正的社会整合不仅是对市民社会内部分裂进行整合，还要整合市民社会与国家之间的外部分裂，内部分裂整合是外部分裂整合的基础。更进一步地，马克思看到了市场机制和国家机制各自的局限，要求通过市民社会的“革命化”来超越既有的分裂，实现整个社会的全面整合。这就是马克思的有关

① ［英］乌尔里希·贝克：《自反性现代化：现代社会中的秩序中的政治、传统、美学》，周宪编译，商务印书馆2001年版，第163页。

国家、人类解放的思想。

马克思关于国家思想的观念的提出建立在批判黑格尔法哲学观点的基础之上。黑格尔从国家与市民社会的分离出发，最终得出了把市民社会融入国家的结论。黑格尔认为，国家是实现绝对精神的产物，市民社会与家庭都属于国家理念在某一领域的体现，市民社会与家庭的内在目的为国家。在马克思看来，事物本身的逻辑并不带有哲学意义，逻辑本身的事物才具有哲学意义；国家的论证不可以用逻辑论进行，逻辑才可以用国家进行论证。家庭与市民社会中的人是国家存在的必要条件，如果二者缺其一，国家也不可能存在。马克思认为，国家对家庭与市民社会并不具有决定作用，“实际上，家庭和市民社会是国家的前提，它们才是真正的活动者”①。他不仅对黑格尔提出的“法哲学”是逻辑学的有益补充的观点进行了批判，而且也批判了将国家制度与伦理理念混为一谈的唯心主义观点。他认为黑格尔错就错在将国家理念视为独立主体，将现实主体视为精神领域事物，即将产生东西的东西错误地当成产品的产品。用一句话来概括，黑格尔将国家与市民社会之间的关系完全颠倒过来了。

马克思已经看到物质生活对国家具有决定作用，可是还没有全面认识国家与市民社会之间的准确关系，将二者共同划入精神领域的范畴。他认为：“家庭和市民社会是国家的真正的构成部分，是意志所具有的现实的精神实在性，它们是国家的存在方式。家庭和市民社会本身把自己变成国家。它们才是原动力。”②

马克思以市民社会对国家具有决定作用为依据，进一步提出了私有财产对政治国家具有决定作用的观点。在马克思看来，黑格尔的错误不在于他使私有财产成为国家的财产，私有财产成为公民的一般特质，而在于使

① 《马克思恩格斯全集》第1卷，人民出版社1956年版，第250—251页。

② 《马克思恩格斯全集》第1卷，人民出版社1956年版，第251页。

公民的身份、国家存在和国家情绪成为私有财产的意志特质。马克思认为黑格尔无法将法、国家以及私有财产之间的关系表述清楚，他也对“长子继承制”这一唯心主义观点进行了批判。黑格尔认为应该从长子继承制在政治领域的地位和意义两个角度对其进行考察，它属于政治要求的范围。黑格尔认为长子继承制是政治国家支配私有财产的体现，它能有效保障市民社会中的贵族等级，使贵族等级地位更加稳固。马克思一针见血地反驳道，“实际上长子继承制是土地占有制本身的结果，是已经硬化了的私有财产，是最独立和最发达的私有财产”①。因此，长子继承制在生活资料中的政治特权，可以通过私有财产支配国家政权体现出来。显而易见，黑格尔对长子继承制的错误认识在于他颠倒了因与果之间的关系，把因误认为果，把果错误地当成了因。所以，马克思得出结论：国家建立在私有财产的基础上，维护私有财产是剥削阶级国家的内容和目的。

维护私有财产是现代资本主义政治国家的目的这一思想，同市民社会决定国家的思想一样，构成马克思国家观中最重要的内容。应该指出的是，马克思虽然看到了私有财产在历史上的作用，但是他对私有财产也没有科学的认识，未能从物质生产、分工、生产力和生产关系的变革出发去说明私有财产的产生和发展。这就是说，尽管马克思看到了私有财产决定国家、限制人的现实，但他否定了这种现象的合理性，而主张私有财产还应该由人的公民特质和国家所决定。

除此之外，在《黑格尔法哲学批判》中，马克思还对古罗马财产所有权体系的特征进行了深入分析，他认为，古罗马财产所有权体系是一种财产私有权形态，它建立在奴隶制基础之上，该财产权体系比较完善，因此可以认定罗马人是私有财产唯理论者。通过分析事实发现，正是由于古代罗马私人权利逐渐增加，导致国家权利日益减少，越是发达的财产关系，

① 《马克思恩格斯全集》第1卷，人民出版社1956年版，第369页。

就越是会出现独立的私有财产权利，财产主体也越是能够产生更加强烈的权利意识，由此极大地推动了富有创造性的罗马私法制度的出现。也恰恰因为如此，马克思才最终摆脱了“私人利益决定法”的束缚，提出了“市民社会决定法”的观点，认为财产关系决定法的产生。特别是他重点关注了私有财产所有权的整个发展过程，认识到私有权和占有之间的差异，并提出了二者互相转化的条件，毫无疑问，这为他提出完善的所有权理论体系奠定了坚实的基础。这一时期的马克思并没有掌握充足的经济学知识，因此还不能对“市民社会决定法”的内在原理作出完整的分析，此时的马克思“还没有把市民社会同物质生产直接联系起来考察，没有把财产关系看作物质生产关系的表现，没有从财产关系中进一步追视出社会物质生活关系，也没有弄清现存生产关系与其法律用语‘财产关系’的联系和区别”①。可是这一时期的马克思准确把握了市民社会对国家与法具有决定作用的原则，这为历史唯物主义法学观奠定了基础。基于这种不同的认识，马克思提出要变革旧的国家制度，必须经过真正的革命。这种革命是对于市民社会或者也可称之为对现代性的弊病的改良，也可称为整合市民社会的思想。这一部分的理论设想来源于马克思对斯密、黑格尔的思想进行的批判、继承。

亚当·斯密对现代社会的整合，他所提出的整合方式需要内在力量的支持才能实现，换句话说，利用市民社会中的市场机制来整合现代社会，因为该市场机制本身自带自主调节功能。斯密同时还提出，应该利用市场价格机制来解决市民社会中社会普遍利益与个体特殊利益之间的矛盾。他认为市场具有自我合理调节的功能，能自我调节到一种自然秩序，在个人的具体行为背后起作用，能够协调众多彼此不同的私人利益而达至普遍利

① 李光灿、吕世伦主编，公丕祥、赵长生副主编：《马克思恩格斯法律思想史》，法律出版社 1991 年版，第 130—131 页。

益。市场的价格机制、供求关系和自由竞争这只“看不见的手”就能自发地形成市场均衡与社会整合：在市场关系中，个人只需要从考虑、计算自己的特殊利益为出发点，“在这场合，像在其他许多场合一样，他受一只看不见的手的指导，去尽力达到一个并非他本意想要达到的目的。……他追求自己的利益，往往使他能比在真正出于本意的情况下更有效地促进社会的利益”①。斯密认为市场机制的力量很大，它能通过调解个人追求特殊利益的活动实现社会普遍利益。

马克思站在资本—市场运动的分离性角度批判了斯密的“市场—社会”整合方案。马克思认为，贸易归根结底是发生在个人之间以及国家之间的产品交换现象，肯定不能通过改变供需关系来实现对整个世界的控制。某位经济学家提出，市场供需关系如同古代的命运之神，它脱离人的主观控制，并向人类分配财富、健康以及灾难，它一边创造新王国，一边又同时毁掉之前已经创造的王国。于是，不断有民族出现，也不断有民族消亡。在马克思看来，在资本主义条件下，资源被私人占有，生产由私人组织进行，产品则是供给社会，这种生产与需求之间的私有与社会的矛盾，必然使得价格机制和供求关系本身具有盲目的自发特征。这种价格机制、供求关系由人创造，但最终会表现为摆脱人的控制，反而对人进行控制的“异己之力”。如果不存在具有调控功能的公权力对其进行调控，市场机制中的盲目性、异己性难以克服，真正的社会整合肯定无法顺利实现。

黑格尔提出的利用国家制度来整合分裂是第二种整合方式，他是在继承斯密部分观点的基础上提出这一整合方式的，试图进一步阐明市民社会中普遍性与特殊性之间相互分离又相互制约的辩证联系。不同于斯密的是，黑格尔对市民社会及其市场机制自身的不足和缺陷认识很深刻。他充

---

① ［英］亚当·斯密：《国民财富的性质和原因的研究》，郭大力、王亚南译，商务印书馆 1974 年版，第 27 页。

分考虑到生产资料的私有同生产的社会化之间的矛盾。仅仅依靠市场机制，市民社会无法在内部达成特殊性与普遍性的统一。既然需要一种力量去克服市场的盲目性，那显然作为高于市民社会的层次即在国家(作为“伦理性的整体”、“地上的精神”和“社会正当防卫调节”）的层面上达成整合：“特殊性本身是没有节制的、没有尺度的，而这种无节制所采取的诸形式本身也是没有尺度的。人通过表象和反思而扩张他的情欲……但是，另一方面，匮乏和贫困也是没有尺度的。这种混乱状态只有通过有权控制它的国家才能达到调和。”[①] 在赋予个人主观性权利的同时，整体必须保持足够的力量，特殊性与伦理性的统一得到调和。国家构成了市民社会稳定和谐的保障，还构成了个人自由的根基。国家高于市民社会、统摄市民社会，从而只有国家权力才能实现社会的整合。

实际上，在国家权力有效规制下的市场机制和市民社会，也不能完成社会的真正整合，反倒生产出更多隐蔽的分裂形式。围绕着国家整合方式，马克思批判了黑格尔的国家主义思想。马克思认为，政治规制和等级制度只是将个人利益与普遍利益的对立性减少，但他们内部的分裂对抗并没有得到有效解决，社会个体之间和自身之内的分裂也没有得到真正的克服。这种市民社会实现的国家整合并不是真正意义上的社会整合。国家整合的共同体实际上并不是一个真正的共同体，而是非真实共同体：统治阶级手中掌握着一些政治权力，而且在意识形态领域掌握着绝对的话语权，因此他们将国家美化成体现成员共同利益的代表。从国家的实质来看，它是统治阶级进行阶级统治、实现自身特殊利益的工具。在社会分工日益深入的影响下，个体特殊利益与社会普遍利益之间非但无法实现统一，反而导致二者之间的矛盾越来越突出，每一个阶级都力图取得统治权，以便运用政治权力的力量，把自己的利益说成普遍的利益，来更加稳固地维护自

① ［德］黑格尔：《法哲学原理》，范扬等译，商务印书馆 1961 年版，第 200—201 页。

己的利益。从根本上讲，资产阶级国家宣扬私有财产不可侵犯，维护资产阶级的利益，设立能便于资产阶级统治的各项政治制度，无非是为了确保其作为整体对于国家权力的掌握，再通过国家机器维护现存于其有利的社会关系和制度，从而保证资产阶级获得长远的、根本的、总体的利益。

既然现代国家在本质上归根结底是资本家的国家，是总资本家，它的意志，无论采取多么具有不偏不倚的、普遍性的形式，也总是代表市民社会中占统治地位的阶级即资产阶级的意志，那么，它不可能克服市民社会所固有的压迫和对抗，也不可能是个体在其中能够实现其类本质、实现其自由的真正的共同体，也就是自然之理了。因此，马克思指出，资产阶级国家虽然宣扬每个个体都是民主权利的拥有者，表明在资本主义国家已经实现了所谓“政治解放”；但是由于私有财产依然“按其固有的方式发挥作用”，由于市民社会阶级对立、贫富分化的存在如故，由于无产阶级贫困如故，从而没有物质的并进而由此决定没有精神的（如教育）条件来使其真正实际地实现资产阶级民主国家所赋予的形式上平等的权利。因而，一方面，他们提到的通过政治解放的途径获取的权利，依然是市民社会下社会成员的基本权利，即以利己主义为主要特征的人的权利。对于无产者来说，则纯粹是一种虚幻的权利。另一方面，那分享政治国家之“普遍性”的，只是与个人的现实生活相分裂的“抽象的公民”，由这种“抽象的公民”构成的国家只能是抽象的、“虚幻的”共同体。从本质上讲，国家只能是资产阶级利益的代理者，是资产阶级压迫、镇压无产阶级的工具。为表述自己的观点，在《论犹太人问题》中，马克思针对《人权宣言》中所列举的各项人权都作了一一剖析：“……自由这项人权并不是建立在人与人结合起来的基础上，而是建立在人与人分离的基础上。这项权利就是这种分离的权利，是狭隘的、封闭在自身的个人的权利。”[①] 平等是上述自由

① 《马克思恩格斯全集》第1卷，人民出版社1956年版，第438页。

权利之上的平等，每一个社会个体都同等地被视为独立存在的单子；认为私有财产这项人权就是和别人无关、不受社会束缚、任意地管理自己财产的权利；从安全权的作用来看，它能保障利己主义的实现。以上任何一项权利都是针对利己主义的人而言，都是针对市民社会成员而言的。这里的人是封闭的人，是追求特殊利益的人，也是摆脱社会约束的人。总之，因为私有财产的固有特征，它必然以追求利润为目标并按其固有的方式发挥作用，由此基础产生的各项人权就只能停留在形式上。通过分析，依然可以清晰地发现这些普遍的人权最终指向的仍是资产阶级的特权。而资产阶级国家对于这种权利的维护，实际上是因为这个国家具有资本主义性质，国家是资产阶级利益的代表，具有资产阶级性质的国家保护资产阶级成员利益，本身也是在保护自身利益。从这一点上看，资本主义现代国家同古代封建制国家、奴隶制国家并无太大差别。现代国家承认人权同古代国家承认奴隶制是一个意思。简而言之，现代国家只是采用了更为蒙蔽性、欺骗性的方式将自身合法化，进而巩固强化了市民社会。

由此，马克思要求超越市民社会与国家的“人类解放”。所谓“人类解放”，必然首先是无产阶级革命。那么，只有从市民社会存在的根基入手，从最特殊矛盾的集中阶层无产阶级那里发动革命，通过争夺国家权力的途径实现人民大众对市场、国家以及社会的控制。只有这样，我们才有可能克服市民社会的自我分裂、市民社会与国家的分裂，真正整合社会。从市民社会出发，并仅仅着眼于市民社会的独立而不改变市民社会本身结构的政治革命，不可能实现人类解放，不可能造就“自由的共同体”，只有通过立足于“人类社会或社会的人类”的、进一步的经济革命和社会革命，才能通往人类解放的目标。当个体同时作为市民与公民的双重身份出现，且有自己的经验生活、个人关系以及个人劳动，以类似存在物出现的时候，当人借助于一定的组织或手段将自己的个人力量转变为社会力量的时候，才可以说真正完成了人类解放运动。这被认为是马克思“人类解放”

思想最早的正面表达。在接下来的1844年的手稿里，马克思指出，共产主义是人的自我异化的积极的扬弃，也是私有财产的积极的扬弃，它是真正占有人的本质，通过利用人，最终为了人；它是社会中具有人的本性的人的复归，这是一种保留社会发展中所有成果的、自觉的、彻底的复归。这种完成了的自然主义，即共产主义，与人本主义相等，而完成了的人本主义则与自然主义相等；共产主义是消除人与人之间、人与自然界之间矛盾的必然结果，它是消除存在与本质、自由与必然、个体与社会之间对抗性的产物。正如英国学者伯尔基指出的那样，马克思的这一表述，表明共产主义乃是人类在三个维度上的解放：人类自我创造精神从自我束缚中的解放，人与自然的关系从狭隘的功利关系中的解放，人与人、人与社会的关系从各种强制中的解放。[①] 这三重解放，都是由人自身来完成的，实现人对人自身本质的解放，是人追求人的本真、回归人的本性的行为。而由此，社会——作为占有了其真正本质的自由人的结合体——也就成为人与人之间、人与类之间的矛盾抗争得到真正解决的共同体。在《共产党宣言》中，马克思（和恩格斯）就进一步明确地将人类解放的基本理想表述为“自由人的联合体”。

“自由人的联合体”直接表达了马克思有关“人类解放”的最终理想。这个理想就其性质而言是非常高远的，以至于一百多年后罗尔斯在阐述他的正义论时还赞扬马克思，他说：“马克思倾向于把充分发展的共产主义社会看作是每个人能充分实现他的本性、能表现自己全部力量的社会。”[②] 这样的社会已排除了必须诉诸他所说的正当和正义原则的理由，因而是“超越了正义的社会”。马克思的下述观点，即社会的存在和人的实践互为因果关系，社会存在是人实践的成果，人的实践又必须以现存的社会为基

---

① ［英］伯尔基：《马克思主义的起源》，伍庆等译，华东师范大学出版社2007年版，第174页。

② ［美］罗尔斯：《正义论》，何怀宏译，中国社会科学出版社1988年版，第51页。

础；社会不是外在力量干涉的结果，不是强加于个人之上，而是因人自身的实践以及人本身所有的属性而形成的。这些观点为马克思的“自由人的联合体”以及“自由的共同体”等观点提供了逻辑可能性。

马克思从历史唯物主义角度出发，对资本主义社会自身矛盾运动的揭示，又为这种逻辑可能性提供了历史性论证。这里不妨主要来看一下走向“自由人的联合体”的途径和条件。其最核心、同时也是对重构被资本主义所束缚的现代性而言最具启发性的思想观点，无疑凝聚在《资本论》中那段经常被引用的著名的有关自由王国和必然王国的论述中。他认为，自由王国开始于外在目的以及必需所要求的劳动终止的地方；因而从事物的本性来分析，它只在物质生产领域中存在。野蛮人必须同自然界进行斗争，这样才能满足自身需求，才能延续自己的生命，对文明人来说，也是同样的道理，也要勇敢地与自然作斗争；无论在怎样的生产方式中，也无论处于哪一种社会形态，这一点永远不会变。随着人的发展，这个自由王国也会不断扩展，生产力也会随之不断提高。这个自然王国内的自由表现在：作为生产者的社会化的人共同联合起来，通过调节自身与自然之间的关系以及物质变化过程，达到共同统治自然的目的，而不是由自然来控制人；同时，物质变换还要以最少的力量付出，在最符合人类本性的条件下进行。无论选择哪一种形式，也无论通过哪一种途径，这自始至终都是一个必然王国。随着人类生产力水平的不断提高，自由王国由此出现，可是这个自由王国必须以必然王国为基础，否则该自由王国根本不可能实现繁荣、富强。

上述观点属于马克思基于人类解放的目标而重构现代社会的基本思想。

第一，马克思在他的论述里提出了两个“王国”——“必然王国”和“自由王国”；与之相对应，就有了两种“自由”——“必然王国”中的自由和“自由王国”中的自由。从自由的本来含义看，人的自由或者说解放应当是一种完全展现人之为人的状态。这种状态就必须使得人摆脱自然必然性对人本身的压制，同时也要摆脱来自社会对人的压制。就第一种压制来说，尽管现代社会的生产力极大地以令人瞠目结舌的速度增长，人对自然的改造越来越强，但出于人的自然属性，人无法完全不受自然的宰制。因此，我们在探讨自由的时候，更多指的是人能摆脱来自社会的压制，突出自己的本性，真正获得人的尊严。这种自由的实现就意味着对现代社会里制约、压制人的自由发展的社会关系、社会组织进行全面的改新。按照马克思的理解，最重要最基础的应当从经济基础开始，将人不再作为“经济人”，而是作为人本身，作为有独立意识的人存活着。要通过这种经济的革命开始，掀起政治解放，通过自愿的、真正平等的社会联合，对劳动进行充分合理的组织，而不是满足某些人利润追求的欲望，在无损于人的内本质的条件下完成联合体必需劳动，满足社会联合体中个体所需。

这样一场解放，是要同传统的所有制关系实行最彻底的决裂，消灭作为阶级剥削和压迫的根源的私有制。这“最后的革命”只能由无产阶级来完成。在现存的资本主义社会中，无产阶级是社会发展的推动力量，因此应该积极承担起社会重任，发动革命。无产阶级“必须承担社会的一切重负，而不能享受社会的福利，由于它被排斥于社会之外，因而必然与其余一切阶级发生最激烈的对立；这个阶级是社会成员中的大多数，从这个阶级中产生出必须实行根本革命的意识，即共产主义的意识”①。换言之，唯有“一个被戴上彻底的锁链的阶级”，一个因为自己的普遍苦难而达到“人的完全丧失”的阶级，一个“不能再求助于历史地位而只能求助于人的地位”的阶级，才会为“人的完全恢复”或“人的全面拯救”而斗争，才有资格充当人类真正解放的利益的代表者。因为只要人类不能得到彻底的解放，这个阶级就不可能解放自己。这个阶级就是市民社会的非市民阶级，

---

① 《马克思恩格斯全集》第 3 卷，人民出版社 1960 年版，第 77—78 页。

就是无产阶级。要使无产阶级现实地成为人类解放的物质力量，它自身必须由自在的阶级成长转变为自为的阶级，必须不断地通过对现实社会的批判努力让无产阶级摆脱资产阶级意识形态的纠缠和欺骗，必须引入先进的理论来武装无产阶级。

在无产阶级通过解放取得政治上的统治地位之后如何对旧社会遗留下来所有权和资产阶级社会关系进行改造，马克思（和恩格斯）还尝试性地提出了一系列具体措施，如：(1) 打破土地私有局面，将土地收入用于国家建设。(2) 将累进税税率调高。(3) 取消继承权。(4) 将叛乱分子和流亡分子的财产充公。(5) 设立由国家控制的，具有垄断地位的银行。(6) 由国家掌控运输行业。(7) 国家按照预定计划增设工厂，创造更多的生产工具，设法增加土地耕种面积。(8) 建立完善的普遍劳动义务制。(9) 实现工农结合，逐步消除城乡差距。(10) 为儿童提供免费教育和公共教育，把教育同物质生产结合起来。如果单纯着眼于这些措施，我们会发现，其中的 (2)、(5)、(6)、(7)、(10) 诸项在今天发达资本主义国家均已或多或少得到了实施，但这是否意味着这些国家已靠近《共产党宣言》的要求了呢？如果这样认为，那么显然是无视 10 项措施和其背后的一般原理之间的区别。不过尽管如此，这些措施当时毕竟是马克思和恩格斯在共产主义革命的“一般原理”之下提出的，它们所指向的一般目标则与一般原理密切相关，这就是逐步消灭阶级差别以及与此相关的其他社会差别。在马克思关于变革资本主义各种社会关系、社会制度的理论中，一个非常重要的，也是在今天引起颇多异议的观点是，必须改变现代资本主义条件下政治国家和市民社会彼此分离的状况，这蕴含着市民社会和政治社会、经济活动和政治活动应该重新相互融合的意旨。鉴于苏联以及我国改革开放前的历史经验，许多人认为，这种融合将导致的不是自由，而是所谓更大的奴役。但事实上，从马克思对于中世纪政治以及亚细亚生产方式的分析可以看出，他本人对于不区分市民社会和国家所隐含的奴役的危险有着非常清楚的认识[①]。因此，马克思所意指的融合不可能是中世纪封建政治或亚细亚生产方式下的情形，也不可能是苏联或我国改革开放前“国家”完全吞并“社会”的情形。恰恰相反，他主张的是“公民”向个人现实社会生活的复归，是代理人式的、压制性的现代资产阶级政治国家让位于社会的自我管理。事实上，在苏联等社会主义国家中曾经出现和存在的、合法垄断暴力机构的、权力高度集中的国家结构，与马克思在巴黎公社中观察到的国家结构是不同的。在为《法兰西内战》1891年单行本所写的导言中，恩格斯说：“……你们想知道无产阶级专政是什么样子吗？请看巴黎公社吧。这就是无产阶级专政。”[②]马克思、恩格斯认为，巴黎公社虽然采取的措施简单，但表现出了完全不同于原有私有制国家机器的方式。比如在选举代表时采用普选制，选出的代表取代之前的政府官员，代表的工资水平与普通工人的水平大致相当，一旦发现代表不合格，可以随时换掉；官员不能享有教育基本权利之上的其他权利；等等。这些都是从根本上改造国家机器的重要措施。所以巴黎公社既是代表无产阶级利益的政府，是无产阶级生产者反抗阶级统治的结果，是人民群众获得社会解放的政治形式；又是从根本上区别于传统观念中国家的新的政治组织形式，是社会自治的体现。马克思所主张的事实是：在经济活动中，要实行经济民主，要在通过消灭私有制而解决了所有权的基础上进一步由“联合起来的生产者”共同掌握生产过程的控制权；在社会生活中，要在消灭现代政治国家对于人的压迫、强制职能的同时，将其对于社会事务的组织、管理职能让位于社会的自我组织，让位于自愿联合起来的个人的自我协调、自我管理。总之，相比于政治领域中的革命，马克思关于变革资本主义社会关系、社会制度的理论更强调和重视社会与经济领域中的革命，是要以经

① ［法］雷蒙·阿隆：《论自由》，姜志辉译，上海译文出版社2007年版，第17—19页。

② 《马克思恩格斯全集》第22卷，人民出版社1965年版，第229页。

过改造的社会将国家政权重新收回，是要使“真正的人”不再是“抽象的公民”，而是“现实的人”。

第二，通过变革资本主义私有制以及以此为基础的各种社会关系，通过社会将国家政权的重新收回，从而消除来自社会本身的强制和奴役，这只是通向“自由的共同体”的第一步。因为，尽管摆脱了社会性的奴役与强制，但就其仍然受制于自然必然性而言，人们依然处于“必然王国”之中，只有在这个必然王国的彼岸，真正的自由王国才能开始。这就要求在对资本主义社会关系、社会组织进行彻底改造之后，进一步大力发展生产力。生产力的发展之所以关键，是因为：其一，共产主义社会作为“自由的共同体”，是在这个共同体中平等地满足每个社会成员的需求（满足需求的平等），从而实现每个人实质性的、平等的、自由的社会形态。为此，为实现平等，共产主义社会应高度重视社会成员之间的差异性，并以这些差异为依据，对不同层次的社会成员采取不同的对待方式。只有这样，它才是一个真正的共同体。那么，要实现满足需求的平等或者说按需分配，则必须以生产力高度发展从而带来社会财富的极大丰富为前提。其二，人尽管不能彻底消除必然王国，不能彻底摆脱自然必然性的牵累，但是，充分发展的生产力可以使“集体财富的一切源泉都充分涌流”，进而能够大大降低自然必然性对人的摆布、束缚，特别是，生产力的发展、生产效率的提高可以大大缩短用于“由必需和外在目的规定要做的劳动”的时间，从而大大缩短工作日。在资本主义生产关系内部，马克思之所以异常重视无产阶级争取缩短工作日的斗争及其成果，不仅是因为他看到了这种斗争和成果的消极方面的意义，即反对无节制的资本主义剥削，而且还看到了其积极方面的意义，即它是通向自由的道路。那么，在废除了私有制、从根本上消除了剥削之后，为了自由王国的繁荣，社会就必须依靠现代生产力的充分发展来将劳动时间缩短到最低限度。而就马克思认为自由王国的繁荣依赖于现代生产力的充分发展而言，他显然与后来其他一些将现代科技看作现代社会万恶之源的现代性批判者不同，在马克思这里，现代科技是现代世界的伟大成果，是人类的解放力量。也正因此，马克思批判现代性不是要终结现代性，而是为了重构现代性，而重构现代性的目的就是要释放并进一步发展被“狭隘的资产阶级形式”所禁锢的现代性的解放潜力。

可以看出，马克思通过对黑格尔等先贤思想的批判，确立了必须从宗教批判过渡到国家、社会批判的观念，确立了阶级分析的基本思路，对人类解放有比较清晰的认识。总之，马克思的国家观已经与黑格尔的理性国家观决裂，开始走向成熟。

第三章　从自我意识到异化：马克思现代性批判的全面展开

马克思从来没有表示过自己的学说是对现代性的批判。但假如我们从现代社会的特征出发，无疑，现代社会就是以市场经济为基础的、体现工业文明的社会，其生产基础是资本主义生产方式，那么马克思对早期资本主义社会的批判就是一种现代性批判理论。从这个意义上说，马克思确实可以被称得上是现代性批判的思想先驱者，是现代性实践批判理论的首创者。

马克思现代性批判理论的发展大致可以划分为两个阶段。第一阶段从 1842 年 1 月到 1844 年 2 月，这是马克思对早期现代性政治生活、社会现实的批判阶段。1844 年是马克思现代性批判的第二阶段：哲学—政治经济学的批判阶段。在这个阶段中，马克思从人的本质、人性和人的发展角度揭示资本主义生产方式具有压迫人和奴役人的天然属性，认为建立在资本主义私有制之上的生产方式是人性的扭曲，并会造成社会内部的普遍对抗。这种批判也可以说是一种价值批判，即基于某种基本的价值准则或价值目标而对现实社会作出“合理”或“不合理”的价值判断。这一时期的马克思受到费尔巴哈的影响，针对黑格尔式的唯心主义进行批判，在此基础之上奠定了自身共产主义以及唯物主义的思想。这一年，马克思写了《1844 年经济学哲学手稿》（以下简称《手稿》），并与恩格斯合著了《神圣家族》一书。在马克思所写的《手稿》中，资本主义现代社会的哲学—

政治经济学受到马克思的批判。他从“商品”这个范畴开始，从“劳动”是人的本质这一基本观念出发，吸收费尔巴哈的观点，创立了他有关异化劳动的理论，明确揭示出资本主义社会导致人的异化的基本论点。他还经过自己的阐发，提出异化解决的方案：通过革命，对私有财产制度进行变革，就能将异化的基础去除，实现真正的人类解放即共产主义。在《神圣家族》中，马克思和恩格斯则为唯物史观的创立做了大量的思想准备。

一、马克思现代性批判的理论基础

马克思在《手稿》“序言”中首先明确指出，对黑格尔辩证法以及哲学的剖析是完成《手稿》的前提和基础。在了解和掌握黑格尔哲学的基础之上，对黑格尔异化理论的批判和对费尔巴哈批判成果的吸收，为他的现代性批判奠定了理论基础。

（一）马克思对自我意识的批判

黑格尔《精神现象学》中有涉及“绝对知识”的章节，其中一个基本观点就在于对意识对象的克服。这是马克思对黑格尔自我意识进行批判的核心所在。马克思对这个观点的批判，不是简单地为批判而批判，他这么做实际上是为了凸显自己的异化劳动理论。

1839 年至 1840 年期间，黑格尔理想主义思想风行，其对自由的崇尚影响深远，在这一环境之下，马克思对古希腊晚期弘扬自我意识的相关思想产生了浓厚的兴趣，其中包括怀疑论哲学、伊壁鸠鲁主义以及斯多葛主义等，在诸多思想理论研究的基础上试图探寻德国封建专制制度变革的原因。根据伊壁鸠鲁主义可知，原子以及原子群体是存在的一般表现形式，存在的更高级表现形式是人、神以及自然等。现实的自我意识的本质等同于自然的本质，世界和理性的关系并不是表现为依附的、外在的或者异在的，自由是理性的本质所在，其存在于事物之中而不是强加在事物之上。由此可见，伊壁鸠鲁主义与黑格尔的自我意识在本质上是相似的，由于马克思受到黑格尔理性思想的影响，崇尚理性和自由，所以他对伊壁鸠鲁的哲学是赞赏的，并追求个人的自我意识。

黑格尔认为自由是理性的本质和追求的目标，自由是人作为自在自为的存在与其他存在区别开来的本质。除此之外，主体性原则在黑格尔看来并不是一个全面的原则，而是片面的原则，尽管主体性原则对于自由主体的塑造具有绝对性，但它并不能塑造出新的“宗教”力量。这里的宗教显然指的是人类追求的精神上的信仰。所以，主体性原则既体现了现代世界的优越性，也体现了现代性的危机，充分表明现代世界是一个进步与异化共存的世界。黑格尔认为，为了避免主体性的危机，还必须以绝对的理性来超越主体性。绝对精神是理性的化身，现实世界是理性的外在表现形式，理性所处的不同阶段将在现实世界中表现出来，随着事物的不断发展，其完整性也得到不断丰富。正是在这种辩证运动中，知识和信仰、自我和非我、知性与理性、判断力和想象力、理论理性和实践理性、有限和无限、主观性和客观性、片面性和全面性被绝对理性所扬弃。

黑格尔把世界精神化了，在他看来，现实中的任何存在均是精神的表现。存在之间的对立并不是由现实本身所引起的，而是与存在相应精神的异化形式相对立的。无论精神怎样发展，最终归属还是绝对精神。但是在精神还没有达到绝对精神以前，它还处于现象学的阶段，还处于异化的与本质相疏离的形式中。黑格尔《精神现象学》揭示的就是精神如何外化以及这种外化如何复归，其实就是抽象的、绝对的精神如何产生、运行的历史。

在《精神现象学》中，由于黑格尔把异化理解为对象化，因此把异化的扬弃理解为对象本身的扬弃。这样，对象就变成了虚无。但是，虚无的对象的存在也在一定程度上证实了自我意识，意识的外化产物就是对象，其是意识抽象活动的结果。自我意识的异化和对象化通过知识的进展而被否定和扬弃，并使它返回自身。所以在黑格尔那里，知识是自我意识（人）的唯一活动。可是，当把黑格尔关于异化和对象化的思想运用到现实中时，立刻就会得出荒谬的结论。正是根据这一点，黑格尔既否定宗教，认为宗教不过是自我意识外化的产物，又反过来肯定宗教的作用，强调宗教可以确证自我意识的存在。这样的观点后来饱受诟病，这种观点也蕴含着他在其后的论著中对宗教、国家、法律等采取折中主义立场的基本思路。

对于黑格尔的自我意识外化的论述，马克思持批判态度："这就是说，我知道我自身的、属于我的本质的自我意识，不是在宗教中，倒是在被消灭、被扬弃的宗教中得到确证的。"[①] 当一个人认识到自身处于意识外化的世界中时，他其实是在这种意识外化的世界中过着真正的生活。这就等于说：倘若宗教属于人的外化的自我意识，那么可以得到这样的结论，宗教中，人的外化的自我意识可以得到确证，但是人的自我意识并没有。推而言之，私有财产是人的本质自我异化的产物，但作为劳动者的人的本质不是在私有财产中得到确证的，而是在被消灭、被扬弃的私有财产即共产主义中才能得到确证。由于黑格尔一只脚踏在私有财产的立场上，另一只脚站在理论的异化即宗教的立场上来思考问题，因而他否定之否定的辩证法就完全被颠倒过来，并且不得不导致十分保守的结论，也就是黑格尔的否定之否定是根据否定假象本质从而对假象的本质加以确证，而不是通过否定假象本质从而确证否定之否定，也可以理解为否定之否定在否定假象本质的基础上实现自身异化本质的确证。黑格尔以表面上批判和革命的姿

① 《马克思恩格斯全集》第42卷，人民出版社1979年版，第172页。

态，分析了人本质的异化和异化的扬弃，但最终从对现实的批判变成了对它们的辩护，并且完全颠倒地对非理性予以肯定而把理性的东西当作非理性的东西加以扬弃。马克思指出，对象化是意识的异化，所以必须扬弃异化复归于自我本身。对此黑格尔认为，任何现实存在的异化并不是现实存在的相互对立，而是现实存在的意识的异化，人的本质的异化就属于自我意识的异化。自我意识的异化属于知识和思维出现异化的表现形式，其不属于人的本质出现异化的表现。而当现实出现异化时，从哲学的角度加以研究分析可以发现，这属于自我意识异化的外在表现。黑格尔认为，自我意识的外化可以体现为物性，物性受到外化的影响。任何一个物质存在，其不仅具有内在本质的对象，同时还存在外化表现，这种外化表现与内在本质的对象世界完全不同。根据黑格尔的自我意识的观点，马克思将其总结为两个结论：一是“自我意识通过自己的外化所能设定的只是物性，即只是抽象物、抽象的物，而不是现实的物”；二是“物性因此对自我意识来说决不是什么独立的、实质的东西，而只是纯粹的创造物”。①

在自我意识的理解上，马克思和黑格尔的论述完全不同，马克思不认为对象是精神的外化，他试图努力证明对象是客观存在的。在他看来，人自身也是自然对象，正是如此人才能够创造对象。社会中现实存在并具有外在形式的人通过将自身的本质力量外化为异己对象时，这一异己对象并不是主体，而仅仅具有主体性，本质力量的活动必然是对象性的活动。换句话说，人本身就是自然的存在物，不是自我意识的从属。马克思明确表达了，人作为客观存在，其具有对象性、物质性以及感性等特征，除此之外，人还具有受限制性、受动性以及受制约性等特征。由于黑格尔理性思想的影响，马克思的认知受到一定的限制，随着马克思的不断分析，其对黑格尔的主客关系式加以颠倒。黑格尔认为自我的对象化作用可以确证对

① 《马克思恩格斯全集》第 3 卷，人民出版社 2002 年版，第 323 页。

象存在，而马克思则主张客观存在，即对象是客观存在，而非自我意识的外化。除此之外，马克思还进一步指出，人不仅表现为客观存在，其还属于类存在物，既要在自身存在中确证和表现，更要在自身的知识中确证和表现，这是人与其他对象的根本不同所在。人的对象性活动不是单一的，而是表现为类的活动，社会化行为。人类的活动形成人的历史。

显然，马克思认为黑格尔的错误在于他用精神的虚无东西去代替真实存在的对象世界。现实中存在精神异化，精神本质的重新寻找就是异化的扬弃。这表明："在黑格尔那里，否定之否定不是通过否定假象本质来确证真正的本质，而是通过否定假象本质来确证假象本质，或者说，来确证自身异化的本质。"① 这样，异化的扬弃成为一种虚假的扬弃。需要强调的是，马克思并不否认黑格尔的辩证法在理解世界上的积极意义，确证人的诞生以及自我意识的形成，是借助于劳动，将自我外化和创造自我的历史过程。或者说，黑格尔用他独有的思考方式揭示出：人类发展到一定阶段，劳动的对象化同时成为劳动的异化。但马克思着重批判的是黑格尔对异化与被异化之间关系的颠倒。但对于异化理论的逻辑思考模式，马克思在后来论述异化劳动理论时完全采用了这种思维方法。

在社会现实中，广泛的社会接触以及丰富的实践经验使得马克思对黑格尔理性主义的观念产生更深的思考并对这一观念产生动摇。马克思在实践中发现，自由的存在并不是普遍的，很多情况下自由仅仅存在于个别人，而其他人的自由则被否定。这一些问题的出现表明理性并非实体，实体理性不可能超出现实并实现统一。理性观念在不同主体上的表现是截然不同的。要想通过实体理性对现实加以说明，必然需要这一实体理性具备统一性、抽象性，显然这是无法实现的。因此，黑格尔的现实理性存在一定的漏洞，现实并不是通过现实理性加以说明的，反而现实理性应该由现

① 《马克思恩格斯全集》第 42 卷，人民出版社 1979 年版，第 172 页。

实来说明。正是由于这一认识的转变，马克思的现代性批判进入新的阶段，也就是唯物主义的费尔巴哈。

（二）对费尔巴哈人本学的批判性继承

1843 年 3 月《莱茵报》被查封，马克思有了更多的时间进行学习和思考。以唯物主义为基础的费尔巴哈人本主义在这一时期广泛流行并具有深远的影响，马克思对此加以了解并借助这一理念对黑格尔法哲学体系加以批判，这标志着黑格尔哲学的第一次自觉清算正式开始。

黑格尔影响深远，费尔巴哈早期也是黑格尔思想的虔诚追随者，其思维模式深受黑格尔的影响。随着认知的不断深入，费尔巴哈才逐步开始对黑格尔哲学体系进行全面的批判。马克思也曾指出，对于黑格尔的批判正是从费尔巴哈开始的。费尔巴哈对宗教的本质以及起源展开深入的研究分析并出版《基教的本质》一书，书中指出宗教神学以及黑格尔哲学在思维和存在、主词和宾词的关系上存在错误，这一关系应当颠倒过来，除此之外，费尔巴哈还在书中针对自身所提出的人本主义原理加以阐述。随着批判的延伸，费尔巴哈的批判视野转向于唯心主义哲学。在黑格尔学说中，哲学的开端在于精神存在与抽象概念，费尔巴哈对此并不认同，其对唯心主义加以颠倒，认为感性的具体存在才是哲学的开端。关于自我意识哲学对思维和存在关系的认识，费尔巴哈明确提出唯物主义应当加以颠倒，他认为："思维与存在的真正关系只是这样的：存在是主体，思维是宾词。思维是从存在而来的，然而存在并不来自思维。……只有存在才是感性、理性、必然性、真理，简言之，存在是一切的一切。"[①] 在深入了解宗教以及黑格尔哲学的基础上，费尔巴哈指出黑格尔哲学是伪理性主义的，实际上

① 《费尔巴哈哲学著作选集》上卷，荣振华等译，商务印书馆 1984 年版，第 115 页。

借着思辨理性的外壳把人的本质转化为上帝或者其他某种绝对存在物。费尔巴哈哲学之所以被称为人本主义，是因为他把“人”作为其哲学的核心和归宿。费尔巴哈认为，人是具体的、感性的客观存在，人和动物存在根本不同，动物在对象的认知上只停留在个体，而人对对象的认知还包括意识。相比较黑格尔学说中的理性主义，费尔巴哈则将感性作为核心，但也不是完全排斥理性，只是他认为理性的主体只是人。在费尔巴哈看来，最基本的感性存在就是人与自然，在真理的把握上只有感性才能做到并且感性还具备具体性、实在性以及本质性等。根据人本主义哲学可知，现实的存在包括感性的人与自然，但是感性的人和自然却具有不同的地位，人和存在有所区别，自然和存在没有区别。人作为感性的存在是人本主义哲学的核心所在，可以说，费尔巴哈将自然主义和人本主义联系在一起，将人本主义的逻辑前提定义为自然主义，通过这种关系的确立，对人的理解和解释才能更好地展开。“人”是费尔巴哈哲学的出发点和归宿。对于费尔巴哈的观点，马克思大为认同，他指出，对黑格尔学说采取批判与严肃态度的人只有费尔巴哈一个，他切实做到对旧哲学的克服并在思想领域做出巨大发现。费尔巴哈正是从根本上跳出了黑格尔的逻辑（方法），才能够实现抽象的绝对概念的打破并通过感性的人的现实生活加以取代。

相比较其他哲学家而言，马克思认为费尔巴哈的哲学具有深远意义，其惊人的成就表现在：其一，揭示旧的自我意识哲学同其哲学打败的宗教一样，是一种新的、经过深思熟虑并加以阐述的“宗教”。只不过宗教世界认为存在是上帝、神的异化的产物，而自我意识哲学认为存在是人的本质异化的另一种形式和存在方式。实际上，基督教神学中上帝的概念在本质上和黑格尔自我意识哲学中的绝对观念是一样的。因此，黑格尔哲学也可以被认定为是与宗教形式不同的“宗教”。所以黑格尔的哲学和宗教一样，都应接受批判。其二，将人与人之间的社会关系作为哲学理论的基本原则。

费尔巴哈的哲学观点是唯物主义，那他必然对唯心主义持批判态度。但显然，费尔巴哈不是将自己的理论简单重复过去的唯物主义，他的唯物主义理论更深刻之处不是在于他将研究的基点放在感性的人身上，而在于他通过研究感性现实的人与人的生活，揭示出人的本质存在于类中，也就是人与人之间的社会关系中，并把这些当作他的基本原则。其三，费尔巴哈将基于自身的肯定的东西与这种肯定的否定之否定对立起来。辩证法的集大成者是黑格尔。在黑格尔那里，绝对精神这种绝对的肯定经过中介、经过证明的肯定，即否定之否定，最后得到绝对肯定的东西，也就是当初出发点的那个抽象物——虚无的精神。费尔巴哈将这一理念逻辑加以颠倒，从感性的角度出发加以研究分析，“扬弃了无限的东西，设定了现实的、感性的、实在的、有限的、特殊的东西（哲学、宗教和神学的扬弃）”[①]。

根据对黑格尔学说继承和接受的经验，马克思意识到尽管费尔巴哈的人本主义具有科学性，但是在接受和继承中依然需要采取批判的态度。在《手稿》“序言”中，他指出，费尔巴哈对黑格尔辩证法进行批判并取得巨大的成果，但是批判并不是全面的，其中黑格尔辩证法的部分要素还是没有涉及。在与卢格的沟通和交流中，马克思提到费尔巴哈学说有一点让其不满意，就是费尔巴哈关注自然过多，强调政治的方面太少。相较于费尔巴哈学说而言，马克思的著作中增加了社会历史维度的内容。在批判性继承和接受费尔巴哈人本主义的基础上，马克思的批判从宗教延伸到政治，从政治解放延伸到人类解放，既对现代民主政治加以肯定，也对现代国家的局限性加以批判，历史唯物主义的新观念由此逐步显现。

综合而言，黑格尔学说以及费尔巴哈人本哲学，构成了马克思现代性哲学批判的理论基础。

---

① 《马克思恩格斯全集》第 42 卷，人民出版社 1979 年版，第 158 页。

二、马克思批判的核心概念——人的类本质

马克思现代性批判的含义已经告诉我们，人的本质和人的发展是价值批判的出发点。马克思对现代性进行价值批判的核心概念就是人的类本质。

（一）类本质寓于社会关系中

马克思对人的类本质高度重视，他将这种包含于社会关系中的类本质直接解释为人的社会性。在说明人的本质时，他以妇女在资本主义社会中的遭遇为例，提出在资本主义社会中，妇女在人与人的关系中扮演牺牲品的角色，这表明了人在对自身认识上的严重退化，这种对于妇女的认识毫不保留、不遗余力地表现出对类的关系的理解，“因此，这种关系表明人的自然的行为在何种程度上成了人的行为，或者人的本质在何种程度上对人来说成了自然的本质”①。与此相反，在社会主义社会中，无论是在理论上，还是在实践中，“是从把人和自然界看作本质这种理论上和实践上的感性意识开始的”②。在社会主义者看来，通过自身劳动全面实现人的类本质的过程就是整个人类历史的过程。这个世界历史的过程，同时是自然界向人生成的过程，也是自然变成人化的自然的过程。

当然，就像上一节我们分析的那样，马克思人的类本质概念来自费尔巴哈。在《手稿》中，马克思大量使用费尔巴哈的类、类生活、类本质等概念。在他看来，正是费尔巴哈有关人的类概念的运用，才奠定了社会主

① 《马克思恩格斯全集》第 42 卷，人民出版社 1979 年版，第 119 页。

② 《马克思恩格斯全集》第 42 卷，人民出版社 1979 年版，第 131 页。

义的哲学基础；他指出费尔巴哈关注现实性，把人类概念从抽象的天上下降到现实的地上。在马克思看来，人按其本性来说是类存在物，类生活、类质、类意识是人所固有的本性，是人与动物之间的根本区别。而类生活就是社会生活，类本质就是社会本质，类意识就是社会意识，一旦人与类存在物之间的关系画上等号，那么就可以说明人的本性需求是社会主义。马克思认为，动物的特点是它的生命活动和它的存在直接统一，而人却不同，人由于意识到自己是类存在物，所以他的生命活动是有意识的，即自由和自觉的。

不过，马克思对人的类本质的论证事实上已经超越了费尔巴哈，其主要表现如下：

其一，对人的本质在劳动中生成的理解。在《手稿》中，马克思认为人的本质是在劳动过程中生成的。人在劳动中、在改造作为改造对象的自然界中，自身的存在才能体现，自身作为类存在物的认知才能生成。在改造对象的自然界中，生产活动的存在体现出人能动的类生活，同时，人作为类存在物所参与的生产在自然界中得以体现。在马克思看来，人的本质是通过他的劳动来体现的，也是通过劳动被复制出来的。由于劳动是不断变化的，作为它的塑造物的人的本质也必然不断发生着变化。

其二，对人的社会性的理解。费尔巴哈引出人的社会性，是通过对人的自然本质分析得到的。他认为，人的类本质是人的内在的自然本性，是大自然赋予的天然禀赋。而马克思有关人的社会性理论则是从人的生产活动中得出结论的，也就是说人的社会性是由人们改造自然的行动所决定的。“因此，社会性质是整个运动的一般性质；正像社会本身生产作为人的人一样，人也生产社会”[①]。马克思指出，在资本主义制度下，异化劳动使人和自己的类本质相脱离。只有扬弃私有财产，从而扬弃异化劳动，才

① 《马克思恩格斯全集》第42卷，人民出版社1979年版，第121页。

能恢复本来意义上的劳动，同时恢复人的社会本质。这种理想劳动状态下的理想社会关系，就是“社会主义”。

马克思认为，要实现社会主义必须产生社会化的人，即真正的本来意义上的人。一个人只要作为真正的人来进行活动，从事生产，他就是一个社会的人，无论他的活动是单独进行还是集体进行的。他提醒我们：“首先应当避免重新把‘社会’当作抽象的东西同个人对立起来。个人是社会存在物。”① 就事实来说，社会并不是抽象的概念，更不是和个人相对立的抽象概念，个人属于社会的现实存在物。所以，无论个人的生命表现是通过个人的形式展现，还是通过和其他人共同的形式展现，均属于社会生活的表现。个人生活和类生活之间的关系表现为从属关系，也就是个人生活包含在类生活之中，每种个人生活均是类生活的普遍表现形式或者特殊表现形式之一。可见，马克思把每一个特殊的个人既看成个体，又把个体看成总体。个体既表现出其个体特质，又作为社会人呈现出社会性特征。作为现实的个人来说，他是个体，而作为社会存在物来说，他是属于整体的个体。在个人的生命活动中，每一项行为既可以看作个人行为，同时也表现为人类生命活动的行为。这样，个人就实现了个体和类的完全统一。

其三，马克思以人的社会本质的自我实现来对共产主义作了第一次论证。在他眼里，人类的历史被理解为人的本质自我实现的过程。当然，人的本质首先是借助劳动体现的。也就是说，全部所谓世界历史，不外乎是人通过他人、通过社会关系形成自我的历史。正是如此，当我们认为，私有制或共产主义这些形式都是从人类劳动本身的发展过程中符合规律地产生出来的，就变成是可以理解的了。马克思通过对黑格尔的辩证法思想的继承，形成了他对历史辩证发展的初理解。

综上所述，正是马克思确立通过劳动体现人的类本质的理解，奠定了

① 《马克思恩格斯全集》第 42 卷，人民出版社 1979 年版，第 122 页。

他的异化劳动论的基础。

（二）自由自觉的劳动是人的类本质

在《手稿》中，马克思从劳动的异化出发，揭示了私有制和资本主义生产天然具有非人化和反人道的特性，他把劳动的异化及其扬弃过程看作“真正的人的社会”的自我生成的辩证过程。他认为是人的劳动创造出财产，劳动便是私有财产的“主体本质”。

为阐发自由自觉的劳动是人的类本质的思想，马克思首先探讨了工人同自己的劳动产品之间的关系。在资本主义社会中，工人被当成可以在市场上随意购买的商品，而且是地位最贱的商品（因为他无法选择不出卖）。可怕的是，工人的贫困程度同他生产产品的力量和数量成正比，“工人生产的财富越多，他的产品力量和数量越大，他就越贫穷。工人创造的商品越多，他就越变成廉价的商品。物的世界的增值同人的世界的贬值成正比”①。这真实地揭示了现代生产方式中，工人同他生产出的劳动产品的关系实际就是异己的对象性关系。在劳动中工人付出的劳动量越多，他创造出来控制自己的、异己的力量就越大，他想追求自己本性的可能性就越低，归他所有的东西就越少。劳动所生产的对象及劳动的产品，虽然是因劳动而生，然而却最终是一种异己的、控制的、对抗劳动的力量。这种异己力量对生产者而言并不具有依赖性，但是和劳动者之间保持抗衡关系，还和劳动相对立。现实化的劳动对劳动者而言展现出来的是非现实化，并可能导致劳动者走向灭亡。在现代劳动过程中，对象化的出现可能对劳动者造成必要对象的剥夺，包括生活对象，甚至可能是劳动必要对象，最严重的就是劳动本身可能会被剥夺，为避免对象的消失，保证劳动这一对象

① 《马克思恩格斯全集》第 42 卷，人民出版社 1979 年版，第 90 页。

的存在，劳动者只能将休息时间压缩并提高劳动力。当对象的占有表现为异化时，那么劳动者所占有的对象数量和生产的对象数量呈现负相关关系，资本的统治必然形成。

其次，马克思针对劳动者和劳动之间的关系加以探讨。他认为，产品之所以出现异化，其本质还在于劳动活动的异化。劳动产品的异化就是物的异化，实际上就是对象世界对人的控制以及人和对象世界的分裂。劳动的异化则是劳动者本身的自我异化，表现为劳动不是劳动者自己的劳动，而是从属于购买了劳动商品的别人；工人在劳动过程中不拥有自身，在劳动过程中他自己接受他人的安排，从属于别人，生产活动就是工人自身丧失的过程。劳动产品只不过是生产活动、劳动的最终结果，是劳动产品的根源。

通过对工人和劳动、工人和劳动产品之间关系的探讨，马克思对异化劳动得以掌握。他指出，劳动的存在不仅使得个体和人的类本质相异化，而且使得个体和社会生活相异化。异化的存在导致人把生活变成维持个人生活的手段，失去个人的意义。异化劳动里，人在这个过程中丧失生命活动的自由，同时失去他实践活动所指向的对象世界，因而也就丢失了他自己的类本质。也正是因为异化劳动，导致人逐步和类本质相异化、和生命活动相异化、和劳动产品相异化，最后的结果就是人和人相异化。人同自身相对抗时，他同时也就同他人相对立。

最后，马克思在分析了异化劳动之后，揭示出私有财产的本质和起源。在进行关于现代性的政治经济学批判之前，马克思明确表示还有两个任务需要解决：其一，从私有财产和社会财产的关系对异化劳动加以探讨，从而探寻私有财产的本质；其二，既然存在劳动异化以及劳动外化这两种概念，那么，劳动的异化和外化是如何出现的？人的发展和劳动异化以及劳动外化的关系是什么？马克思对此信心满满，他指出，只要紧紧抓住异化劳动和私有财产这两个范畴，就可以很快洞悉有关现代性的政治经济学的分析机理。在经济社会中的每一个概念都是异化劳动、私有财产的表现，都围绕着这两个范畴展开。这些表明，马克思已经认识到私有财产是产生异化的根本原因，并且将私有财产和异化紧紧联系在一起，通过异化的扬弃实现私有财产的扬弃。

正是这一重大认识，使得马克思异化劳动理论呈现出不同于黑格尔的精神异化理论，也不同于费尔巴哈的异化理论的特点。与黑格尔异化理论不同，异化劳动理论不是将人等同于抽象的自我意识主体，也没有简单地将劳动理解为自我意识的抽象活动，而是将人视为类存在物。人的生产活动以及自身类本质的实现构成人类历史，人类历史是人自我异化及其扬弃的过程。劳动被看作人的本质属性，符合事实，人类社会恰是人的本质属性发挥作用，自我创造、自我生成的结果。

和费尔巴哈的异化理论相比，马克思异化理论同样存在不同。费尔巴哈的异化理论相对狭隘，自然世界是其主要的侧重面，而对政治生活领域基本没有涉及。在马克思异化劳动理论中，马克思将劳动作为核心理念并针对异化加以拓展，实现政治异化理论的完整。马克思高度重视劳动，指出人的本质就是劳动，但这种劳动并不是资本主义压迫性质的劳动，他认为只有摆脱了一切现实社会关系，回归到本来意义上的劳动，亦即恢复到那种不是为了简单生存的，而是能够实现人格以及生命活动体现的劳动，这样人的类本质才能够实现。从这一设想出发对人类现有劳动加以考察可以发现，当前所存在的劳动都是异化劳动。从严格意义上来讲，这一类劳动不仅无法体现出人的本质，更是对人的本质的扭曲和破坏。在《手稿》中，马克思提到的“真正的人”，是摆脱了一切最终获得一种理想社会关系的人。

需要指出的是，马克思的异化劳动理论孕育着历史辩证法的最初萌芽。这可以在马克思评价黑格尔的一段话中得到证明。他在《手稿》的笔记中评价黑格尔抓住了劳动的本质所在时，指出：“黑格尔把人的自我产生看作一个过程……他抓住了劳动的本质，把对象性的人、现实的因而是真正的人理解为他自己的劳动的结果。”①

三、资本主义社会的全面异化：现代性状况

马克思认为异化是现代性最大的现实。这种现实特征的归纳，是马克思通过对现代性社会的运行提炼出来的。马克思立足于人的本质分析，关注劳动，从对劳动的分析开始，马克思对现代性的批判深入到现实的、政治的社会生活中。这一时期的马克思研究内容也被称为马克思政治经济学批判，其与马克思哲学批判紧密联系在一起。异化、商品与资本是马克思政治经济学批判理论建立的三大基本范畴，对于现代性状况的揭示也是以这三大基本范畴为出发点的。在马克思看来，商品可以理解为现代性的抽象总体，因此，任何物品均可以用商品这一形式加以体现。社会中任何存在的“商品”属性，使得资本可以席卷一切。在对社会深入考察和了解的基础上，马克思认为现代性处处都表现出“异化”的本质。针对这种异化改变的路径，马克思认为克服现代性的路径就是阶级革命。这种整体性分析遵循以商品、资本逻辑、异化的进程切入现代性内里，揭示现代性中所发展出来的人与人之间的相互对抗。从现代人面临的精神危机开始，最后提出通过阶级革命，从而达到人类自由的实现。马克思研究理论的基本路径是人—物—人，这充分体现出马克思理论始终将人的发展放在重要位置。

（一）商品：现代性批判的逻辑起点

马克思对现代性的批判具有基础性，是因为他将批判的视角设立在

① 《马克思恩格斯全集》第 42 卷，人民出版社 1979 年版，第 163 页。

对资本主义生产方式的分析上。马克思指出，要想实现对意识形态以及上层建筑的批判，就必须实现对生产方式的批判，这是批判意识形态和上层建筑的基础和前提。也正是因为马克思建立了现代性批判的“生产分析范式”，所以尽管他本人从来没有认为他对现代性进行过批判，而后人根据他描述的资本主义社会的分析，根据他对资本主义生产方式内在的剥削和压迫关系的考察，依然坚定地认为他对现代性做过深刻的批判。在《政治经济学批判》中，马克思针对资本主义生产方式分析中所运用的基本方法论原则加以解释和介绍，基本方法论原则就是从抽象上升到具体。至于具体先从哪个范畴开始，马克思认为经济范畴在理论中的地位不由它们的历史次序决定，其对现代生产方式所起的作用决定着在理论中的地位。

对资本主义生产方式的分析在很大程度上取决于选取哪一个抽象范畴作为原点，合理的抽象范畴将有利于研究的展开。从《资本论》中不难发现，马克思对这一抽象范畴的选取还是比较明显的，那就是商品。马克思认为，对资本主义的研究应该从商品开始，作为资本主义的经济细胞，商品贯穿着整个资本主义社会。在资本主义社会中，生产方式所创造的社会财富表现为“商品堆积”，这部分财富在社会中具有统治地位，财富的具体表现形式就是单个的商品。“因此，我们的研究就从分析商品开始”①。在现代社会中，商品等同于“抽象总体”，这为资本的发展提供良好的基础，根据现代生产方式，所有问题最终的根本也在于商品，商品在现代关系中起到巨大的作用。由此可见，马克思将商品作为现代性批判的原点并不是偶然，他已经充分意识到商品的重要性以及商品和资本主义的关系。在马克思思想中，商品占据重要地位，卢卡奇在对马克思思想深入了解和学习的基础上出版了《历史与阶级意识》一书，其中指出，在人类的发展过程中，任何问题都可以追溯到商品之上，任何问题的解决也可以在商品

① 《马克思恩格斯全集》第44卷，人民出版社2001年版，第47页。

结构中得到答案。值得强调的是，这里所指的问题必须要达到马克思分析所具备的深度与广度。当资本主义社会中出现个别问题时，出现科学角度所定义的经济学问题时，甚至出现资本主义社会各个方面的核心问题时，通过对商品结构的研究分析，都可以找到一切对象性形式和主体性形式的原型①。

“商品”在现代性批判中逻辑地位的确立，主要是由于它本身是现代社会核心的概念，它表明了现代本质的总体规定。在商品作为逻辑起点的基础上，马克思进一步对“商品”这一概念加以研究分析，突破商品的纯经济学领域限制，使得其内涵得以延伸。在社会形态方面，马克思认为社会经济形态包括三个体系，分别为自然经济时代、商品经济时代以及产品经济时代，三个社会经济形态体系主要依据时间划分，马克思认为商品经济时代是过去和未来之间的一个“过渡时代”。资本主义生产方式只是商品经济时代的一个阶段，这一阶段的具体表现就是从传统走向现代，商品关系的胜利直接导致资本主义生产方式得以确立其统治地位。资本主义生产方式是将劳动力转变为商品，商品关系的最终形式就是资本。在现代社会中，任何存在都可以通过商品这一媒介加以联系或者加以衡量，其中就包括人通过商品价值以及使用价值等确认自身价值，并借助市场实现对自身存在的判断。

马克思针对商品的关系加以研究分析得出结论，商品交换建立在商品价值的基础之上，交换的本质就在于保证价值的平衡。对商品进一步分析可知，商品的价值来源于劳动，这在一定程度上表明人作为生产的主体，其生产活动是现代性发展的必然条件。社会关系的发展建立在生产关系之上，生产关系的发展又建立在商品生产之上。根据商品生产的关系，人被划分为资本家与劳动者，两者的区分主要根据商品生产中所处的地位，由

① ［匈］卢卡奇：《历史与阶级意识》，杜章智等译，商务印书馆 1992 年版，第 143 页。

此导致利润分配地位的不同；人们社会地位的高低同他们在商品生产过程中直接参与商品生产的程度成反比。在商品生产中，劳动既表现为产品的现实产出过程，也表现为利润或者价值的增殖过程。正是这部分的研究为后期马克思对资本实质的研究打下了坚实的基础。根据抽象劳动以及交换价值的相关研究和分析，马克思并没有仅仅停留在经济学范畴，反而在更深层次上拓展到政治学、人类学以及社会学领域，最终到达哲学的深度。在一定程度上可以说，马克思有关现代性的政治经济学批判更是一种以经济学为基础的存在论。卡尔·洛维在了解和学习马克思学说的基础上指出：人的异化的经济学表现形式包括"商品"这一可出售性的对象。"马克思意义上的商品并不是指所有对象中的一种特定类型的对象，相反，对他来说，商品包含了我们所有对象基本的存在论性质，即'商品形式'。"①

在资本主义社会中，私人产品表现为社会产品，这种产品是"进入交换的产品"，因而是商品。这种商品生产只有在资本主义社会中才是普遍的，一般情况下所指的商品生产指的是在经济发展中的一个阶段，商品生产的目的不仅是满足生产者需求，同时也是满足交换的需求。而在资本主义生产中，商品的生产指的是具有生产资料的资本家雇佣不具有生产资料的劳动力进行商品生产，所生产的商品均用于交换，交换的价值远高于支出从而获取资本，促使资本的发展壮大。马克思明确指出，只有在历史特定的生产方式，即资本主义生产方式的基础上才会发生产品普遍作为商品来生产，产品作为商品的存在才表现为一切产品的一般的、必然的形式。

在这个过程中，社会分工是商品存在的条件。虽然社会分工在古代就有，但不是在古代就有大规模的商品生产。古代存在的社会分工，是生产便利性的要求，不会导致通过交换使得商品互相对立。只有在劳动过程具

① Karl Lowith, *Marx Weber and Karl Marx*, George Allen & Unwin（Publishers）Ltd., 1982, p.76.

有私人劳动的特征生产出产品时，它才会作为商品而相互对立。当生产者生产的目的是满足自己的需要，以便供自己消费的话，那么生产的就是产品而不是商品。产品的生产者作为一个为自己工作的生产者，与社会不发生任何关系。当生产者生产商品时，他生产的产品是为了满足社会需要的物品，具有社会性；他的劳动本身也是构成社会劳动总额的一部分，并且这种劳动是服从于社会内部分工的。社会分工是多种多样的劳动的集合，劳动各有差异，正因这种差异而产生相互补充的需求。每一个劳动者都需要用他自己的劳动去交换别人的劳动。因为别人的劳动所形成的产品和自身劳动所形成的产品具有不同的价值，这样就可以使得自身劳动所不能产生的价值得以满足。如果劳动者生活上所必需的产品都由自己生产出来，也就是自给自足，那么，每一个生产者就不需要别人的产品，也就不会发生交换。正因随着生产力的发展，每一个生产者从事的劳动都具有片面性，而他们也清楚这种片面性，也知晓其他人也正在进行这种片面性的劳动补充着自己的劳动，于是把自己的片面的劳动变成自己的职业。在这种社会分工中，人们从事商品的生产主要是为了获取商品的交换价值，而不是为了自身所生产商品的使用价值。商品交换一般出现在共同体之外，在不同共同体接触或者不同共同体成员接触时产生。在不同共同体之间，物被作为商品进行交换，与此同时，在共同体内部，物也可以被当成共同体交换，内部的交换和不同共同体之间的交换则有所不同。内部的交换建立在彼此的意愿之上，这时物的使用价值与交换价值被加以分离。

商品具有“商品形式”，也就是现代社会所有对象基本的存在论性质。马克思对资本主义的研究分析起源于商品，也正是把握了这一点，实现对现代社会的存在论批判。马克思的现代性批判以商品为起点并不是仅仅停留在商品上，毕竟资本主义生产方式的本质在于资本。现代性批判具体包括意识形态批判、政治国家批判以及社会制度批判等，这部分均是围绕资本逻辑的揭示展开的。由于马克思更多的是在经济基础方面去运用“资本”

这一范畴的，因此使得人们对政治经济学批判没有引起足够的重视，错误地将经济学批判和现代性批判之间画上等号。但是对马克思有深入了解的专家学者则清晰地看到，马克思现代性批判其实就是可以理解为一种真正意义上的资本批判。

（二）资本逻辑决定现代性逻辑

1. 资本逻辑的定义

资本逻辑和资本有关系，但资本逻辑和资本并不是同一概念。资本的存在是现代性发展的基础和前提，其通过自我增殖以及剩余价值的压榨推动现代性的发展。与此同时，资本的内在存在特定的联系方式以及演变趋势，这就使资本逻辑构成了现代性的基本逻辑。在“资本本性”与“资本逻辑”之间具有内在的依赖关系。一方面，资本自我增殖的本性构成了资本生成与演化的内在动力，因而也就进一步构成了资本逻辑持续展开和实现的动力源泉。自我增殖的本性不断从内部策动资本的运动与扩张，在社会时空范围内不断开展出资本内在的逻辑。另一方面，资本逻辑也不是被动地体现资本本性的，它还积极地实现和扩张资本的本性，并作为总体性的规律、趋势而将自我增殖的本性当作自身内部的一个能动性的环节。

马克思很早就意识到资本发展成了一种外在的力量，不再简单地表现为资本本身，他指出，资本并不是生产资料与物质的总和，而是在一定历史社会形态中的生产关系，这种生产关系通过物加以呈现并具有相应的社会性质。显而易见，马克思对资本的社会性质加以强调并指出资本并不是物。值得注意的是，马克思将资本理解为一定历史社会形态中的生产关系，其发展具有一定的联系、轨迹以及规律，这也就是所谓的资本逻辑。

关于将资本主体化，马克思显然是受了黑格尔的影响。在《资本论》的创作过程中，黑格尔的《逻辑学》广泛流传并受到社会的认可，这一时期的马克思也受到这方面的影响。因此，马克思对“资本”这一概念的建构原则在很大程度上承继了黑格尔“绝对精神”概念的建构原则。马克思之所以将资本主体化，主要是想揭示出资本是现代社会中生产运动的主体所在。就基本形式而言，资本逻辑的表现就是主体性的逻辑。《资本论》所书写的，其实就是资本将自身建构为“大写的主体”并不断自我扩张的过程。作为主体的资本，不断地将它所需要的特定个人和特定活动、关系、要素当作手段、工具，即当作“客体”创造和生产出来，在它们身上打上自己的烙印，使它们从属于自己的目的和需要。也可以理解为，资本具有主体性并凌驾于个人存在之上，其在社会生产活动以及社会交换活动中起到充分主体性的作用，社会中的个人在社会活动中仅仅表现为生产资料的使用以及消耗。或者说，个人的主体性被加以限制，其只具备自身空虚化以及资产增殖，而由个人和个人社会关系所形成的社会在资本面前仅仅表现为资本增殖的工具，毕竟社会生产存在的目的就在于资本增殖。

根据资本发展的联系、轨迹以及规律，资本逻辑对世界加以创造和改造，使世界成为它赋予灵魂的质料。它就是这个世界的超验存在。不仅是作为商品的资本按照经济原则进行扩张，而且伴随着战争、政治、文化和一切可能的殖民和后殖民手段迅速地加快，人类历史的总体化在资本的推动下呈现出了全球化，资本成了总体的原则。借助纷杂的经济现象，资本隐身为幽灵，成为不在场的在场，将它自己设置为一个“不在家的上帝”来左右世俗的存在。这一事实不过表明，当资本的总体性普遍确立的时候，它成为事实，成为自然，成为没有阻力的力，从而成为没有力量的力量，它毫无觉察地穿透我们的感官，穿透我们的意识，成为我们的呼吸，成为我们感觉不到的再自然不过的空气。资本就是我们的社会空气，一旦人们习惯了用肺顺畅地呼吸，人也就感觉不到空气的存在了。正如约翰·卡西迪指出的那样，全球化这一时髦的词语，实际上马克思早就预见到了它的许多后果[①]。事实上，不仅如此，马克思已经先期揭示了这一过程及其本质，现实的经验历史全面地展现和证实了马克思的一些基本思想。马克思指出，从现代开始，人类文明就已经推进到了一个“世界历史时代”，这一过程的到来及其加速发展很大程度上是建立在资本扩展之上的。马克思认为，资本不单纯是生产资料的总额，还包含世界市场的发展趋势的创造。“在资本的简单概念中必然自在地包含着资本的文明化趋势”[②]。马克思明确揭示了资本的全球化功能和资本推动下人类文明的全球化趋势，现代不过是资本原则的经验。资本以空间来征服时间，使人类成为共时态的“现代”，成为一个动荡的总体。马克思指出，借助于生产工具的革新以及交通方式的改变，资产阶级得到迅速发展并将其他民族甚至是野蛮民族也卷入其文明之中。由于资本的影响，资产阶级不断对外推行自身所认同的文明，推行自己独有的有利于资本运作、有利于资产者利益的价值观念，进而将世界改造为资本主义世界。也就是说，“它按照自己的面貌为自己创造出一个世界”[③]。

2. 资本逻辑的运行形式

资本逻辑的基本目的和内在动力就是通过资本循环达到资本的自我增殖、自我扩张。这个目的的实现就必然要求扩大再生产过程周而复始地持续进行。剩余价值是资本主义生产启动所追求的最终目的。通过现有剩余价值加入生产资本之中从而进行扩大规模的再生产，是为了获得更多的剩余价值，由此，资本的倍增便成为一切社会生产的目的本身。扩大再生产的过程本身就表现为资本主体的不断积累和持续扩张过程。资本逻辑也相

① ［英］齐格蒙特·鲍曼：《全球化——人类的后果》，郭国良等译，商务印书馆 2001 年版，第 211 页。

② 《马克思恩格斯全集》第 30 卷，人民出版社 1995 年版，第 395 页。

③ 《马克思恩格斯选集》第 1 卷，人民出版社 2012 年版，第 404 页。

应地展现出一整套动态的结构。资本逻辑的经济结构同时也是整个社会结构的基础和土壤，正是以资本的生产与再生产过程为基础，现代的社会关系才得以奠基。首先，资本的生产过程包含着现代分工关系的基本结构，资本在不同产业部门之间，以及同一产业内部不同生产环节之间的流动与分布，直接决定了不同部分之间及同一部分之内的分工关系。其次，资本的生产过程决定着劳动与资本关系的基本结构。资本与劳动的对立，既是资本生产的前提条件，又是其产物和结果。资本主义生产过程不仅是剩余价值的再生产过程，同时是劳资对立关系不断再生产的过程。最后，资本的生产过程也构成了现代市场交换关系的基础。上述分工关系、劳资关系和交换关系恰恰构成了现代社会的阶级关系以及更为广泛的社会关系网络的基础。因而，现代社会关系的基本结构很大程度上建立在资本逻辑的动态结构基础之上，也可以理解为资本逻辑的动态结构推动了现代社会关系基本结构的塑造。

对于资本逻辑而言，马克思认为其不仅具有主体性，还具有辩证特征，即资本逻辑既是资本运动的主体，又是运动过程本身。受黑格尔《逻辑学》体系的深刻影响，马克思写作《资本论》时对资本的论述及其体系建构借鉴了黑格尔有关绝对精神的形式，而且在内在的、实质的思维方式方面，受黑格尔影响至深。“资本”概念的建构原则在很大程度上承继了黑格尔“绝对精神”概念的建构原则，马克思曾多次指出：资本是一种绝对化的“主体”，它的自我生成、自我演化和自我实现过程就体现在全部的资本主义生产方式中。马克思认为资本是“能动的主体”、是“过程的主体”。资本逻辑从其最普遍的形式上看，首先就是这样一种主体性的逻辑。《资本论》所书写的，其实就是资本将自身建构为“大写的主体”并不断自我扩张的过程。资本逻辑的这种主体性构造主要体现在三个方面：第一，资本通过生产和流通过程成为了一种“自我关系”的结构，“资本的运动就在于，它在生产自身的同时，作为根据同以它为根据的自身发生关系，作为预先存在的价值同作为剩余价值的自身发生关系”①；从劳动的关系看，由于劳动被占有、被并入资本，资本开始发酵并且成为生产过程。在这个过程中，资本作为整体来说，它作为活劳动不仅同作为对象化劳动的自己发生关系，而且，由于这是对象化劳动，它是同作为单纯劳动对象的自己发生关系。“资本”的这种“自我关涉”恰恰构成主体性所必需的内在结构。第二，资本作为主体的“自我形成”过程，就是它的生成、成长、生活过程。资本不是僵死的物，而是一种活生生的关系和力量，不断地为自身增殖而活动、筹划、运行、扩张、膨胀。第三，资本的生产过程形成了一个“总体”，而资本本身就是这个总体过程中自我实现与自我扩张的“主体”。资本作为主体，并没有单纯地停留在生产运动的任何一个阶段之上，而是在运动中不断地实现自身的增殖。

从更深的层次上说，资本逻辑是一种“颠倒的”主体性逻辑。资本逻辑是一种自为存在、自行倍增的逻辑，在这种主体性力量的裹挟下，个人甚至整个社会都不得已地成为资本增殖的手段和工具，个人和社会生活的最高目的体现为对经济利润的追求，实质还是资本的自我增殖。主体性的资本，不断地将它所需要的特定个人和特定活动、关系、要素当作手段、工具，即当作“客体”创造和生产出来，在它们身上打上自己的烙印，从而更好地满足自身的需求以及意愿。首先，在人和资本的关系中，资本具有主体性并表现为人格化，人同时也被物化，被迫突出人自身的物的特征。资本变成具有意识性的主体，引导、支配着历史进程，有着意识的人反倒变成工具投入生产中。或者说，个人主体性的体现，仅仅表现为对资本增殖的工具性作用。更令人感到可怕的是，由个人及人与人之间的关系联结而成的社会，也变成了资本增殖的手段和工具，社会中现存的关系、制度由资本产生，又为资本服务，而资本增殖本身则构成了社会生产的目

---

① 《马克思恩格斯全集》第 31 卷，人民出版社 1998 年版，第 144 页。

的。资本逻辑在现代社会生活中的全面贯穿和宰制，使得它能够将整个社会生活都作为自我增殖目的的工具与资源来加以调动、使用和加工。

资本逻辑是一种辩证逻辑，其内在核心、根本动力便是资本的内在矛盾，即资本的内在属性、资本存在的本质。资本内在矛盾发生发展的根基在于资本内涵的“双重逻辑”：资本的“物”的逻辑与“社会关系”的逻辑，创造文明的逻辑与价值增殖的逻辑之间的对立统一。[①] 值得注意的是，资本逻辑的基本矛盾并非某种直到现代性的终结点才爆发出来的末日审判，而是始终伴随着资本主义的经济活动而发生作用的。

资本逻辑的基本矛盾通过一系列具体的要素、环节表现出来，直接影响着现代的经济系统乃至整个日常生活的方方面面，引发了一系列无法根除的社会问题。首先，资本逻辑的基本矛盾就是资本和劳动之间的矛盾。资本的生产过程是劳动转化为资本的过程，通过剩余价值的积累实现资本的增加。因此，在资本的生产过程中，劳动和资本保持对立的关系。资本通过不断购买和消费活劳动来维持其自我生产、自我增殖的过程，从而在完全的意义上支配、占有和耗费工人的生命、生活，进而形成了日益严重的劳资对抗。劳资矛盾奠定了整个现代社会阶级冲突的基础，并进一步形塑了其他类型的社会冲突。其次，资本逻辑的基本矛盾表现为生产与流通过程的结构性脱节，导致生产的无政府、盲目状态，进而引发供需失衡。生产的社会化趋势，要求生产环节的整体性计划，而资本主义生产资料的私有决定了生产和流通两个领域被分割开来，这构成了生产总过程内部无计划和供需失衡的基础。具体来看，由于资本主义生产的最高目的不是个人的真实需求的满足，而是追求利润，是资本本身的价值增殖。为了逐利，生产规模被不顾现实地、人为地不断扩大，生产出来的商品数量和

① 丰子义：《走向现实的社会历史哲学——马克思社会历史理论的当代价值》，武汉大学出版社 2010 年版，第 396 页。

种类远远超出社会实际需求，那么就必须迫切需要社会产生出更多的“有效需求”来予以吸纳和消费。与此同时，由于剥削率的提高、人民收入相对于资本增殖的下降而不断萎缩，个人及整个社会的需求无法满足资本的需要，由此，商品数量的激增与有效需求缩减之间的差距最终形成供需失衡。最后，在生产的无政府状态和供需失衡达到一定临界点之后，资本的基本矛盾就不可避免地以暴力形式爆发出来，产生周期性的经济危机。供需失衡和生产的无政府状态达到一定限度就会产生严重的生产过剩，从而导致“产品过剩—资本过剩—劳动力过剩”等一系列连锁反应。造成生产和流通领域的广泛受阻和停滞，从而形成周期性发作的日益严重的经济危机。经济危机是资本主义生产无法克服的痼疾，处于危机中的人们采取抛售股票、销毁商品、政府干预、转嫁他国等手段来缓解矛盾。经济危机威胁到资本本身的存在，构成了资本逻辑的基本矛盾最集中的表现形式。时至今日，资本主义的各种危机形式并没有消失，而是借助“虚拟经济”的勃兴和全球化的纵深拓展，在全球金融领域中“兴风作浪”，并不断渗透到实体经济领域。1997 年的亚洲金融危机和 2008 年以来从美国蔓延至全球的金融危机，其实都是资本主义经济危机的最新表现形式。马克思曾敏锐地注意到“虚拟资本”在借贷资本和银行信用制度基础上产生的过程。当代的虚拟经济就是从包含信用关系的虚拟资本衍生出来的，并随着信用经济的勃兴而获得了巨大的发展。但这样一来，银行信用同时促成了资本主义生产超出它本身界限发展的推手，当然另一方面成为一种有效的工具，引起危机和欺诈。资本主义经济危机本身并没有在新的经济形式中找到根本的超越之道，而只是改头换面以“金融危机”“信用危机”的形式反复出现[①]，不断造成严重的社会危害。这充分说明，资本的基本矛盾始终伴随其发展演变的历程，无论资本主义如何借助新的技术形式、社会形

① 陈彩虹等：《美国金融危机与我们》，《读书》2008 年第 12 期。

式进行自我调适，仍然逃不出资本逻辑的基本矛盾这一把“达摩克利特之剑”的阴影。

从特定民族国家内部来看，资本逻辑全面贯穿在社会生活之中，无论是在文化、政治以及经济上都有不同程度的动态形态。资本逻辑是现代社会生产关系的重要组成部分，这就导致资本的覆盖范围不仅仅停留在经济之上，其还以分工—市场—劳资等为媒介，不断延伸到上层建筑领域，实现在全球范围文化、政治以及经济领域的存在。从更为广泛的世界规模、全球范围来看，资本跨越了不同国家政治领土的界限，驰骋于广泛的国际空间，在文化、政治以及经济等多个领域得以体现。资本以及资本逻辑的本质决定了资本并不是静态的，其一直处于动态的自我增殖过程中，通过生产活动以及交换活动等方式不断对外延伸，逐步渗透到社会生活的方方面面，这一延伸和渗透趋势呈现日益增强的态势。资本起源于经济活动，但不被经济活动所局限，通过经济活动这一起点，资本不断向整个社会生活延伸以及渗透，并以此促成现代社会资本化结构、经济化结构以及市场化结构的塑造。当现代社会以资本生产为核心加以运转时，社会中的其他要素也逐步融入其中，使得资本生产体系得以完善，最终形成以资本增殖为核心的社会生产体系。资本和社会的联系日益紧密，资本总体和社会总体之间表现出更多的相似性，甚至可以理解为资本总体发展壮大为社会总体，社会总体日益凝聚表现为资本总体。对资本逻辑的研究和分析也就等同于对现代社会以及现代文明的研究和分析。

3. 资本逻辑决定现代性逻辑

从根本上说，资本逻辑决定着现代性的逻辑。作为现代社会的总体特性，现代性包含着经济、政治、文化等方面的多重逻辑①，而资本逻辑

① ［匈］阿格尼丝·赫勒：《现代性理论》，李瑞华译，商务印书馆 2005 年版，第 17 页。

在这多重逻辑中起着根本的决定作用。现代性的发展规律、运动轨迹和演化趋势的诸种基因都孕育在资本逻辑的内在联系、基本矛盾和演化趋势之中。因而，现代性也就是由资本逻辑所规定的现代社会的总体特性。在文化冲突逻辑、社会分化逻辑、科学技术逻辑以及政治生活逻辑等的发展和演化中，资本逻辑的影响均是存在的。这种影响不仅不能被忽视，还对以上逻辑的运行起到支配作用。资本逻辑对现代性的逻辑具有关键性的意义。

在科学技术成为一种由人创造后又反过来成为统治人本身的逻辑运行和演化过程中，资本逻辑起到巨大的推动作用。由于资本逻辑的存在，科学技术的发展逐步呈现出社会化以及产业化趋势。资本具有自我增殖的特性，这就要求在生产活动中制造出更多的剩余价值，通过生产力的发展以及生产方式的革新将有效实现剩余价值的提高。因此，资本逻辑推动科学发展，实现科技的创新。科学技术逻辑和资本逻辑之间密不可分，两者存在必然的联系，科学技术的发展有效地促进生产力的提高以及生产方式的改革，这被资本所吸收并转化为资本的力量。在科学技术中，人的智力以及技能得到完美的体现。资本逻辑的存在对科学技术中人的智力以及技能加以支配，促使其满足社会生产的需求，从而将智力和技能与人相分离，最终实现以智力和技能控制人的目的。

在现代性社会分化的全部过程中，资本逻辑起到主导作用。社会分化在社会中最为重要的具体表现形式为社会地位的划分以及社会财富的划分。一般而言，社会财富的划分决定社会地位的划分。就社会财富的划分而言，财富分配、占有方面持续引发日益显著的两极分化的不平等结构，劳动力和资本出现极端化发展并出现大量累积，这有效实现了资本的不断自我增殖。从社会地位划分看，现代社会中个人或群体的社会地位的高低，不仅仅受制于财富的分配和占有，还要受制于政治资本，特别是社会资本、文化资本（知识和信息资本）的分配与占有。资本逻辑从社会生活的根基处撕裂了整个现代社会，将其分割成原子化个人、阶级、族群等碎片，同时又将这些碎片编织、固定到统一的社会等级、权力支配体系之中，使之作为功能环节，服务于整个社会生产体系的运行。

在政治权力、政治制度发展过程中，资本逻辑起到操纵的作用。政治权力的基本逻辑建立在官僚制的基础和前提之上。在社会生活中，资本逻辑的发展和壮大将和其他社会权力相冲突，为保持社会的平衡和稳定，权力之间的交换和结合必不可少。官僚制的存在很大程度上满足了资本自我增殖的需求，其能够以最低的成本和代价取得最高的收益与成果，又能够以抽象的纪律规范来管理各种具体的行为领域。这种高效性和普适性就决定了它必然跟随资本从经济领域向政治、社会、文化等领域扩张渗透，并逐渐成为这些领域占主导地位的组织形式。就本质而言，资本逻辑和官僚制是紧密联系在一起的，这就导致官僚制具有一定的异化性质。官僚制的运行和发展离不开大众民主，两者相互依存同时又相互对立。在工具理性原则之下，官僚制将难以满足社会的需求以及意愿并对变革加以抗拒，使得民主的发展受到巨大的阻碍。

综合而言，资本的存在促使社会中多种主体性发展力量、多种要素以及多种内涵逐步得到统一并融合在一起。现代性的多种逻辑可以在资本逻辑中得到整体的统一的体现。资本的自我增殖属性导致资本逻辑具有无限扩张的趋势，这促成资本在社会生活方方面面的渗透。因此，在现代性条件下，正是资本逻辑组织、协调着整个社会系统再生产的多元机制。

（三）现代性状况：从劳动异化到社会异化

马克思用“异化”这一范畴指明了他对现代性状况的基本判定。在对现代社会生产方式以及人类发展现状加以研究和了解的基础上，马克思针对资本主义生产关系中现代社会阶级剥削和阶级压迫的本质加以揭示，指明了现代解放的历史局限性。“异化”这一范畴的内在逻辑贯穿于马克思的整个思想之中，虽然在不同的历史时期，范畴的取用会有具体的变化。马克思在《手稿》中明确指出，对私有财产起源的追问、探讨，实际上就是对人的发展和异化劳动之间关系的分析、研究。这一新的研究思路的提出很大程度上对问题的解决起到关键作用。这一思路避免了把私有财产当作人之外的东西，认为只有谈劳动才是谈人本身的观点。马克思将作为经济学意义上过程的劳动与劳动形式（作为政治制度的）结合起来，表达了这两者之间存在本质联系，并且借由这种本质联系揭露出资本主义生产社会里现代社会的“异化”状况和异化本质。从而使得异化范畴具有了新的超越经济学范畴的新的含义，后来被公认为是马克思现代性批判的基本范畴之一。

虽然在马克思的著作中，他本人经常在不同语境下使用的概念表现出前后不一致的情形。但是，马克思在论述现代生产条件下的劳动异化时，对社会的异化现状的批判一直贯穿他的思想始终。生产资料所有制、生产方式都只是现代化生产劳动的过程和结果，属于异化劳动的形式层面。更重要的是，我们应该注意到马克思在后来越来越多地提到制度上的对立、矛盾、阶级之间的张力、阶级剥削等词汇，这才是异化的更深层次的另一种表达。

1. 异化的发展：从劳动产生的社会关系开始

马克思关注人的生存状况，他主张在现实的社会关系中去考察人的现实状况。在对资本主义生产关系中私有制、社会分工和异化劳动进行分析后，马克思不仅对当代人的生活状况进行了现象上的描述，更进一步精辟地直指当今人类存在处境的原因所在，并且由此揭示了异化的实质。在资本逻辑的强大作用力下，因为生产的广泛性，人和人之间建立了基于经济活动的普遍的社会联系。但是，这种普遍性社会关系实际上是一种虚假的普遍性，这些多样的社会关系都是经济关系，都是商品基础上的社会联系。正如社会中商品的种类是丰富的、琳琅满目的，但都只是具体的商品，而不是其他新物。商品的普遍性抽象只是形式上的多样性，通过这种形式上的多样建立的社会交往其实质不是人与人之间真正的自由关系，不是人通过自觉意识建立起来的，是被物、资本等这些非人的东西强迫建立的社会关系。也就是说，这些社会关系并不体现人交往的独立性，人、社会受制于这些外在的因素。用哲学的语言说，人是异化的人，社会是"异化""物化""单面化"的社会等。在现代社会的普遍物质交往关系中，异化劳动作为外在的力量与人自己相对立。马克思对此的观点为："……劳动的产品，作为一种异己的存在物，作为不依赖于生产者的力量，同劳动相对立。……劳动的这种现实化表现为工人的非现实化，对象化表现为对象的丧失和被对象奴役，占有表现为异化、外化。"[①] 在马克思的观察中，劳动产品本来从其产生过程而言是劳动所产生的对象，但这种对象最后却不依赖于生产者，而是属于一种异己的存在物并与劳动相对立；工人或者劳动者本来是生产对象的，却被对象导致自己被对象化，最终，"人同自己的劳动产品、自己的生命活动、自己的类的本质相异化的直接后果就是人同人相异化。当人同自身相对立的时候，他也同他人相对立"[②]。

在现代性社会里，人的存在被单一地定义为生产工具，人的存在过程抹杀了人本身应该具有的丰富性，单一地被定义成一种追求财富的运动，受外在的关系所支配，从属于资本存在的目的，实现资本的本质，而非实现人的本质。在这种境遇下，无论是"穷得只剩下钱"的富人，还是穷得一点钱都没有的穷人，金钱、货币、资本都是衡量他的唯一标准。作为生产活动的中介，"货币是真正的创造力"，把每一种本质力量都"变成它本

---

① 《马克思恩格斯全集》第 3 卷，人民出版社 2002 年版，第 267—268 页。

② 《马克思恩格斯全集》第 3 卷，人民出版社 2002 年版，第 274 页。

来所不是的那个东西，即变成它的对立物”。[①] 在这样一个货币、资本大行其道的社会里，人被迫或主动地变得越来越失去人的机能和属性，越来越失去人本真的特征，人的身体、尊严、价值等一切似乎都变成可以用货币衡量的要素。在资本的强大作用下，财富和货币是人存在的基本尺度，人的能力、情趣、梦想、个性没有货币和财富的外化，都只能是可笑的、虚假的“唯灵论的观念的存在”。人的那些本来不可计量的、最重要的东西都被按照可计算的原则来衡量。因为劳动过程的隐蔽化、复杂化、合理化，生产者作为人的性质和特点被抽象的合理计算掩盖了。劳动的目的受市场决定，劳动不是工人自愿选择的，而是一种存活的手段。劳动过程受资本的逐利性支配……无论是在客观劳动过程的安排还是劳动的主观态度上，工人（生产者）显然都不是这个过程的真正主人。工人只是作为一种能动的、有一定创造力的活的工具，作为冷冰冰的生产的零部件，被投入某一机械系统里去。就像《摩登时代》里卓别林表现的那样，在现存的机械系统中，人的意识和主观意愿并不被重视，机械系统的运转有本身的规律，不管人的意识和主观意愿如何，都必须服从这一规律。随着科技的运用，劳动过程自动化、机械化程度越来越高，工人的劳动越来越多地失去主动性，越来越服从于机器的意志，丧失自己的意志。这种被机械化系统操纵的劳动，使得人同他们正在进行的劳动对立起来，人的属性在这里只能退居一旁，人成为旁观者，无可奈何接受自己被异己的力量所抹杀。同时在这个过程中，人与人之间的社会关系都表现为被物连接起来的关系，一切社会关系都是建立在物的生产、交换的基础之上。即使精神产品的过程也是如此。因为在现代社会，精神作品不是被创造出来的，而是被作为产品生产的。它的产生不是对美的永恒的追求，而是满足人们审美的坏趣味。基于生产关系，基于商品交换的广泛，基于货币形式媒介，看起来不

① 《马克思恩格斯全集》第 3 卷，人民出版社 2002 年版，第 363 页。

相干的个人之间相互依赖，形成社会联系。这种社会联系发生的原因在于，只有通过交换，个人的活动或产品才可实现物的价值，产品的生产者才能得到货币的补偿，才有可能获得支配别人的劳动（享受他人的服务）或支配财富的机会。在这种情形下，人的社会关系不再具有属人的性质。在这种交换中，人们信赖的不是另一个主体，信赖的是人们在交换实践中创造出来的物——货币。人的属性和可信赖的特征消失在资本逻辑的抽象统治中。在这样的社会里，"占有"成为存在的最有力的证明方式。人与人的关系，人与物的关系，都化约为一种占有关系。在以占有为特征的存在关系中，利益成为主体自我确证的依据。追求利益的最大化是终极目标，人类的活动本质上被化约为一种单纯的工具性活动，功利性的冲突成为时代的主题，制度、秩序、法律、规则等不过是这一主题顺理成章的表现。在这个时代，竞争、占有、交换、消费成为生命的本质活动，能力的集聚和释放成为一切主体存在的状态。能力的本质是能够使对象成为资本的力量。因此，我们不断想方设法使自己成为对象，拥有能够占有资本的力量，渴望获得类似于资本的力量。

这种异化现象归根结底是由资本逻辑的力量决定的。资本逻辑的强大作用对人类来说是一把双刃剑。一方面，资本逻辑带来强大的生产力，带来前所未有丰富的产品，使人类的生活品质得到巨大提升，人改造自然的能力达到极高程度，人的改造自然的特征（这被认为是人的基本属性）被极大地彰显；另一方面，资本逻辑在促进人的快速发展时，也对人的主观意识加以限制。资本逻辑使得人的发展过程呈现出深刻的二重悖论：资本逻辑引发人的异化、社会的全面异化，并由此发展出社会发展与个体发展之间的对抗。

2. 资本逻辑决定异化

正如上一节中我们论述的，现代性逻辑归根结底是由资本逻辑决定的，异化则是现代性社会的关键性特征，而资本逻辑和异化两者间的联系又是怎样的呢？从根本上来看，资本和异化两者在历史起源与实体结构上是一致的。所谓异化，即主体倒置为客体，客体以相应的方式由客体更改成主体性力量，主客颠倒。导致异化情况出现的根本性因素是物质力量，也就是相应的资本状况，把自身设置成自为存在之“主体”的生产关系和经济权力。在资本的统御下，异己在物质力量方面的水平是较高的，可对其进行支配、渗透或是摧残，进而不让人获得更好的发展。整个社会表现为“物的人格化和人的物化”。资本是根源性内容，此种类型的异己内容存在于资本逻辑当中，可对个体进行统治与支配，进而将更多的个体进行再次吸收与转化。由此，人在不同的层面中展现出物化特征，人会慢慢变成物的归属物，人的物化过程的展开同物的人格化过程是同时进行的。资本由人设置，发展到后来却又挪用人的主体性力量，将自身建构为支配主体的主体。人与异己力量、活劳动与资本之间表现出显而易见的由目的到手段的联系。从某种角度来看，以达到相应资本目标为目的，有时人自身的目的是需要抛弃的，人的价值低于物的价值。这听起来很可怕，但实际生活中时时在上演这一幕。异己力量的自我增殖需求变成了生产的动力和目的，而人的“自我目的”被忽视或被认为没有，人被当作具有特殊的使用价值的物来加以使用和耗费。资本逻辑对异化状况的决定作用可以从下面几个方面来理解。

首先，将现代性异化历史发展状况作为研究的切入点，能够发现资本与异化两者在起源发展方面具有相同性。异化在本性方面的体现多是异己性特征，也就是其和人一同进行生存，但是在相应的发展过程中是对抗态势。异己性之所以会出现，就是因为资本主义在生产方式方面存在相应的矛盾：即资本与劳动主体异己内容方面的对抗联系。资本主义社会在之前开展的相应劳动过程中，自身与相关物质工具具有统一性，但是在向现代化生产方式的逐渐发展中，由于生产力与社会条件等出现变化，使得劳动主体、客观条件和所有权等内容逐渐出现分离。此种状况之下，显然异化根源于资本与劳动之间的分离对抗关系，资本这种异己的物质力量同权力一起，控制全部社会人的生活，受制约的人类群既包括工人也包括资本家。资本使人的存在沦为资本自我增殖过程的工具和手段，主体性被泯灭，异化的状况由此显现。

其次，将现代性内部结构当作切入点，对于经济活动来讲，其中涉及的相应资本逻辑是总体社会异化内容的基础性依据。正是资本逻辑这种强大的“异己力量”作用的发挥，才使得社会全面异化，异化根植于资本的生产中。将异化放置于现实中即可发现，其为资本和劳动两者间进行的相应对抗。探究资本和劳动两者之间的联系时，马克思曾经通过十分直接的方式谈到，资本和劳动两者的相应联系是不可否认异化内容的，其中存在着资本，但是也存在着劳动，其均以独立化方式存在，以对立的态度进行发展，所以二者在异己性质方面是对立存在的。资本的反方向是他人劳动，劳动的反方向为他人资本，两个对立方在极端方面的展现方式即是对价值内容进行交换，在此基础上和劳动进行分离与对抗，对于劳动来讲，其在展现方面的首要内容即是使用价值。劳动主体自身的劳动能力是较强的，而这即是帮助资本进行积累的相应方式，所以其可被看作使用价值，和资本通过对立的方式进行发展，对于劳动主体来讲，其自身所谓的有用性或者使用价值就在于它能够生产剩余价值，使资本出现价值提升，帮助其得到进一步的发展，其实在部分状况下，劳动和资本两者间的所谓异己性与工具性的联系，会最终成为资本家和工人两个阶层之间的联系，并推至社会总体，构建出相对完整的社会体系，得到当下的社会全面异化状况。

异化之所以会出现，是因为资本和劳动两者之间相应的对立，所以对于异化来讲，关键之处即为人进行资本支配时进行的自我异化。资本的支配与控制会使得整个社会生产过程得到掌控，从而帮助劳动过程相对单纯地进行资本增殖。所以，在此环境下，劳动活动即是劳动者、支配劳动者间存在的相应异己。资本所能够产生的作用正是劳动活动“自我异化”的原因。从资本和资本家的角度看，资本最大限度地拓展是其进行自我增殖的终极目标，生产流通则为其中的最高法则，社会当中进行的全部活动均应以此作为终极目标、最高法则。因而，资本逻辑作用于劳动过程使之沦为实现资本运行目的的手段和工具；从劳动者角度来看，劳动者为获得生存的生活资料满足自己的需要、获得他物的使用价值、谋生等使劳动者从事劳动生产是劳动的目的。在实现这个目的的过程中，资本发生增殖，资本逻辑的作用力得以发挥，似乎资本自我增殖是一种外在的目的，资本的逻辑表现为谋生外在的必然结果。如果透过这些假象仔细分析就会发现，劳动者的此种目的，其实与内在目的并非是相符的，因为进行资本增殖被看作最终目标，谋生则属于异己发展的目标。但是现实状况则刚好不一致，就本质方面来看，谋生被划归在资本逻辑范围内，是劳动者进行发展的外部目的，现实中的工人靠自身努力赢得工资即属于通过资本方式取得剩余价值，并将其用作获取劳动力商品的方式；而工人出于日常所需购买相应资料时，即为资本进行市场流通的过程，其中可将商品使用价值让渡、获得价值，更重要的是获得剩余价值的过程。可以这么认为，资本甚至将劳动者生存需要的满足过程都变成它自我增殖的条件和手段。换句话说，不管是劳动过程或是工人因为自身需求的相应内容，根本上来看均归属于劳动者的外在目的，抑或是将其称为异己的必然性。

异化状况将生产过程中劳动和资本两者间存在的相应异己关系当作切入点，将劳动时出现的相应自我异化当作核心，一步步在社会中表现出系统性与结构性等性质均较为全面的全面异化状态。在异己物的丰富性逐渐提升的当下，其在价值、事实与观念等方面的水平均会高出主体，进而在更高的层面上指导人进行生活，让人自身的本性不能很好地展现。全面异化的整体社会中，相应的劳动过程与产品、社会关系乃至于全部社会及整个社会制度都被异化，又将这种异化的能量聚合在一起，成为一张不受人控制、反倒统御人的“异己之网”，将全部人类包裹其中。这种异己力量最早发端于资本的自我增殖过程，凝结于资本逻辑里，它使得社会整体均出现物化与异化的状况，导致主体在感性、身体、思维等诸方面均出现异化，从而形成其从宏观、微观全面、彻底的总体性异化机制①。

如若我们以当下广为大家接受的“身体转向哲学”的思维模式来思考马克思提出的现代性思想，则能够发现，一定意义上我们可以认为马克思谈到的其实可以说是“社会身体”方面的相应异化状况。赫斯、黑格尔与费尔巴哈等知名思想家均是将精神层面当作自身出发点，以此展开关于异化状况的探究的，但是对于马克思来讲却是不一样的，其在异化方面存在较多的是批判思想：以个人“社会性的身体”的角度去反映异化状况，将资本逻辑观点当作起点展开关于异化机制与根源方面的探究，并在此基础上最终置于资本的无限循环当中解释关于个人在心理与身体方面的异化状况。深层方面异化的展现情况为：个体被当成是资本进行增殖的相应方式，而这即是异化当中最值得人惊讶的内容。在资本逻辑的相应掌控下，身体被动地卷入资本剩余价值的追求的不断循环过程之中，主体完全生产工具化，彻底沦为生产活动的附属品。更可怕的是，资本对身体的异化不仅仅停留于此，它还继续更深刻地发挥异化的作用力。资本按照自我增殖的需要形塑、改变主体的身体、意识等与之相关的一切。而身体、意识等也将这种转变成内在，资本会在逐渐转化的过程中以自身意志对身体进行改变，并且会将相应的内容逐步更改成内在化内容，同时进一步让劳动者在相关的身体需求、社会关系、欲望方面的水平得到提升。于是，资本循环与劳动者欲望和社会关系的循环连接在一起，主体被完全嵌进周而复始

① 郗戈：《现代性的矛盾与超越——马克思现代性思想与当代社会发展》，中国人民大学出版社 2014 年版，第 213 页。

的资本运动之中，由此奠定社会全面异化的基础。

在当下的劳动过程中，人之所以会在生存方面出现根基性的断裂和扭曲，是由于其身体遭受异化。海德格尔在马克思解释的异化现象中给出了自身的观点："无家可归的状态变成一种世界命运。因此就有必要从存在历史上来思考这种天命"①。在海德格尔看来，在现实世界中几乎所有的人在心理方面均会表现出一种缺乏归属的心理状态。这与个人性格、经历并无太大关系，主要是受世界现实影响的。因此，研究这种意义的缺失，首先从存在、现实作为起始点展开关于此方面的探究是正确的。在研究的部分重要内容上，马克思依据的是黑格尔的观点，但是在根源探究方面则放置在现代人没有归属感方面。对此，海德格尔将没有归属感直接描述成"无家可归"，由此能够深深地感受到现代人不能很好地发现生存意义的状态。同理，马克思的异化思想同样把现代人的生存裂变和意义失落作为关注的焦点：在资本逻辑下生存的个人，只能选择通过摧残生命的方式来维持自己的生命。人类、人类社会得以存续的基础是自由创造性的劳动生产以及合理的社会关系，正是这种生产和社会关系促使现代社会诞生，但这些人的生存之源正在被现代社会摧毁掉。同马克思之前的哲学家们相比，马克思进行探究时，将历史唯物主义当作出发点，以此深刻地探究了社会之所以出现全面异化的相应基础性因素与历史原因，并将其本质设定在资本逻辑方面。马克思的这种理论将对现代性的思考突破了海德格尔与萨特等相关哲学家的考虑范围，对于后代来讲，同时是其展开关于现代性探究的理论视野。

资本逻辑导致的全面异化的现代性社会，反过来又加剧了社会与个体之间的对抗性。这种个体与社会的冲突激烈地表现为社会整体发展与个人发展之间的对立、矛盾。社会的全面异化状况，社会发展的成就表现为资

① ［德］海德格尔：《路标》，孙周兴译，商务印书馆 2000 年版，第 400 页。

本逻辑要求的那一方面，如生产力的发展、财富的创造、科技的勃兴、文化的繁荣等，而不是社会的组成单元——人的本真要求的那一方面。社会愈发展，社会中个人作为人的突出性质的那一方面却没有随之发展。不但没有形成发展，人的发展还慢慢地出现片面化或是扭曲化的情形。社会在发展过程中，并未营造出与个人发展十分适应的环境，却会在某种程度上限制个人的进步发展。社会和个人发展两者间是以对立状况存在的，两者之间存在的最大障碍，即是社会在发展时需将个人发展当作奠基，以牺牲个人发展的方式来获得。在现代化生产的早期，资本逻辑将劳动者贬低为零件和机器使用。随着现代化的进程，甚至由劳动者创造、发展出新的科学技术（劳动者劳动中的智力成果），在推动社会发展的同时，也逐渐变成对劳动者进行控制的相应异己力量。对于社会来讲，其本应该以推动个人发展为目标，但是在集合体中，却逐渐使得个人发展出现片面、畸形或是残缺的状况。这即为异化中最大的问题。然而社会和个人两者间在发展方面的问题，为人发展更高的阶段奠定了经济基础，为实现人自由全面发展创造了条件。马克思的这个想法显现出：以异化理论为基础的共产主义有其现实基础，而不是简单根源于抽象人性的目的论。如果硬要说马克思的"共产主义"是一个目的论概念，那么它可以被称为是一种内在的目的论，它是建立在对现代性异化状况的剖析之上对未来的预设，而不是寄希望于抽象的人性论预设。对于这一区别伊格尔顿谈到过，在对这个问题进行考虑时，马克思并不回避社会发展的差异化，他关注的并非是朝向宏观的、一元的历史发展，"而是从这一切的下面解放出来，以使我们能够从此开始——以便严格意义的历史，带着所有它们的丰富差异，能够从此开始"[①]。因为只有通过这样的方式，才可真正展现历史发展状况，展现出其

① ［英］特里·伊格尔顿：《后现代主义的幻象》，华明译，商务印书馆2000年版，第78页。

差异性特征，让社会进一步发展。由此可见，马克思自觉地将共产主义的设想定位为对现实存在的分析，是从现实世界的状况中引发未来发展趋势的原理。更重要的是，他从不把思想的成果当成不变的教条。在批评西斯蒙第把个人福利和整个社会发展进行对立的相应理念时，马克思给出了自身的看法，在他看来，人类在推动个体才能的历史发展过程中，起初可能需将很大一部分人的利益进行牺牲。但随着社会整体的发展，个人与整体之间的此种对抗会在一定阶段消失，并最终将发展目标放置于个体的发展上。但无论如何，从全部过程来看，“个性的比较高度的发展，只有以牺牲个人的历史过程为代价”①。将现代性内容当作出发点，能够发现社会发展与个人发展的对立是资本逻辑下的现代性无法去除的顽疾。然而若将人类发展进程作为参照点的话，牺牲个人利益来推动社会总体的发展，则是成为实现人的自由全面发展的必经历史过程；社会和个人在发展方面的相对抗，推动着两者在进行历史性统一的基础上得到发展。换句话来讲，若想最终推翻资本主义现代性，凭借的应是资本逻辑的扬弃。以马克思观点来看，现代性的实现其实即此阶段的内容，并且是实现社会现代性的重要过程。

① 《马克思恩格斯全集》第 34 卷，人民出版社 2008 年版，第 127 页。

第四章　马克思现代性批判的特点及其限度

思维方式的独特形成了批判方法路径的独特。在大多数西方学者还停留在“观念论”的理论上来审视现代性问题时，马克思主义思想已经将目光转向社会存在理论，从“社会意识”层面上升到“社会存在”层面，从而在历史唯物主义视野中定位现代性问题。总体来看，马克思是从社会实践和社会关系出发来看待现代性问题的，将现代性理解为现代社会总体的根本特性。具体来说，马克思的现代性批判特点表现在以下几个方面。

一、马克思现代性批判的特点

（一）总体性的视野

马克思现代性批判呈现出来的这种总体性特征，与他将现代性历史视为一种总体化的进程直接相关。更重要的是，恰恰是因为深刻领会到了黑格尔思辨哲学关于总体性的思想内涵，将这种思想和历史唯物主义的辩证存在紧密联系，从而使现代性的批判理论与总体性的特点结合在一起，才能使总体性的特征在马克思现代性批判中凸显出来。综合研究马克思现代性批判的总体性特征，可以从下几个方面来分析。

第一，从发展的社会形态学概念考察，马克思现代性批判中的“现代”

概念是一个总体性的范围。卢卡奇在《历史与阶级意识》一文中说："在研究一个专门学科或者研究一个时代的时候，首先需要弄清楚的一个特定的问题，就是对历史过程的综合理解问题，这也就是辩证的总体观重要之处。"[①] 在马克思思想理论中"现代性"和"现代"其实是作为一种社会发展形态的概念的表达。在现代社会的定位问题上，马克思将区分生产方式作为一项重要的参考标准，以此确定社会历史形态变迁的节点，从而使现代性与资本主义社会对应，从现代性的特征出发，他认为是总体性的"世界历史时代"。从历史发展进程来看，现代性体现为现代历史的生成过程；从现代性的存续状态来看，它体现为现代化社会。也就是说，无论从纵向发展还是横向存在来考察，现代性都表现出一个总体性图景来。在马克思那里，现代性是一种总体性的历史叙事方法。很多后现代学者经常以这种"元叙事"来攻讦马克思，但实际上，在笔者看来，总体性是现代性叙事的基础方法，只不过黑格尔采用理性来描述，其他人采用"人性"等概念来描述现代性而已，本质上都是用总体性范畴来表达现代性。

第二，马克思用资本这个总的统一的范畴来揭示现代性，对现代性进行深刻批判。马克思并没有对黑格尔的"理性"范式全面继承，而是结合自己现代性的方式重新审视，以此提出全新的基础范式——资本。以马克思的观点来看，现代性并不是简单地出现于具体的个体层面上，而是囊括了完整的现代化社会的总体性问题。既然要重新审视现代性，就必须提炼出现代性问题得以产生的根源。显而易见，在马克思的观念里，现代性问题的根源来自资本逻辑，只有资本逻辑在现代社会存在中全面渗透、作用，才形成了所谓的现代性问题。资本就是现代性的另一种表达方式。虽然马克思首先是在经济学方面使用资本概念，但在他的现代性批判中，他

① ［匈］卢卡奇：《历史与阶级意识》，杜章智等译，商务印书馆 1999 年版，第 60—61 页。

并没按照严格的学科划分来开展批判，而总是在一个整合的思维中进行批判。当然我们应该注意到，马克思对黑格尔理性范式的批判大于继承，所以马克思提出的资本范式最早仅是在经济学论域展开的。资本逻辑在意识形态、文化心理等层面的渗透还没有被充分阐述，特别是没有涉及从经济学到意识形态、文化心理的过渡、中介如何发生，这种批判理论上的缺失，使得后来者忽视了资本范畴的总体性，将其局限于政治经济学领域进行理解。例如，著名学者吉登斯就一直站在马克思的对立面，他认为马克思只是在经济领域实施了针对现代性的批判，并认为这种批判算不得真正的现代性批判，因为现代性批判应该是一种全面社会状态、意识形态，而马克思的批判仅仅是一种经济还原论在历史唯物主义的理论层面的简单阐述。

第三，从采用的批判形式分析，马克思摒弃了单一学科领域的细分，对现代性批判在批判形式上表现出总体性特征。马克思在批判现代性时不是在分化的专业领域中进行，而是将批判放置在一种总体性的视野中进行。这种方式避免了分化批判的领域间存在矛盾的难题。因此，马克思的现代性批判就不是政治经济学、哲学、社会学这样的专业分支学科，而是将这些学科内在地整合，形成总体的现代性批判理论。这也就解释了我们在《哲学的贫困》《德意志意识形态》《神圣家族》《1848 年经济学哲学手稿》等马克思著作的研究中，不能找到其中单纯的政治、经济、哲学模块，这些批判论域往往是相互渗透、相互关联的，既有社会学内容，又有政治学、经济学、哲学的内容，缺乏单纯的学科性质。只是后世对马克思的学说进行研究时，受制于现代学科的细化，现代学者们都是从专业学科领域分门别类地对马克思思想进行解读，这种解读方式在一定程度上抹杀了马克思思想的总体性。所以人们往往陷入两难的境地，一方面总体性的阅读难以适应学科性研究的现状，另一方面现代化的研究方式难以真正解读马克思的总体性思想，反而会在范围界定上走向误区，从而相互对立，难以自圆其说[①]。

第四，在对现代性进行批判时，马克思运用了具体与抽象相统一的方法。在对资本主义生产方式进行研究时，马克思坚持在研究方法上要达到具体与抽象的辩证统一。为了说明自己为何采用这种思维方法，他在未完成的经典著作《〈政治经济学批判〉导言》一书里进行了详细介绍。马克思认为，运用辩证统一的观点来看，应当首先在逻辑架构中总结一个抽象的总体作为逻辑起点，只有从思维具体的过程中提炼出抽象的总体概念，才有可能产生思维层面上的具体。在思考现代性总体概念相互之间的顺序关系时，考虑的出发点不在于它们“观念上”的先后，也不在于它们在“历史上起作用的次序”。究其根本，是判断他们在现代资产阶级社会内部结构中的定位。马克思完全贯彻了这一研究方法，对此马克思在《资本论》中进行了详细阐述：从现代生产过程看，商品这个总体概念显然是一切生产的开端，因此马克思以商品作为研究的起点，由商品的生产全过程演化开来，从具体的商品交换中揭示出资本在生产过程中的总体作用，资本这种总体作用的发挥最后导致社会出现一种总的异化特征。整个研究过程完全形成了总体与具体的辩证统一结合，构建了一个近似于“先验”的成熟体系。

第五，在对现代性之后的道路预测上，马克思寄希望于以总体性的阶级革命的方式实现现代性的超越。马克思认为，资本逻辑是现代性社会各阶层融合在一起的产物。资本逻辑对生产的干预，对社会财富的分配，最终导致资本家与工人或者说两个阶级之间的对抗。要解决这种对抗，马克思认为应当通过总体性的阶级革命来实现。这种革命不是简单的某一类人的革命，它代表的是一种人类解放的革命。革命的群体表现出总体性的特点。在这种革命的道路上，全世界的无产阶级革命形成一个整体，是一种

① 罗骞：《论马克思的现代性批判及其当代意义》，上海人民出版社 2007 年版，第 198 页。

总体的革命，而不是单一发生的。虽然马克思在他的晚期研究中曾经关注一国胜利论，但这种关注并不否认他的思想的总体性。一国胜利论只是表明马克思认为阶级革命可以先从一个国家开始，这并不意味着马克思认为人类的解放是单一的，一个国家就能够实现现代性的超越。马克思一直坚持人类解放是一个全体的历史化事件。

一般来说，哲学范式的同一性总会导致哲学总体性特征的出现。由此反推，具有总体性特征的哲学总是被当成只鼓吹同一、否认拒绝差异的思维范式。也正是基于这样的判断，马克思的基本认知同后现代主义学者和大多数先锋派产生分歧，遭到多数反总体论者的抨击。他们以现实的人类历史发展存在着混乱性、偶然性的事实，批判马克思的元叙事方式。他们指责马克思的历史观具有形而上学的特点，存在先验的神学特征。甚至，他们还借助一些暴力政治的事实，旨在说明马克思的总体性学说特点与专政集权之间有必然联系。在他们看来，马克思学说或马克思主义学说因为是一种总体性叙事，总是试图通过一种总体的方法来建构社会，必然会采用强有力的方式去同一、消除异己，实现大同。比如哈耶克就说："马克思主义已经导致了法西斯主义和国家社会主义，因为就其全部本质而言，它就是法西斯主义和国家社会主义。"① 在《现代性与矛盾性》一书中，齐格寺·鲍曼也把马克思主义描绘为类似的形象。这种对马克思思想的误解，其本质在于将总体性理解成对的、无差别的同一，将"总体性"与"专制"等同，其实就是将思想原则和经验历史等同。这样的误解一旦形成，就像伊格尔顿曾经论述的，反总体论者的观念里"他们能够想象的唯一种总体性就是一种完全赤裸裸的极权主义'"②。

① ［英］哈耶克：《通向奴役之路》，王明毅等译，中国社会科学出版社 1997 年版，第 33 页。

② ［英］特里·伊格尔顿：《后现代主义的幻象》，华明译，商务印书馆 2007 年版，第 146 页。

相反，我们如果对马克思或马克思的思想稍有了解的话，就会发现马克思既不是抽象的总体主义者，也绝不是所谓的个体主义者。在马克思的思想范畴里，他从来没有孤立地思考问题，而是采用整体和个体、抽象和具体辩证统一的方式去理解思考，在历史发展轨迹和现实社会的结合中去分析，以便揭示它们的真实含义。他不是将这些看似相对的范畴理解为具象的对立，也不是简单地在观念中设定为抽象的辩证统一。马克思对于以阶级革命的方式实现人类解放、对未来共产主义社会的设想，更不是建立在不允许矛盾、强制性同一化和总体化基础之上的。共产主义同“专制”和“暴政”不具有必然性。例如，当马克思谈到未来的社会将是人的自由全面发展的社会，是自由人的集中营。对此仍有两种声音出现：一种是赞同的声音，认为他倡导个体自由；另一种是批判的声音，认为他总体性观念沉重，强调人的联合，强调集体。但实际上，马克思对未来社会的构想中，并没有这种被理解出来的对立。马克思认为，资本主义生产方式和政治将人本身的主体存在虚化，不具备具体现实的主体性。未来自由人联合的设想，是抽象意义上辩证统一的自由，强调个人的自由从而实现一切人的自由，它实际上并不是用同一去代替具体，或者颂扬具体，将集体抽象化。从某种意义上说，脱离具体社会现实来谈抽象的同一与抽象的个体之间的关系，是没有任何实质意义的。这样的命题是无价值的。自由人联合体并不是以集体的“总体性”去同化个体，甚至用强制手段消除集体中的差异，而是一种个体自由的联合。伊格尔顿就曾精准地理解了马克思这一想法，他提到在马克思的愿景里，重点是自下而上的解放而不是朝着总体的历史叙事方向前进，这样才能成为新的、严格意义上的历史，也就是携带历史本身的各式差异，多元性和普遍性携手齐头并进。

如果脱离社会存在现实基础去批评马克思现代性理论的总体性，其实就是把马克思现实的批判转化成观念意义上的批判，站在对立面了，事实上是一种对马克思现代性总体论特点的误读。

（二）构建性批判而非摧毁性批判

马克思的现代性批判是另辟蹊径的，他的思维方式十分独特。伊格尔顿曾在《历史中的政治、哲学、爱欲》中对马克思的现代性批判给予了评价，他认为马克思对现代的巨大成就的赞美在某种程度上超越了未来主义，伊格尔顿认为马克思对现在时代的无情批判同样深刻，甚至超过了反资本主义的浪漫派的批判。因为马克思不仅是启蒙主义的后裔，同时还是批判启蒙主义的倡导者，因此我们不能用反对现代主义的词语来对他进行评价，也不能用现在时代的赞美之词对其进行赞美。在对马克思的评论中，伊格尔顿所谓的内在批判是指马克思对现代性的批判建立于现实的社会关系之上。他认为外在批判就是针对正在批判的观念进行批判，这样就只是针对外在的已经表现出来的存在于社会中的现实问题进行切实有效的评论。马克思也对蒲鲁东和施蒂纳等思想家进行过外在批判，马克思认为他们对社会中存在的问题所作的治疗和诊断不能做到创新和具体，而往往具有固定的概念和在抽象的范围内。可是那些抽象的范畴只是现实的社会关系的暂时产物。他们没有在内在矛盾的把握上去除生产关系的短暂性，理解社会的真正问题所在。而内在批判则是建立在内在的历史过程之上的批判。

马克思认为外在批判的理论学者忽略了他们指称的那些抽象概念是通过对具体历史过程进行思辨的理解而凝练出来的概念。当外在批判理论学者简单地使用这些抽象概念时，认为这些概念决定社会发展历史、超越社会发展历史时，就陷入了错误。这就相当于用生成物去否定生成它的基础。现代性外在批判的思路就是这样：认为现代性危机产生的原因在于超历史的形而上的概念，而不是现代性内在矛盾本身。外在性批判比比皆是。比如青年黑格尔批判现代性用自我意识等范畴来进行；尼采用古典体验开展他的批判思想；海德格尔用生命本真、诗意美感来批判现代性，挽救现代人。这些学者无论是用理性概念还是非理性范畴，其本质表现的是用一种超出现实之外的概念来批判现实，颠倒了关系。换句话说，外在批判的误区就在于利用抽象的辩证思维，将形而上的观念看成是超越现实历史的普遍标准，并且用这种普遍的东西作为现代性批判的出发点和基础。

马克思的现代性批判显然与此大不相同。在批判过程中，马克思一直贯彻的观点是现实、实践。他所有的批判都来源于现实的土壤，他特别注重对现代性内在矛盾的关注。虽然外在批判论者也表示他们的学说关注矛盾，但显然他们学说里所谓的“矛盾”也只是存在于他们所谓的形而上的东西里，不是现实本身具有的矛盾。正是源于现代性的内在矛盾，现代性的自我扬弃就有了可能，那么依据这种自我扬弃，就可以从现代性内部找到超越现代性的力量。所以，马克思的现代性批判被评价为“是内在的、历史的，其理论前提是要在现存的社会条件本身中为其批判的观点寻找根据。……它们自身中包含着矛盾的方面和各种矛盾力量”①。马克思采取了不同于传统批判学者的路径，他没有先预设一种先验的或超越于现实的普遍观念去展开自己的论述，而是将自己的理论建立在实实在在的历史发展现实、趋势、目标上。他站在现代社会所发展出来的客观前进路径上，对现代社会进行了批判。在他看来，生产力不停歇的发展、社会交往的深入、人对自由发展的渴望，最终会使得现代生产方式被取代，社会、人类历史会朝着现代性中否定的那一面前进。就如马克思论述的，现代性的全面异化状况必然导致其内部生出要求解放的趋势。同样的，超越现代性的力量不应该自外部找寻，而是应该从内部孕育。这种对现代性的超越就是，以现代性内存的合理因素批判其具有的不合理因素，将残缺、片面化发展和畸形的现代性逐渐转变成具有完整性、全面发展性和健康性的“新

① ［英］肖恩·塞耶斯：《马克思主义与人性》，冯颜利译，东方出版社2008年版，第168页。

现代性”。① 一方面，从历史发展规律的现实性进行分析，在社会现代性的基础上，社会发展的目的和存在的最高主体由资本自身组成，同时资本掌控和影响着整个社会和个体，因此他们成为社会中存在的工具和客体。另一方面，从历史发展的可能性来看，在现代性条件下日益积累的人类发展趋势，使得资本的力量有可能被人类进行深层次的配置，所以最后作为主体和目的的社会和个人的发展离不开资本，而资本在其中起着工具与客体的作用。

内在性批判使得现代性的超越具有说服力。而外在性批判则往往使得批判者对现代性的批判表现为对现代社会存在的全盘否定。哈贝马斯就说过，正是现代性批判的内在基点的缺失，导致批判本身在发展过程中处于自我攻击的状态，这种状态使得批判攻击了批判本身存在的有效性前提，并且长期处于这种境地。他曾评价阿道尔诺、霍克海默和尼采，认为他们都曾经陷入一样的境地：不想在放弃揭露拥有终极性特点的基础上对社会进行批判，导致他们必定要在批判过程中保留一种特定的标准，从而可以用它来分析解释一切理性标准的堕落现象。针对其中的矛盾性，批判自身因为悖论的存在而迷失了正确的方向。② 显然，马克思避免了这种尴尬。他立足于现代性本身，批判旧世界，发现新世界，在现代性演化趋势和现代性内在矛盾逻辑的基础上，从而不断超越现代性自身的发展和克服现代性的问题，并且马克思认为现代性本身中就已经内在地潜藏着未来。

马克思关注现实，从现代社会生产方式内部寻找批判基点的思维模式，决定了他对现代社会发展方向的设想，天然具有一种建构性特征。也即是说，马克思对现代性的批判不是简单地指出现代性的危机、问题，更

---

① 郗戈：《现代性的矛盾与超越——马克思现代性思想与当代社会发展》，中国人民大学出版社 2014 年版，第 72 页。

② ［德］于尔根·哈贝马斯：《现代性的哲学话语》，曹卫东等译，译林出版社 2004 年版，第 147 页。

重要的是为现代性未来发展指出路径。他的理论既是对现代社会存在的批判，更是对未来的构建。为了和“启蒙承诺”“乌托邦幻想”“意识形态话语”“宏大叙事”区别开来，以便达到批判目的，西方马克思主义和后现代主义中的许多学者，基本上都是将自己的学说囿于纯之又纯的“社会批判”。比如著名哲学家马尔库塞在《单向度的人》一书中就对社会批判阐述了自己的观点，他认为现存的社会批判理论没有建构一种概念，一种能够从现在通向未来的概念，现有的社会批判理论“仍然是否定的。它要仍然忠诚于那些不抱希望，已经并还在献身于大拒绝的人们”①。马尔库塞既是以此来表明理论解释的重要，同时主张建立理念，否认改造世界的重要意义，否定了马克思社会建构思维路径。

实际上，马克思的社会建构理论是具有其科学性的。首先，正如前文我们谈到的，资本逻辑决定现代性逻辑。正是资本本身增殖的需要，人被异化，整个社会被异己的力量控制，一切存在的意义在于推动生产力发展，实现资本本身的增殖。那么随着资本逻辑力量的愈加强大，它更加追逐生产力发展，追逐社会财富的极量增大。最后到达这样一个时刻，资本本身成为束缚生产力发展的因素，成为价值增殖的制约因子。那么，资本就不得不自我扬弃，退出历史，走向它本身的对立，成为他物。也就是说，新的社会形态的出现首先是因为建构新社会形态的力量来自其自身。其次，超越现代性的规律内在于现代性。在现代生产方式中，生产力与生产关系之间的辩证矛盾作用一直贯穿现代社会发展过程的始终。现代性的呈现在于生产力水平提高，现代性的生产方式满足生产力发展要求，资本家和工人之间的社会关系得以形成，一切现代性特征得以表现。生产力不会一直停滞，随着它的前进，生产关系终将变化，社会形态终将变革。一种新的生产关系一定会代替现代生产方式。但显然这种新的生产方式一定

① ［美］马尔库塞：《单向度的人》，刘继译，上海译文出版社 2006 年版，第 234 页。

不是凭空出现的，一定是孕育于现代社会。在这一过程中，旧的现代社会表现为新的社会形态的“母胎”，更高级的现代性发展形式正是在现代性内部产生的。最后，马克思认为现代性超越的基础、主体、目标也都源于现代性自身。生产力的普遍发展，一方面使得社会财富两极分化，加强了资本控制活劳动的力量，形成了普遍性的异化现实。但生产力的大发展，使得人的物质欲念被满足，社会成为拥有巨大财富的社会，为新的条件下实现异化劳动的解放创造了强大的物质基础；同时，现代社会的发展，推动了劳动主体的科学化，使得人的主体性力量加大加强，生产力的发展与人本身的发展同步，从而造就出强大的人，使得人类真正成为自己和世界的主人，摆脱资本的束缚，拥有自由；与生产力的发展相适应，生产规模被不断扩大，生产的图景越来越世界化、全球化，人与人之间的交往普遍化，这为形成自由人联合体，改造旧世界、整合新世界提供了可能。马克思设想的现代性之后人类解放的目标需要具备的各项条件似乎在现代性中被长期隐藏、慢慢准备，最终萌芽，成为新现代性的发端。

马克思现代性批判的建构性，同时使得他的学说拥有了实践性。这里所说的实践性并不是指马克思实践了他的学说，或者进行、完成了他所设想的那种共产主义革命。我们都知道，马克思参与的革命活动屈指可数。马克思早期参与了共产主义者同盟和第一国际的一些活动，但这些活动更侧重于理论宣传，而不是注重实践；可能有人会提起 1871 年巴黎公社运动和发生在 1848 年的大革命，认为这可以作为马克思理论具有一定实践性的证明。但显然，这两次革命和马克思的理论之间似乎并不存在明确的联系；而据相关资料表明，最大意义实践其理论的革命活动又都不是他本人组织、参与的。按照这个角度理解的话，马克思现代性批判理论不具有任何实践性。我们之所以对马克思的现代批判理论进行高度歌颂，是因为他的批判理论对未来社会的设想都是建立在对社会现实的考察上，是对未来新现代性社会落在实处的设想，而不是乌托邦式的幻想，具有实践性。

这种实践性还表现在理论目的的实践性上。在对现实社会进行理论思考的过程中，马克思批判理论同时认为批判的目的更大程度上是为了服务社会，更好地满足新现代社会的需要。可以说，他对现代性的批判，不是虚妄的虚无主义，更不是纯粹的观念否定，而是根据现实，向着确定方向演进的。具体来说，马克思一直坚持从人和社会发展的角度来考虑现代社会的诸多矛盾。因而，社会批判的未来目标，就天然地被限定在人和社会发展这一内在目的上。总的来说，社会批判的终极目的是为了人，始终朝着社会建构的目标前进。如果丢弃社会建构的内在定向，社会批判就会丧失活力，无法深化。

（三）辩证的批判态度

从生产力发展与生产关系辩证运动的发展规律来看，社会发展必然要求对现代性的生产方式进行肯定。而马克思有关人类解放的理想又必须将他的批判话语更多地投放在资本主义生产方式上，另一方面更多地投放在论述历史局限性的问题上。从马克思批判理论的现实要求和理论目的来分析，他在进行批判时一定具有辩证态度。但是，往往由于后来者更多关注的是马克思有关自由人联合体的思想，关注他对现代性内在的超越，关注他对现代性的批判、揭露，因此在一定程度上忽略了他的批判所具有的辩证态度。

实际上，对于任何一个研究现代性的学者来说，对现代性的研究都应该采用辩证的态度来进行研究。现代性和辩证法内在具有关联。现代性的整个过程充满着辩证法特征，它是一个包含着多种矛盾的集合体。在这个集合体中，在各种矛盾的相互作用、推动下，现代性开始了生成、发展、变革的相关运动形式。而现代性本身因为具有一定的矛盾裂变性，因此历史的发展是具有矛盾的辩证过程。基于现代性的本质特点，它是一个具有矛盾的辩证的历史过程，那么研究现代性、批判现代性，就必须采用辩证的立场和方法。

马克思的现代性理论就具有这种显著的辩证特征。就像特里·伊格尔顿对现代性理论的评价一样："唯独马克思主义鲜明地坚持了辩证法思想……既与保守的浪漫主义怀旧相对立，也与自由主义现代化的自鸣得意相抵触。"① 马克思既不像浪漫主义的一些反现代主义思想家对现代性的发展持消极态度，对此进行严格批判，认为现代性破坏了文化传统、伦理秩序和稳定的社会关系，是社会动荡、价值理性泯灭等危机的原因；也不像激进的自由主义那样，主张科技、进步，坚定地认为进步、发展是不可逆的必然趋势，人类进步过程中出现问题不可避免，这些问题会随着文明进步而得到解决。在马克思看来，持有这两种观点的思想家，未能深入理解现代性的张力和内在矛盾，他们也不能辩证地分析它的基本特征来对现代性进行全面批判。思想家拥有的辩证的批判态度，很大程度上应该是立足于事物本身，揭示事物内在的矛盾性，而不是简单地在抽象意义上谈论是否合理，从而变成对现实的抽象肯定或者整体拒绝。而马克思拥有非常鲜明的态度和辩证立场。马克思分析现代性具有很强的辩证思想，他没有停留在表面上表明反对或者赞成二元划分，更没有走向模糊的折中主义。而是在现代性的发展过程中，批判地借鉴并吸收了其中关于发展和理性的必然关系等看法，对现代性的贡献作出肯定；同时，他又借鉴了反现代主义关于现代性批判的观点，揭示了受资本逻辑决定的现代性逻辑对人的自由的束缚，从而阐发了他的人本学理论。也就是说，现代主义的观点在马克思那里是"正题"，反现代主义的观点在马克思那里是"反题"，在正反题的基础上，他树立了"否定之否定"的辩证观点。马克思的这种辩证态度

① ［英］特里·伊格尔顿：《历史中的政治、哲学、爱欲》，马海良译，中国社会科学出版社1999年版，第108页。

的关键在于：在深入分析具体历史关系的基础上，清楚地分析了现代性异化与理性之间存在的矛盾联系，进而从本质上总结出现代性理论所要表现的辩证规律，真正地理解现代性理论。可以说，正是在对现代性的辩证批判过程中，马克思树立并坚持了对现代性的辩证立场。也正是如此，他的社会变革力量孕育于现代性本身，才变得可以被理解。

马克思把现代性同资本逻辑紧紧联系在一起。马克思批判现代性有坚实的现实基础——现代主义生产方式，对社会运行规律的揭示构成了他批判的理论基础，显然他的批判不是抽象的道德批判，不是无理由地抨击现实。从逻辑上看，如果认为现代性内部的分裂导致阶级革命的必然，自由联合体的建立在一定程度上超越了现代性社会，那么就会对现代生产方式的成功和贡献持有赞同的态度。要想说明新现代性或者自由联合体对现代性的超越，就必然要对现代性进行强有力的批判。这种超越式批判，包含了一种内在的人文主义精神。可以说，对现代性的批判是在阐明其内部悖论的基础上，说明它对人类历史的贡献和发展局限，从社会发展的客观角度来论述对它的超越。在辩证的立场上，马克思深刻地分析出任何存在于时代中的事物不仅包含本身的正面，还包含自身的反面。因此可以得知，马克思对现代社会进步持有赞同态度，而对现代性异化现实持有否定态度，这是因为现代性本身在一定程度上具有辩证特征，这种肯定和否定并不对立。

用辩证的态度看待现代性，就必须从历史性和暂时性去理解现代性。辩证法源于黑格尔的理论——自我否定理论。自我否定理论认为："对于这否定原则而言，没有东西是永恒不变的，没有东西是绝对神圣的，而且这否定原则能够冒一切事物的任何危险并承担一切事物的任何损失。"[①]黑格尔揭示的事物的自身扬弃、自我否定的规定，被马克思承继，将其用于

① ［德］黑格尔：《精神现象学上卷》，贺麟等译，商务印书馆1979年版，第257页。

对他所处的那个世界的批判的辩证法。对现代性现实存在的矛盾分析，建立了他对现代性批判的辩证立场。作为一个变动不居的历史阶段，现代性所表现出来的历史性和暂时性，恰恰在于现代社会的矛盾性。

是否具有辩证态度，关键是看在批判现代性时有没有关注到现代性的内在矛盾。马克思认为，理解现代性、批判现代性，主要是理解基本逻辑的矛盾运动，以及由此呈现出来的阶级剥削、劳动异化等矛盾，剖析其具有的对立、分离等特点。马克思认为我们对现代性社会的理解，应当从现代社会的本身内在去探究，从理解它的矛盾中去认识这个社会基础。事实上，现代性的全部过程都是其内部矛盾运动的结果。它的生成源于生产力与生产关系的矛盾运动，它的被超越源于生产力发展、主体的发展与异化之间的冲突……多重内在矛盾从最深处促进其发展、被超越，改变着现代性的内容与结构，影响着现代性发展的走向。准确地说，对现代性的批判只有立足于社会现实，立足于内在矛盾，这种批判方式才可能是真实的。批判的实证主义与反现代主义的话语批判，实际上都是对辩证的、历史的现代性批判的放弃，无法构成对现代性本质的、内在的批判。

二、马克思现代性批判思想的限度

（一）马克思现代性批判遭遇的误解

就在有人试图把马克思归入后现代行列的时候，后现代思想家却因马克思的思想过于现代而对其进行了激烈的批评。马克思的思想被贴上“中心主义”“权威主义”“本质主义”“整体主义”等诸多标签，而成为后现代理论所解构的对象。同时，后现代深度模式的消失使马克思的历史意识和辩证法被大大削弱。后现代去差异化的特征也使人们对马克思关于经济、政治乃至阶级的划分提出了质疑。概括来说，后现代理论对马克思的批评主要来自以下三个方面。

一是总体化趋向，宏大叙事。在后现代主义者那里，与现代历史学研究方法不同，非连续性不再被视为一种有损于历史叙事的、原则上应予以指责的因素。相反，福柯把非连续性视为一个积极有效的概念。他用他的一般历史概念来反对现代的总体历史概念，并把总体历史概念的形成归咎于黑格尔和马克思等人。福柯认为，马克思的思想是一种元叙事，是强制地将一切归纳到一个中心："一种总体历史叙事将所有的现象都聚拢到一个单一的中心……之下；与此相反，一般历史叙事展现的是一个离散的空间"①。可见，福柯反对将人的现实活动总结成历史、文明、时代等纵向范畴，反对将活生生的人、主体总结成如社会、人类学、人本主义等横向范畴。历史的灵动性、人的主体性在这种总的概念当中被消解。在福柯的眼里，不管是黑格尔也好，马克思也好，其实都是通过一种非法的手段，将人类的历史描绘成被他们的理论包装、演化的历史，他们通过构造、发明抽象概念和理论体系，将人类的一切纳入总体叙事。他认为这种叙事方式造成的混乱比其所能揭示的东西要多得多。事物间复杂多变的关系、个性化的话语体系、事物的分离多元性全部被掩盖，存在的多元、碎片，全部被装进概念的同一体系中。

在这些批评者看来，由于服务于现实革命，马克思理论所具有的怀疑和批判精神被淡化、被消极对待是可以理解的。毕竟当共产党人将一种理论作为革命实践的指挥棒、作为政治的行动纲领时，这种理论不可避免地被总体化，难以脱离保守和封闭。但是后现代主义者认为即使抛开这些，马克思的思想内容仍然表现出一种宏大叙事的特征。在马克思的学说中，

① ［美］道格拉斯·凯尔纳、斯蒂文·贝斯特：《后现代理论》，张志斌译，中央编译出版社 1992 年版，第 56 页。

他将一切现代性的问题归结于资本，资本逻辑使得人之间出现了阶级分化，阶级斗争成为最大的对抗，人性的解放依靠阶级斗争来完成，人的自由全面发展依赖于经济基础的改变。这些观点在他们看来是可怕的，这种观点从理论上说不符合社会发展和人的发展规律，在现实层面上会导致现实的共产主义偏执地追求统一整体而导致对异己、异质成分的压制。在马克思的视野中，知识具有解放性，福柯却对此充满怀疑。在他看来，知识同时是一种强制力，他使用了“权力—知识”这个概念来说明他的观点。这种概念的使用，其实表现了福柯或者说后现代主义者对马克思提及的解放图景的一种深刻怀疑。

在后现代主义者那里，他们激赏马克思提供了一套完整的理论架构去理解、说明现代社会（资本主义社会）的现况、发展趋势，但是他们也指责马克思将一切套入这种框架去解释，遮蔽了现代社会的真实。而且，对于人类一直迷惘的孤独、死亡等问题，马克思没有任何回应，选择忽视，这是一个缺憾。总的来说，后现代主义学者认同马克思研究现代性的方法，但不认同他的结论；赞赏他研究思路的独特，诟病他的研究体系缺乏活力。因为他们对马克思思想的赞赏是片断性的，所以在后现代语境中，马克思的思想被肢解了，缺乏完整性。

二是生产主义逻辑。对于马克思的所谓生产方式的批判，最为著名的是鲍德里亚。鲍德里亚从社会学出发又突破社会学限制，其思想具有创造性，对后世影响深远。在鲍德里亚看来，生产力的发展，物的极大丰沛，使得人生活在一个被丰富物质包围的世界。以使用价值为基础的商品范畴的重要意义已经被符号所取代。社会并不是一个绝对生产的社会，符号和象征意义脱离商品本身的实体性，人们之间的关系变成了意义交换、意义消费。消费不是一种物的实践，而是根据它所表达的“意义”决定的。

在鲍德里亚等一批学者看来，马克思对现代资本主义的批判主要体现在批判其“生产方式”上，它受生产主义话语权的支配，并将生产主义话语作为基本原则，这种批判只是对生产内部进行辩证地阐释、历史性地说明，并没有上升到批判生产原则的高度，然而，资本主义市场的逻辑正好是生产主义。马克思将人理解为进行生产、进行物质变换的人，这种理解恰恰从属于生产逻辑，从属于资本逻辑，马克思的批判目的没有达到，反倒成为资本的推手。生产力本身是资本生产方式的决定力，那建立在生产力生产关系解放基础上的阶级革命根本上是值得怀疑的。生产只是人们反观自身的镜像，“通过生产图示，生产之镜，人类在意象中形成了意识。生产、劳动、价值，通过这些，一个客观的世界出现了，通过这些，人们达到了对自己的客观认识——这是一种意象。”①他们认为，马克思所倡导的生产只是资本主义交换价值生产出来的幻想，在这个意义上，需求、异化、劳动并不存在，因为这些概念都是资本主义生产逻辑的控制。如果要真正实现对现代性的批判，应当关注符号、象征，而不是商品或商品的交换价值，只有符号、象征才是具有根本地位的范畴。这些符号比马克思的商品更具有意义。社会已经发生巨大转变，从商品转化到符号，符号不仅具有商品的内涵，也是一个自行操控的结构，更难以识别。形式—符号适用于整个社会过程，应该对此进行研究。因为他们认为马克思以商品为基点的批判已经落伍。

三是还原主义。后现代主义学者中的一部分人认为，马克思主义思想呈现出一种还原主义，其中以拉克劳和墨菲为代表。在这种还原主义逻辑下，社会的多元、分化被掩盖；这种还原主义导致人们忽视资本逻辑下劳动者主体性被遮蔽，一切解放和斗争都成为一种历史必然。这部分后现代主义学者尝试用话语分析社会，强调偶然性。认为研究更应注重“差异”，而不是找出差异之下的共同性，应该把“事物劈成碎片”。马克思将一切还原成一种同一逻辑的做法，在他们看来必然导致悖论：一切复杂的社会

① ［法］鲍德里亚：《生产之镜》，仰海峰译，中央编译出版社 2005 年版，第 1 页。

被简化还原成生产，一切个性的人被还原成阶级，这本身就与社会、人性的现实不一致。这种普遍主义的追求只会压制少数派话语。而且，马克思的这一还原主义思想随着社会发展，已经显现出它的无能为力。现代表现出来的新的交换方式、大众文化的兴盛等，都使得现实中产生了新的矛盾和对立，而不是简单表现为生产过程。新的社会矛盾、对立脱离原有的认知，社会形势变得模糊暧昧。社会关系显然已经无法被还原成简单的生产主义逻辑。

需要强调的是，这些后现代主义学者对马克思的批判更多的是表现出一种人文主义逻辑，即试图转变研究的思维方式，反对对本质主义、普遍的追求，重视差异和多样性。

总之，在后现代主义学者眼里，马克思对现代性的批判不具有后现代的旨趣，他应该是一位现代性学者。马克思对现代性的批判已经不合时宜，已经不再有实践意义。但我们认为，对马克思现代性批判理论的指责，实际上更多的是由于学者们对现代性批判的角度、着眼点不同才导致对马克思的误解。马克思思想关注的是社会改造，后现代主义强调的是人文主义精神，强调看待世界的态度、观念，重视话语体系。马克思认为批判是针对现实的批判，后现代主义学者则把理论的核心看作对文本的批判。这二者分属不同理论体系。

也正是因为这样，后现代主义在对现代性进行批判时，总显得隔靴搔痒，缺乏进攻力。他们的批评往往只是在话语上的解构，而没有在现代性的根基上进行有力攻击。其中以法国的解构主义表现得最为突出。在他们眼里，语言、文本就是实在，解构就是对死板的人为的逻辑规则加以拆解，回归真实。这同马克思的理解完全不同，他们强调：人们通过语言性的描述，能够更为直接地对外传达其思想高度，也就是说语言是反映现实世界和现实生活的一种工具。对于会有学者将语言解释作为一种研究方式或一种理解社会的方式、概念，马克思已经未卜先知：“正像哲学家们把思维变成一种独立的力量那样，他们也一定要把语言变成某种独立的特殊的王国。”[①]看，这些论断在马克思的时代显然具有前瞻性。马克思显然不满足于对现代性话语、观念的批判。他总是将自己批判的触角深入社会内部。以异化为例，马克思观察到了异化现象，他揭示这种现象，并且考察产生异化的经济、政治原因，最后找寻到异化的根本力量在于资本逻辑。可见，后现代主义的批判是观念对观念，那么马克思的批判显然是从观念到现实，是从表象走向本质。德里达等人消除了哲学与文学的对立，用文本分析取代了哲学分析，这是结构主义所带来的变化。结构主义使文学理论离开文学本身，成为意指含糊的“文论”，模糊了哲学与文学的界限。它也使哲学的对象变为文本，二者显然不在一个层面上。马克思的实践哲学重视现实性，而后现代哲学重视可能性。解构并不一定是一种现实性，而往往只是一种语言的可能性，由于语言体系内在的不稳定性、矛盾或缺陷，造成了语言意义具有不断“滑动”的可能性。而许多理论家都忽视了解构作为一种可能性的特点，把它当成了现实性，从而造成了思想混乱。

（二）马克思现代性批判的理论价值

当我们展开对马克思现代性批判理论的深入研究时，最先接触到的就是马克思批判理性主义的批判规范。与以往的批判者不同，马克思新建了一套批判架构——以生产方式为核心的理论架构。这种批判方式显然开创了现实批判的先河。

马克思通过哲学、政治经济学、历史和政治思潮的研究，形成了批判现代性的基本思想视域和概念工具，生产力、生产关系、生产方式、经济基础、上层建筑、阶级斗争等基本范畴，获得了各个学科研究的理论支

① 《马克思恩格斯全集》第 3 卷，人民出版社 1960 年版，第 525 页。

持，又在各个学科之间相互贯穿。马克思提出了社会存在决定社会意识这一基本命题，用以批判对历史的观念论解释（主要的争论对象是青年黑格尔派），并在历史唯物主义的论域中阐述了生产力与生产关系矛盾运动造成社会历史形态变迁的根本思路。通过二者的辩证关系解释说明了历史连续性与断裂性之间产生的原因，使得社会形态学的现代性概念奠定在明确的理论基础之上，资本成为历史唯物主义视野中的一个存在论范畴，在马克思的历史哲学中获得了基础性地位，为现代性的辩证批判提供了历史时间坐标，传统与现代、现代与未来的划分是以资本逻辑的力量彰显的程度进行划分，是以异化的程度来划分，这使得马克思的现代性批判不至于在对现代性的批判中复归于对现代性的坚持，不会像黑格尔“历史的终结”命题那样，始于现代性的批判，却终于现代性的维护。

资本主义生产方式被理解为现代社会形态的经济基础，现代社会中的经济、政治、文化、意识都受到资本原则的制约和规定，是资本创造了这样一个历史时代，因此，对资本主义生产方式的分析和解剖就成了批判现代性首先要进行的最基础的工作。马克思认为现代性受资本逻辑的控制，资本逻辑决定现代性逻辑。他以商品为出发点，以资本为核心，以异化为其关注点，对现代性进行猛烈批判，达到了对黑格尔理性现代性批判范式的超越。“理性的时代”被“资本时代”所取代，现代性批判被奠定在历史唯物主义的存在论基础之上，并且马克思旗帜鲜明地指出，资本现代性的历史存在不是能够在理性的观念论批判中被超越的。马克思的这一见解，对于今天某些现代性批判的哲学话语仍然具有无可怀疑的批判意义。今天，有人会说马克思在思维方式、价值观念等方面是现代主义者，也有人会在这个意义上宣布现代性的终结。但是，没有人说马克思是资本现代性的辩护者，说人们已经走出了资本现代性的困境。人们至多不过是从精神原则、观念取向、叙事风格上宣布后现代主义对现代性的超越，等等。如果从另一个方面来看待，对马克思的批评恰恰表现出他的批判理论具有强烈的现实性、实践性、根本性。马克思一直坚持，现代的批判更有意义，观念上的扬弃并不等于人们实际生活的改变，所以他说，社会主义的第一条原理就是对纯粹观念领域之内解放的否定。换一个角度来看，主张在现代性批判中，将现代性概念与资本脱钩，不正是说明了资本作为现代性本质范畴的强硬和绝对吗？资本原则普遍地位的确立，使得非批判的思维认为它是不可触动的，因此他们再度将批判的话语转向观念论的批判或身体美学的探索。马克思资本批判范式在这种转向中被遮蔽和质疑，这就是当下的思想状况。

资本是马克思理解和阐释现代社会历史的基本概念，它在本质上是一个存在论范畴，其基本意义应该在历史唯物主义视域中得到理解。在历史唯物主义看来，资本作为一种社会存在关系，是现代的基本原则和基本建制，置身于现代的任何存在物都以资本的方式现身，受到资本原则的规定。以资本命名现代，理论上是一种存在论的取向。历史唯物主义的存在论作为对观念论的扬弃，消解了观念与实存之间的二元对立或一元论化约，在社会历史地形成的中介性范畴中理解存在，坚持对存在进行具体的中介性分析，资本就是阐释现代性最基本的存在论中介范畴，开启了现代性批判的一种独特的存在论批判路向。资本现代性批判作为存在论批判，既超越了观念论的历史阐释，与当今以个体生存和心理体验为出发点的思想路线之间也存在基本的差异。这种存在论批判从对社会的现实考察和人类历史发展趋势出发，建立了现实批判的思维模式。即便是在资本力量发挥作用多样化的今天，这种批判仍然具有现实意义。

尽管马克思的批判开始于经济学领域的资本、劳动和商品，他的现代性批判的基础是对资本主义生产方式的政治经济学批判，但是这并不意味着他的现代性批判应当被还原成经济学批判。经济生活中的资本原则向其他领域的浸透，使得资本获得了总体性的意义，这是在现实实践中真实发生的过程。马克思对政治自由和平等的批判，对人本主义“自然”概念和

“个体”概念的批判，都贯穿着资本批判的基本原则。只要不是把马克思的思想作一种经济决定论的阐释，资本批判的范式就可以发展出一种辩证的话语批判空间，成为现代性批判多重话语沟通的基础平台。

在当今混乱的现代性批判话语中，重塑马克思资本总体性批判的范式具有重要的意义。它可以避免在总体化的世界中感受不到总体性的存在，或者陷入以抽象“个体立场”批判资本对存在的普遍抽象，迷失在自我宣称的所谓宽容和多元话语喧嚣之中，从而进入另一种“解放”和“自由”的虚假承诺。当然，总体性的批判不会是对任何微观批判的拒绝和排斥，总体性的原则更不是对个体和微观的清除和压制，相反，它是以个体和微观为基础和指向的。从方法论上来说，只有在总体性的前提之下、在基本原则的领会中才可能使微观分析和批判具有意义，而不至于变成对抽象碎片和片断的执着。如果在资本总体化的处境中拒绝总体性方法的必要性和可能性，话语批判的喧嚣实际上就变成了对现实总体的认可。

（三）马克思现代性批判思想的限度

当今资本的普遍实现，为马克思的资本现代性批判提供了更加真实和更加完整的验证。马克思现代性批判的意义是从这种根本性、基础性的方面而言的，它不意味着马克思现代性批判必然且能够涵盖所有的现代性批判主题，更不意味着马克思所有命题和见解的正确。受到历史处境和特定视角的限制，马克思现代性批判思想需要辩证地阐释，而不是直接挪用。在当今现代性批判话语语境下，更应该正视马克思批判理论的限度。

从时间发展看，马克思历经的是现代生产方式的初期，并未经历最为复杂完整的现代性处境。如果以公元1500年前后为基本的界限，现代性的出现已经具有了几百年的历史。然而，实际上，这一过程到了18世纪才获得了较为典型的形态。即使到了19世纪中叶，就整个世界而言，主要的国家和民族也还没有置身于现代的处境，新兴的现代和传统还处于纠缠和交织的状态。此时的现代性还只是作为原则和概念出现，它体现出普及全球的强大动力和必然趋势，但还没有完全创造出自己生存的现实条件和必要前提，因此，在自我展现的过程中甚至体现出比传统更不完善和丑恶的地方，当时的各种保守主义和空想社会主义对此有鞭辟入里的揭露。但真正说来，这是资本尚未成为资本的征兆。在现代条件下，沉溺于实际经济利益的人们开始从上帝的宗教束缚中不断解放出来，逐步把眼光投向现实世俗的尘世生活，精心修饰的利己主义和个人主义开始代替对上帝的信仰和自我牺牲的献身精神。以平等交换和贸易为基础的经济原则导致了宗教、血缘、地缘、等级关系的解体，神圣性和诗意消融在冰冷的利己主义打算之中，货币和金钱成为人们世俗的“上帝”，资本和商品要突破一切界限，它以一种疯狂的方式席卷一切领域，摆脱一切限制，它的原则是“自由”，是自由地实现自我扩展和自我实现。宗教、道德、政治的权力都被解除了武装，而商品成了摧毁一切万里长城的重炮，向一切尚未开化与已经半开化的国度进军。在此，看似自由竞争的资本并没有意识到自身的限度和界限，在其持续运行中也没有由此而主动地形成自我稳定、自我持存的机制，天真地认为它就是一切。

在此状况下，“现代”所带来的问题远比它已经解决的问题更多，失业、贫困、饥饿、斗争、冲突、流血大量存在，一切都处在变动不居的无序状况之中。这些情况直接影响着受资本主义制度统治的人们关于当前现代性的思考，对现代的讥讽批判、歌颂赞扬不一而足，各种意识形态和理论竞相登台。政治经济学家看到了经济关系中的阶级分化；历史学家看到了政治实践中的阶级斗争；没落的贵族惋惜传统的消逝，谴责现代的罪恶；政治经济学家希望以工资的提高和平等来解决工人的贫困化；平等派则诅咒私有制的罪恶，要求以平均主义的方式实现真正的平等；空想派作为启蒙理性、自由、解放的传人，却指明了自由解放的自我反讽；如此等等，什么是现代？各种思潮和批判还受到这种社会历史状况的基本限制，他们对现代性的反思和批判表现出必然的限度。马克思的现代性批判既受到当时的社会所形成的思想资源的限制，更受到当时现实资本主义历史处境的限制，而这两种限制是内在地关联的。所以今天的我们既不能以今天的时代条件苛求当时历史的马克思，也不能无视当今历史发展的状况看不到马克思思想的限度。

马克思的现代性批判理论还受到批判初期的思想建构、批判倾向的限制。黑格尔以“理性”概念为基础，第一次阐释了一种辩证的现代性概念，并且成为马克思现代性批判的思想基础。黑格尔思考现代性的切入点，同当时的历史语境一样，制约着马克思对现代性的基本思考，使得马克思的现代性批评在超越中遭遇内在的限制。

黑格尔将现代理解为“理性的时代”，“理性精神”成为现代的基本标志和基本成果。然而在黑格尔看来，在国家和家庭之间存在着当时的现代市民社会，它是二者之间的中间环节。黑格尔强调市民社会的私人性，认为现代市民社会突破了家庭和私人领域的范围。但是市民社会内在的限度意味着它必须以国家为前提并且被作为伦理的理性国家所扬弃。晚年，黑格尔同时还将君主立宪制看成是绝对理性国家的代表，批判启蒙精神和法国大革命。

马克思从一个更高的角度出发，更为深入地批判了由黑格尔所提出的通过国家来整合社会的观点。他一方面认同建立政治国家的基础是市民这一理论，在现代市民社会已经形成的基础上，建立了所谓的理性国家和理性精神；另一方面对黑格尔所提出的现代性批判的基本规范表示质疑，现代社会的本质并不是“理性”，也不能再将其视为渴望突破现代性的基本出路。马克思上升到意识形态和政治上层建筑的高度，在分析各个时期的社会历史存在论的基础上，展开现实主义批判，从而为形成现实的辩证批判性思维夯实基础。同样，既然市民社会是现代政治国家、精神原则的基础，对现代性的批判就应该深入批判市民社会的现实物质关系，在马克思看来，应该坚持政治经济学的批判方式，在此基础上展开现代性的认识，对市民社会的内在原则和限度进行揭示。这在某种程度上能够说明马克思的政治经济学批判自然而然地被纳入了现代性批判这一基本问题。由于将历史阐释为主体和客体之间以实践为基础的辩证运动过程，马克思在批判现代性时，所选取的切入点是阶级革命的社会性实践，在马克思看来，阶级革命的根源在于资本主义社会运行资本的客观性逻辑，而不仅仅是一种主体的直观历史冲动，从理论角度看，马克思将资本主义社会运行资本的客观逻辑和现实社会阶级革命的主体性联系在一起，马克思紧紧围绕这一角度，对不同时期的黑格尔派进行批判，所以我们可以认为马克思吸收了黑格尔的“现实性”，将超越现代性视为一个辩证地批判自我内在的过程。

相比于黑格尔，这种内在超越是阶级革命的实践与市民社会内部经济基础自然形成的革命性变革历史性相结合的产物。由于阶级的本质属性是由现实经济基础决定的，所以在这个过程中，政治国家根本无法超越现实社会的现代性，只能维护其资本现代性，也就是说政治国家所处的地位是间接从属性的。正因为此，黑格尔没有跃出现代性的基本架构，他至多可以被看成在资本主义基础上形成的批判的自由主义思想家。但是在马克思那里，只有通过阶级革命的历史实践方式打碎服务于资本的现代国家机器，才能从根本上超越现代性，而不是像黑格尔那样在对异化的观念扬弃中变成了对现代性的“非批判的实证主义”。

基于此我们可以看出，黑格尔和马克思在批判现代性时，其切入点是一致的，都是从市民社会与政治国家的相互关系构成开始的。从马克思思想发展的过程来看，马克思批判现代性的出发点是从法哲学的角度对黑格尔市民社会与国家关系的批判，它蕴含了马克思现代性批判的基本立场、观点、视角。这一出发点虽然包含了对黑格尔的本质性批判，但它与黑格尔也具有某些共同的基础，并由此构成了马克思现代性批判思想的内在限度。

在黑格尔批判市民社会与政治国家相互关系的基础上，马克思对现代国家具有超越性持否定态度，在马克思看来：以现代市民社会现实的物质关系为基础，产生了现代国家，现实的经济基础决定了现代国家只是资本现代性的间接从属建制，它必须依托现实经济社会环境，这也就意味着现代国家是无法超越现代性的。所以在理论层面，马克思对上层建筑反作用于经济基础并未提出反对意见，然而，出于深刻批判黑格尔观念论的考虑，他强化了国家的从属性。在资本一方面力图挣脱政治权力控制、另一方面又直接与政治军事结盟的时候，这一理论倾向的限度是难以表现出来的，因为政治国家的确在实践上表现为资本原则的随从。

但是，随着资本不断地遭遇自我限制和危机，并内在地要求政治权力与之结合的时候，这一论断的限度就明显地体现出来了。在现实社会发展资本主义的过程中，国家不断强化其社会职能，国家逐步加大干预经济的力度，推动经济生活朝法治化方向发展，并且不断完善社会失业保障机制，国家的这种超越性主要体现在干预现实社会经济方面，国家的主动干预甚至能“制造自己的经济基础”，而不是在伦理层面形成的。社会的这些发展表明：无论是黑格尔所提出的伦理国家的超越性理论，还是马克思所提出的政治国家的从属性观点，都存在不足之处，国家在克服现代性困境中的意义需要重新考察，其作用的方式、范围、程度需要有新的阐释。正因如此，以哈贝马斯为代表的一部分人开始批判马克思所提出的理论，在他们看来，当今社会的组织原则和以往大有不同，甚至可以说发生了根本性变化，然而马克思批判理论产生于自由资本主义时期，并不适用于当今的社会。我们认为，当代历史的这一状况，并不意味着国家真正地超越了资本现代性的基本原则，政治国家职能的转型和强化，实际上是资本内在限度的要求，它转移了马克思阐释的社会危机形式，释放了资本现代性危机的压力，实现了现代性的自我稳定和自我延续。这意味着马克思的危机理论、阶级斗争概念、革命思想等要有新的阐释和表述，而不是说马克思的资本现代性概念和总体性的批判范式的根本失效。

早年的青年黑格尔派以理性哲学为法国的启蒙现代性提供哲学辩护，马克思曾经属于这一阵营，由于对黑格尔市民社会和政治国家关系的批判才确立了现代性批判的基本立场，批判抽象的理性主义。然而，后期的青年黑格尔派继续坚持理性主义哲学，并将其与空想社会主义的一些思想立场结合起来形成了真正的社会主义，将对现代社会的批判和扬弃变成了一种观念的运动。为了批判这种观念论倾向，马克思强调观念、意识的从属地位，突出社会历史运动的客观性，并强调生产力与生产关系之间的辩证运动是超越现代性的内在动力，生产力的发展承担着革命动力的重压。马克思总是在与生产关系的联系中讨论生产力的性质和意义，并没有阐明生产力对解放话语的束缚作用。因此，在以生产力为典型代表的科学技术本身成为统治意识形态之后，哈贝马斯可以毫无忌讳地宣布马克思思想基本命题失效，宣布生产力失去对现代性之超越功能。加上国家对经济的干预，马克思走出现代性困境的阶级革命的客观维度就遭到了质疑。

也就是说，马克思所提出的经济基础决定上层建筑，并进一步批判经济基础，是出于批判不同时期黑格尔理论的现实需要，在这种情况下，很容易在社会运动过程中厘清革命的阶级主体性与经济的阶级地位之间的复杂关系。其中，确立革命的主体性需要确定社会经济关系中的对立阶级，由于在现实社会运动过程中缺失革命阶级意识，从而导致革命主体简单、自发地参与到阶级斗争中去，这也是列宁的阶级革命理论、罗莎·卢森堡的“自发性”思想和卢卡奇《历史与阶级意识》“主体性”共同面临的问题，也是在产生中产阶级、出现福利国家、同化无产阶级的过程中，法兰克福学派所面临的问题。

马克思从黑格尔的政治国家和市民社会关系中切入现代性批判，同时还限制了现代性批判的视域。就马克思而言，为了批判黑格尔，通过对市民社会基础地位的肯定，导致了现代性批判主要在政治经济学批判的视野中展开。但是，如果说经济基础的革命对超越现代性而言并不是充要条件，而只是一个必要条件的话，这就意味着对现代性的超越显然需要更多的中介性分析，现代性批判的领域需要更广泛地拓展，而不是政治经济学批判本身就能完成的。然而，马克思批判黑格尔关于市民社会和政治国家的视域和切入点，使得他的批判一开始仅仅局限于法哲学的领域，伴随着资本主义社会的发展及其社会矛盾的充分暴露的认识，这种批判进而又趋于集中在批判政治学领域，即对经济基础进行批判被赋予了基础性的意义。这一方面成就了马克思，另一方面限制了马克思的理论视域，甚至后人在解读时将其视为简单的经济决定论。

客观来说，马克思的思想视角和倾向留下了还需要探索的领域和并不清晰的地带，但是，这种新的探索并不能取代和置换马克思及其所代表的马克思主义理论的基本思想视域。马克思主义及其现代性批判的范式、方法乃至于一些建立在当时资本主义社会发展基础上的具体结论都是我们当今社会赖以出发的基石，现代性批判也应该以此为基础，才能获得实质性的推进。

第五章 马克思与当代社会性话语的对话

在当代思想境遇中，马克思在众多现代性话语流派中的思想形象一直是各有不同的。学者们要么把马克思看作现代主义的典范，要么把马克思看作后现代主义理论的源头。那么，马克思的现代性思想究竟是一种坚持启蒙进步观念的现代主义，还是一种解构启蒙进步观念的后现代主义呢？与当代西方社会理论相比，马克思的现代性思想是否已经过时，还能不能对当代资本主义的现代性问题进行有效诊断？这些问题的答案，可能需要通过马克思与当代西方社会理论家的批判性对话才能够具体阐明。

以当代社会发展的问题为中心，开启马克思现代性思想与当代社会理论的对话具有多重理论意旨：一是阐明马克思的理论定位，凸显马克思现代性思想的独特品质与理论精髓；二是批判地分析各种当代社会思潮，吸取其合理成分，汲取其问题意识，拓展和丰富马克思主义的理论空间；三是激活马克思的经典理论，探讨当代社会理论中所包含的新问题、新场域与新课题，研究当代资本主义现代性发展的新状况、新特征与新趋势。这三个方面都有助于我们建构关切当代、面向未来的马克思主义理论新形态。

一、当代思想对话的基础与途径

在当代学术氛围中，一谈到不同流派、不同时期思想家之间的比较对话，就会给人一种牵强附会或跟风的印象。我们在现代性问题视野中开启马克思与当代西方社会理论家的思想对话，并不是生搬硬套的对比或哗众取宠的玄谈，而是在一定的学理基础上重新开启现代性问题的讨论空间与理论生长点。

首先，开启马克思现代性思想与当代社会理论的思想对话，是有其特定学理基础的。

马克思的现代性思想与后现代主义思潮的对话具有较为充分的学理基础。所谓“后现代主义思潮”并不是一个统一的流派，而是包含着各种不同流派的笼统名称。这些流派虽观点各有不同，但都具有一种模糊的“共性”：对启蒙现代性的“解构”与“颠覆”。以启蒙思想家和德国古典哲学家为代表的现代主义者主张历史发展、社会进步具有必然性和无限性：在理性的指导下，普遍的“人性”能够通过科学技术、市场经济、国家治理和社会自治的发展而不断得到完善。这种现代主义观点根植于主流启蒙思想学派的理性主义、进步主义和普遍主义观念。任何对于现代性进程的批评，都有可能被他们视作“反动”和“复古”而予以拒斥。现代主义者关于“人性的无限可完善性”和“历史持续进步”的诸种信念，在当代遭到了后现代主义者的解构、颠覆。以利奥塔、福柯等为代表的后现代主义者坚持认为：现代主义者关于人性、理性和进步的普遍主义观念体系恰恰构成了现代性的“宏大叙事”或“知识型”，其中隐含着一整套的权力机制，将每一个体都整合入“规训”的体系之中，个体被这个看不见的体系控制、形塑，去除个体差异。后现代主义思潮与马克思之间的关系甚为复杂。不同于马克思的社会批判和内在超越，后现代主义奉行文本话语解构和外在性的超越，因而不能真正把握现代性的本质和出路。并且，后现代主义还将马克思当作启蒙现代性宏大叙事的范本来加以批判，却低估了马克思思想中超越、克服现代性的维度。从大的历史尺度来看，马克思与后现代主义思潮都处于资本主义发展的历史时代中，都集中关注现代性的矛盾与超越问题，因而二者具有对话比较的基础。

同样，开启马克思与新现代主义的批判对话也是有其充分的学理基础的。后现代主义对以启蒙叙事为代表的经典现代主义的激烈批判，迅速扩展至整个文化、社会领域，激发了人们对于现代性问题的持续思考。正是在这一背景下，新现代主义应运而生。新现代主义者主要以哈贝马斯、吉登斯和贝克为代表，他们自觉地将后现代主义针对经典现代主义的批判吸纳到自己思想的内部，从而使得现代主义内在地具有了自我反思、自我批判的维度，发展为新现代主义。新现代主义保留了经典现代主义关于人性、理性、进步和普遍性的基本理念，却改变了这些理念的实质内涵，试图在一种更为复杂的视野中审视现代性问题，并重申启蒙现代性主义者的理念。因而，新现代主义者对现代性的批判性考察并没有像经典现代主义者那样走向别无选择的现代化模式，也没有像反现代主义者那样走向某种程度的回归传统性，更没有像后现代主义者那样急于宣告现代性的终结，而是走向了“新现代性”构想。赫勒很好地描述了新现代主义的缘起，认为它正是从后现代主义对经典现代主义的激进批判的背景中诞生出来的思想，是现代主义自我调整、自我更新的版本，他如是说：“在后现代视角的强有力表现之后到来的一种现代主义观点，将会是后现代状况的一部分。一旦成为许多种意见或观点中的一种，现代主义的现代性就不可能重获它的绝对自信。它必须严肃地考虑它的对手，而如果它这么做的话，它就将有所不同。”①新现代主义就是一种严肃地对待后现代主义的批判并尽可能将其吸收、消化到自身内部，从而修正、更新启蒙理念的现代主义。由此，新现代主义者与马克思之间就产生了某种显著的历史相似性。一般说来，马克思思想既有坚持启蒙主义

① ［匈］阿格尼丝·赫勒：《现代性理论》，李瑞华译，商务印书馆2005年版，第13—14页。

的现代性理念、相信社会进步与人类解放的倾向，又有从社会批判角度颠覆启蒙现代性观念的尝试。马克思兼具现代主义的气质和后现代主义的意蕴，但又超越了二者的抽象对立。在这一点上，马克思与当代西方新现代主义者具有非常广阔的对话空间。

其次，开启马克思现代性思想与当代社会理论的对话，并不是停留于理论外围的泛泛比较，而是要进行创造性的深入对话。为此，本书认为可以从如下方面展开对话：一是选取各个思潮的代表性人物与马克思进行“一对一”的对话；二是在马克思与当代社会理论家之间进行“话语互译”，打通二者的话语隔阂，融汇二者的理论视野，营造对话的思想空间与理论平台；三是以“问题”为中心开展对话，围绕当代社会发展的重大问题，进行专题性的集中探讨。只有通过这三个途径来开展比较对话，才能真正地促成马克思与当代社会理论家的“理论内核”的相互碰撞、彼此化合，激发出创造性的思想火花。

在此，本书以福柯为例，展开马克思与后现代主义思潮的批判性对话。需要强调的是，以福柯来代表后现代主义，既有其合理性，又有其片面性。这是因为，福柯的思想相当复杂，既具有后现代主义思潮的共性，又具有其独立性和特殊性。把福柯简单地归结为“后现代主义者”，势必会错失其思想本义。一个很明显的事实是，福柯本人并不认同“后现代性”“后现代主义”等概念和术语。他明确说过，“人们所说的后现代性是什么？我不知道”①。同时，他也不承认自己隶属于所谓的“后现代主义”思潮。然而，福柯本人对自己与后现代主义之间联系的否认，并不表明他的思想就完全不具有后现代性特征、决然不是后现代主义的。事实上，福柯思想在问题意识、思维方式、话语体系等方面，与流行的后现代主义思

① ［法］福柯：《结构主义与后结构主义》，徐崇温译，上海远东出版社2003年版，第501页。

潮具有显著的共性。福柯将现代社会从整体上理解为宰制生命的“铁笼”，并企图在现代社会外部寻求解构现代性、颠覆资本主义的路径，这表明他的思想与后现代性思想异曲同工。具体说来，福柯对现代性的怀疑、否定，主要表现在其关注研究现代社会中主体生成过程与知识权力生产过程的相互关系：“即使我研究权力关系，我也绝不是在建立一套关于权力的理论；只不过在我的问题是要了解主体的反思与真理话语之间的联系的范围内，若我的问题是‘主体如何能够说出关于自身的真实’，那么，我认为，权力关系是我试图分析的诸联系中的决定性要素。”① 福柯对现代主体形成方式中的变异极为敏感，正是通过对现代性中主体异化的考察，他将现代社会描述成一个受权力网络掌控的“惩罚型社会”：在这个社会中，整个社会就类似于一个看不见的监狱，个人作为“主体”屈服于无孔不入的权力“铁笼”的奴役。这种权力可能来自生产，可能来自知识。这样，现代资本主义社会本身就被理解为一种需要从外部加以全面颠覆和解构的社会形式。福柯思想中所具备的这样的问题意识，所呈现的思想内容，使得后人将其与后现代主义思潮紧密地捆绑在了一起。

除福柯与后现代主义的共性及其自身的个性之外，福柯思想与马克思现代性思想还具有显著的相关性：福柯在某种意义上继承并拓展了马克思的思想视野与理论观点，这构成了二者对话的学理基础。

第一，福柯借用和继承了马克思的许多思想资源。有研究者经过考证指出，“福柯的思想中一直活跃着一种马克思主义，这是一种继承下来的隐形遗产，虽然不那么显而易见，但却发挥着重要的作用”②。即使是福柯本人也承认：“我经常会引用马克思的概念、句子和文章……我引用马克

---

① ［法］福柯：《结构主义与后结构主义》，徐崇温译，上海远东出版社 2003 年版，第 501 页。

② ［英］莱姆克等：《马克思与福柯》，陈元等译，华东师范大学出版社 2007 年版，第 3 页。

思，但我不说明，不加引号……物理学家在研究物理时感到有必要引用牛顿或爱因斯坦吗?”[①] 显然，这种“不带引号的马克思”活在福柯的文本中，融入了他思考现代性问题的思想视域与理论方法。

第二，福柯不但继承了马克思现代性思想的许多要素，还始终坚持将马克思现代性思想从教条主义的僵化传统中解放出来，重新激活其精神生命，拓展其思想视野和研究领域。福柯曾经坦陈:“我所希望的……不是修复，不是回复一个真正的马克思，而是通过有把握的阐释一举解放马克思，以便破除被党派如此长期地封闭、贩运和挥舞着马克思的教条。”[②] 在福柯看来，对马克思思想的教条主义承继恰恰是对马克思的背叛。在社会批判的问题意识上,“福柯非常‘忠实于’马克思最初的直觉，他用一种‘对政治理性的批判’补充并扩大了对政治经济学的批判”[③]。因此，进行马克思与福柯的现代性思想的批判性对话，恰恰打通了当代马克思主义者吸收福柯思想中合理创见的路径。

而在马克思与新现代主义的对话中，本书选择的代表人物是哈贝马斯。哈贝马斯被作为对话者有如下原因。首先，哈贝马斯的问题意识不是后现代主义的“解构现代性”或“重写现代性”，而是“重申现代性”“完成现代性”。应当指出，哈贝马斯所要重申和完成的这个“现代性”并不是已经发生异化的实际现代化进程，而是一种还未实现的理想蓝图和价值规范，即由启蒙思想家提出、经过哈贝马斯修正的“启蒙现代性规划”。启蒙现代性规划作为“一项未完成的现代性规划”，又反过来与社会现代化的实际进程构成了一种“批判性的张力”。社会现代化进程对启蒙现

① ［英］莱姆克等:《马克思与福柯》，陈元等译，华东师范大学出版社 2007 年版，第 14 页。

② 《福柯集》，杜小真编选，上海远东出版社 2003 年版，第 513 页。

③ ［英］莱姆克等:《马克思与福柯》，陈元等译，华东师范大学出版社 2007 年版，第 13 页。

代性的歪曲、偏离和异化，只有通过社会现代化与启蒙方案的重新协调才能够得到纠正。现代性内部本身就包含着“自我捍卫”与“自我批判”的双重倾向，孕育着不断自我矫正、自我更新的机制，这就决定了现代性既不可能全面终结，又不可能永世长存。其次，哈贝马斯还广泛地吸收了后现代主义对现代性的批判，并在启蒙现代性规划和“交往理性”理论的基础上克服了现代性的如“宏大叙事”等被诟病的特征。通过撰写和发表大量著述，他和自己所有重要的“后现代主义对手”进行了激烈的较量和深入的对话，系统地论证了自己的交往理性理论，并以此为基点呼唤“未完成的”现代性的不断完成。尤为重要的是，在回应后现代主义的同时，哈贝马斯还吸收了马克思主义对现代性的批判，修正了直线进步的启蒙主义进步意识，形成了更为复杂的发展观念和社会图景，开启了对现代性的制度批判和对现代性内在超越的路径。因为有统一的思想内核，哈贝马斯与马克思、马克思主义进行对话的可能性由此也就具备了。

二、马克思与福柯：资本、权力与现代性

马克思与福柯之间的思想对话应当在现代性问题的专题探讨中集中展开，尤其要激发两种思想的理论内核的交锋与碰撞。说到底，就是要在现代性问题域中厘清资本与权力的关系问题。我们认为，不能简单地将马克思所理解的“资本”归结为“宏观权力”或者“微观权力”。资本的总体性逻辑，使得资本关系能够同时贯穿社会生活的宏观层面和微观层面，并支配、利用这两个层面的诸种权力形式，即作为“总体性”的社会权力，资本可以支配宏观权力和微观权力，也可以转化为宏观权力和微观权力。

（一）总体性方法与微观物理学：现代性的诊断方式

在很大程度上，马克思与福柯的现代性思想的差异源于二者诊断现代性的视野、方法的不同。对于现代性问题，马克思主要是从总体性视野出发来予以审视的；总体性方法中同时存在“宏观分析”与“微观分析”。与此不同，福柯则是从一种“微观视野”和“微观分析”（所谓“权力的微观物理学”）的角度审视现代性问题。基于分析视野不同，二者对现代性的矛盾机理、超越路径的理解表现出显著的差异。

“宏观分析”和“微观分析”分别指向支配现代社会的不同层级、不同规模的权力形式：“宏观权力”与“微观权力”。所谓“宏观权力”主要是指：在国家、市场等宏观的社会结构层面运行的组织性、机构性的支配关系和支配力量，主要包括国家机器的物质力量和精神力量（意识形态），而资本积累对于国家和市场的支配关系本身也构成了一种宏观权力。所谓“微观权力”不是国家机器、市场机制、阶级团体等宏大的组织性、机构性力量，而是一系列更加精致、细微、隐蔽和宽泛的权力机制。微观权力超出国家和市场范畴之外，广泛渗透于日常生活细节之中，表现为惩罚权力、规训权力、知识权力、话语权力等直接作用于个人身体和生命过程，对个人的生活时间、生命节奏和言行举止进行管理的权力形式。但这种权力是渗透在个体之中，没有表现为宏大的机制的，所以姑且称之为“微观权力”。

在福柯看来，支配现代性运行的主要权力形式，不是“宏观权力”，恰恰是“微观权力”。福柯反复强调，微观的权力关系“深入到社会深层；它们不是固定在国家与公民的关系中，也不是固定在阶级分野处”[①]。“应

① ［法］福柯：《规训与惩罚》，刘北成、杨远婴译，生活·读书·新知三联书店 2003 年版，第 29 页。

该视权力为渗透于整个社会肌体的生产性网络，而不是将它看作一个仅仅行使压制职能的消极机构。”[①]这样，福柯的现代性分析的重心就是一种“权力微观物理学”，即微观权力作用于个人身体的一整套精细微妙的形式。当然，集中探讨微观权力是福柯在现代性诊断方式上的重大创新，但这并不表明就可以由此取代或回避对宏观权力的分析。事实上，福柯清楚地认识到，微观权力介于宏观权力与个人身体之间，宏观权力操作、运用着微观权力，正是通过微观权力的中介，宏观权力才得以最终作用于个人的身体。

马克思则以一种资本的总体性视野，兼容了现代性的宏观分析与微观分析。在马克思看来，支配现代性的主要力量是资本的总体性逻辑：资本作为一种“总体性权力”支配着社会的整体矛盾运动，同时渗透到社会生活的细微层面。无论是宏观的国家体制性权力，还是微观的琐细权力形式，都是资本关系的“转化物”或“衍生物”，都服从于资本无限增殖的逻辑。从总体上看，现代社会的典型特征就是资本处于支配地位。在现代性条件下，“资本是资产阶级社会的支配一切的经济权力”[②]。无论是经济领域的商品生产、政治领域的权力生产、文化意识形态领域的精神生产，还是日常生活领域的个人身体的生产，都服从于资本生产的总体性逻辑，这就是现代性的“普照的光”和“特殊的以太”[③]。总之，在马克思那里，资本既不能简单地归结为“宏观权力”，又不能简单地归结为“微观权力”，而是同时支配两种权力形式的“总体性权力”。

福柯进行现代性诊断的微观方法有其独特适用性和显著优势，然而与马克思的诊断方式相比，却又表现出难以克服的缺陷。这集中体现在对于现代社会的宏观层面（如国家机器、市场机制和阶级集团）的权力分析理

① ［法］福利：《米歇尔 · 福柯访谈录》，严锋译，上海远东出版社 2003 年版，第 458 页。

② 《马克思恩格斯全集》第 30 卷，人民出版社 1995 年版，第 49 页。

③ 《马克思恩格斯全集》第 30 卷，人民出版社 1995 年版，第 48 页。

论上。福柯对权力微观物理学的分析能否像马克思对于资本主义的宏观分析一般有效地应用于国家权力的分析呢？如果微观权力分析理论具有普遍性，就意味着微观权力应当有一个覆盖全社会的运行机制，能够全部在社会各个层面体现出来。事实上，福柯在证明自己的理论时，确实遇到了一个很大的难题：针对生活细节中知识权力的微观物理学分析如何能够扩展到国家机器等宏观领域？正是从日常生活向国家机器、从微观权力向宏观权力的这一跃，使福柯陷入了理论上的困局。在写作《规训与惩罚》前后，福柯不得不在理论上向马克思及马克思主义关于国家权力和资本运动的宏观分析求助。福柯的这种求助、借鉴，导致一些现代性的研究者认为，福柯这种建立在微观政治基础上的方法——权力微观物理学，完全没有办法解决各种各样的、分散的权力关系如何获得“统一的”形式，以及它们是如何表现为反过来作用于社会的微观权力的总体战略或社会霸权的问题。最终，福柯借用马克思对于资本主义生产过程中权力支配关系及权力赖以运行的资本主义历史条件的论述，特别是马克思关于劳动过程中的“政府的监督劳动和全面干涉”的论证，总算勉强自圆其说。

（二）资本逻辑批判与微观权力批判：现代性的诊断过程

基于彼此差异的诊断方式，马克思与福柯对现代性进行了显著不同的诊断。问题的关键是在现代性问题域中，厘清资本逻辑批判与微观权力批判的相互关系。

对于这个问题，本书认为应当从现代资本的总体性逻辑来审视微观权力体系的生成以及发展趋向。从马克思主义的观点来看，资本构成了现代社会关系的最终基础和主导力量，因而，现代微观权力——作为多种形式的支配性关系——必须通过基础性的资本关系才能够获得自身的地位、发挥自身的功能。如果脱离了资本统治，脱离了资本主义的特定社会形式，诸种现代权力将难以获得它的历史定位和社会内涵，权力概念本身就会变成一个空洞的词汇。

按照以上逻辑，从福柯关于现代权力的研究来看，有关现代权力体系的微观研究绝不能脱离对资本积累乃至整个资本主义社会的总体性、历史性的分析。也就是说，“权力”这一概念本身的含义，必须通过各种具体权力形式在资本主义生产系统中所发挥的具体功能来予以界定。如果不能将福柯有关“惩戒社会”中的权力关系理论所涵盖的基本概念，与马克思理论中有关剥削理论、资本主义生产方式理论联系在一起考察的话，那么是难于理解福柯的论述的。福柯所提供的关于微观权力和惩罚型社会的分析，就其本身来说，在没有证明、论证的基础上，预设了一系列抽象的普遍形式。也就是说，在福柯的理论中，不同类型的权力关系能够被抽象为“微观权力”，社会被提炼、抽象为以监狱为模型的“惩罚型社会”，仅仅是因为这些社会关系、社会机构、社会现象等之间具有结构上的同质性或相似性。“福柯所使用的抽象方法赋予了一些只有在特殊情况下才有意义的因素一种普遍意义（并影响了其整体概念的确定）”①。福柯的“权力”概念和“惩罚型社会”概念，在很大程度上依托于多种多样具体的权力实践之间的一种抽象的相似结构和普遍形式。然而，权力概念不能仅仅通过这样一些抽象形式来予以界定，而是需要通过在资本主义生产系统中的历史性质、具体功能来予以界定：“福柯对惩戒权力关系所作的分析，只有在指出这些异质的机构是如何并为何发挥作用的，以及在指明每个表面上相异的社会功能是如何能够被引导形成一种体系，并在这一体系中这些机构相互作用却不会发生矛盾，才具有其合理性。这种系统性不能参照一种一般和抽象的形式来确定，而应该参照一些具体的明确的社会功能来确

① ［法］勒格朗：《被福柯忽略的马克思主义》，陈元、黄绍华译，华东师范大学出版社2007年版，第21—22页。

定。"[①]这种理论质疑，使得福柯本人明确地意识到将微观权力分析和惩罚型社会分析置于资本主义历史分析之中的必要性。

事实上，能够说明诸种不同形式的权力之间存在着统一性的，正是这些权力形式在同一个资本主义生产体系中所占据的位置、发挥的功能。将诸种权力形式统合在一起的，正是资本的逻辑。在资本生产这一总体过程中，诸种权力形式发挥其特定功能，服务于资本增殖这一总体目标，从而能够联结成一个"权力的体系"。

只有从资本主义生产过程、从资本逻辑出发，福柯才有可能超越抽象的权力分析的困局，走向一种更为具体、更富于历史感的权力分析。这样，福柯就需要向某种意义上的马克思主义靠拢，向马克思的现代性思想靠拢，借用马克思的有关资本主义的理论分析。正是基于现代权力与资本主义之间的历史联系，微观权力、惩罚型社会等整体性概念才能够得到合理的阐明。"监督和惩罚并没有构成一种抽象的形式，一幅'权力图'或是一种'总体方法'：它们从与资本主义现代性的矛盾与超越马克思现代性思想与当代社会发展生产方式的运转和生存环境的联系中获得意义。"[②]甚至福柯本人也承认，虽然规训权力能够运用于各种不同性质的社会中，但现代形式的规训体系，则显然受到了资本主义生产方式的决定和制约："资本主义经济的增长造成了规训权力的特殊方式。"[③]从福柯的困局和出路可以看出，研究现代权力及其对现代性的作用，合理的方法是从资本逻辑出发透视权力体系的生成发展与矛盾趋向。

---

① ［英］莱姆克等：《马克思与福柯》，陈元等译，华东师范大学出版社2007年版，第25—26页。

② ［英］莱姆克等：《马克思与福柯》，陈元等译，华东师范大学出版社2007年版，第35页。

③ ［法］福柯：《规训与惩罚》，刘北成、杨远婴译，生活·读书·新知三联书店2003年版，第248页。

（三）总体资本与微观权力：现代性的诊断结果

彼此差异的诊断方式决定了显著不同的诊断结果。马克思与福柯对于现代性矛盾裂变的根源问题的理解存在着显著差异，这集中表现为：是资本还是微观权力构成了现代性矛盾的根源。笼统地说，马克思从根本上将资本及其自我生产看作现代性矛盾的根源，而福柯则从微观权力体系及其自我生产出发来把握现代性的矛盾性。那么，对现代性的矛盾来说，究竟是资本更为根本，还是微观权力更为根本呢？在现代性条件下，资本与微观权力之间究竟有着何种复杂的关系呢？可以肯定的是，资本与微观权力并不是彼此隔离的，而是持续互动的，在这种互动中，资本居于主导性的地位。

首先，我们就需要阐明资本与微观权力相互联系、彼此作用的“场域”问题。从马克思主义的观点来看，在现代性条件下，总体性的资本权力通过“社会身体”及其生命过程而转化为微观权力，并通过“社会身体”与微观权力持续互动。正是通过“身体—生命”这一“场域”和“媒介”，资本生产得以决定微观权力的生产，资本逻辑得以支配微观权力逻辑的运作，并最终主导着现代性的矛盾逻辑。

第一，在现代性条件下，资本能够转化为微观权力，资本与微观权力持续互动，这个转化的空间、互动的场域便是“社会身体”及其生命过程。所谓“社会身体”，就是个人身体的生理结构和活动功能，在很大程度上受制于资本主义的社会总体，是社会生产的产物，具有显著的社会性。资本要转化为微观权力，必然需要一个中介、触媒、场所，这就是“社会身体”。个人的身体、生命为资本权力与微观权力的共谋提供了“场域”和“媒介”，同时，个人身体、生命本身又是二者共谋过程的“产物”。而且，社会身体处于宏观的国家权力与微观权力的交界点上。通过将社会身体当作自由出入的“空场”与“通道”，资本权力得以在宏观和微观两个权力体系之间穿梭、转化与斡旋。

在资本与微观权力的掌控下，日常工作、生活中的身体表现为一个“有用性”的过程，服从于资本和权力无限增殖的目的。正是在资本增殖冲动的强力推引下，微观权力对身体不断进行着锻造与锤炼，开发出其生理功能的有用性质，使之成为财富创造的源泉。劳动力作为一种具有社会属性的自然力，是潜藏在劳动者的身体中的，然而劳动力的生产与消费，都不得不受制于资本主导的社会生产体系。在资本主义生产过程中，惩罚和规训的微观权力是针对活劳动、劳动过程即针对劳动着的或能劳动的身体的，它们将身体锤炼成“有用”的生产工具。而这种“有用性”就在于劳动力的使用价值即活劳动能够创造新价值，就在于资本的自我增殖。身体的物理外形和生理构造日益受到资本支配下微观权力的雕琢与形塑，以最适合的存在形态服务于资本生产：“在现代制度下，如果弯腰驼背，四肢畸形，某些肌肉的片面发展和加强等，使你更有生产能力（更有劳动能力），那么你的弯腰驼背，你的四肢畸形，你的片面的肌肉运动，就是一种生产力。”①又如福柯所指出的：“各种纪律……必须增进人群中每一因素的特殊功用，但必须使用最迅速又最便宜的手段，即把人群本身当作实现这种增长的手段。因此，为了从肉体中最大限度地榨取时间和力量，就要使用那些普遍的方法，如时间表，集体训练、操练，全面而又具体的监视。”②因而，微观权力的规训机制，通过对身体的监管、控制、操练与开发，从根本上服务于资本的剥削和积累过程。

通过身体这一媒介，权力支配与资本雇佣两种关系结成了严丝合缝的联动链条，共同运作，相互促进。权力规训与资本增殖两种功能可以结合在同一个生产过程的整体之中，通过权力对身体的深度规训来推动资本的加速增殖，这一生产过程，既是商品生产过程，又是资本关系的生产过

① 《马克思恩格斯全集》第42卷，人民出版社1979年版，第261页。

② ［法］福柯：《规训与惩罚》，刘北成、杨远婴译，生活·读书·新知三联书店2003年版，第246页。

程，还是被规训的身体的生产过程。对个体身体的规训越精密，劳动力的再生产就越高效，劳动力的发挥就越充分，资本家所榨取的剩余价值就越多，资本增殖速度就越快。

第二，通过在身体上的转化过程，资本持续地支配着微观权力的身体、生命运作。资本与微观权力的关系，是两种不同类型的社会关系之间的相互作用、相互转化与相互组合的“共谋”关系。

资本与微观权力的共谋关系，体现在“权力监管”与“资本剥削”这两种过程及其发生场域的显著“同构性”上。在现代社会，监狱形式、军营形式与工厂形式的显著相似性就在于：为了一定目的，对身体节奏和生命时间进行严密的监管与可计算的控制。马克思在《共产党宣言》中就明确意识到了工厂与军营在管理组织结构上的显著同构性：“现代工业已经把家长式的师傅的小作坊变成了工业资本家的大工厂。挤在工厂里的工人群众就像士兵一样被组织起来。他们是产业军的普通士兵，受着各级军士和军官的层层监视。他们不仅仅是资产阶级的、资产阶级国家的奴隶，他们每日每时都受机器、受监工、首先是受各个经营工厂的资产者本人的奴役。这种专制制度越是公开地把营利宣布为自己的最终目的，它就越是可鄙、可恨和可恶。”① 而福柯则在《规训与惩罚》中集中揭示了监狱与工厂之间的组织同构性与历史同源性：“监狱形式与工资形式的发展趋势……相关，从历史的角度看，它们是一对双胞胎。这是因为对个体生命节奏以及时间的政治管理变成了权力的赌注，同时也因为抽象的时间形式把自己作为衡量原则同时强加给了刑罚机器和生产机器。”② 这就是说，无论是资本还是微观权力，都指向对个人的支配和操纵。二者之间客观上存在的同构性就为它们的“共谋”提供了可能。

---

① 《马克思恩格斯选集》第 1 卷，人民出版社 2012 年版，第 407 页。

② ［英］莱姆克等：《马克思与福柯》，陈元等译，华东师范大学出版社 2007 年版，第 26 页。

资本与权力通过身体而发生的持续互动，还显著地表现在资本生产与人口生产、人员积聚的深层关联上。按照福柯的分析，人口的增殖主要是通过生命权力（直接作用于人的生命过程，操纵人的生命的延续、提高与生殖过程的权力形式）以及微观权力对个人生命过程进行调整和控制来实现的。[①] 因而，资本增殖与人口增殖的关系，实际上可以归结为资本权力与微观权力、生命权力的关系。马克思早就指出，资本主义社会中劳动人口的增长并不是像马尔萨斯等经济学家所说的那样完全遵循所谓“自然规律”，而是从根本上受制于资本增殖的社会需要的。资本增殖过程支配着人口的增殖过程，资本生产体系不断地催生出大量的劳动人口，并将其反复吸入又抛出生产过程，造成了大量的过剩人口：“过剩的工人人口是积累或资本主义基础上的财富发展的必然产物，但是这种过剩人口反过来又成为资本主义积累的杠杆，甚至成为资本主义生产方式存在的一个条件。过剩的工人人口形成一支可供支配的产业后备军，它绝对地从属于资本……过剩的工人人口不受人口实际增长的限制，为不断变化的资本增殖需要创造出随时可供剥削的人身材料。”[②] 通过对资本积累与微观权力之间关系的分析，福柯再次注意到：“实际上，这两个进程——人员积聚和资本积累——是密不可分的。如果没有一种能够维持和使用大规模人力的生产机构的发展，就不可能解决人员积聚的问题。反之，使日渐增大的人群变得有用的技术也促进了资本积累。在一个不太普遍的层次上，在生产机构、劳动分工和规训技术制定方面的技术性变化维持了一组十分紧密的关系。”[③] 现代社会的人口生产和人员积聚过程，都反映了资本与微观权力在个人身体、生命层面的这种持续的联体运作。

---

① ［法］福柯：《性经验史》，佘碧平译，上海人民出版社 2005 年版，第 90 页。

② 《马克思恩格斯全集》第 44 卷，人民出版社 2001 年版，第 728—729 页。

③ ［法］福柯：《规训与惩罚》，刘北成、杨远婴译，生活·读书·新知三联书店 2003 年版，第 247 页。

其次，在阐明了资本与微观权力二者间“共谋”的场域问题之后，还需要进一步追问二者共谋的具体“机制”问题。资本先直接作用于微观权力形式，而后才能通过后者间接作用于个人的身体和生命。在资本与个人身体生命之间，微观权力充当了关键性的“中介”和“杠杆”。

马克思曾经指出，资本通过购买活劳动，其本身就转化为对劳动过程、劳动者个人的身体生命过程进行操纵的一种“支配权力”。然而，这里仍有一个需要解决的难题：作为生产关系的资本是一种总体性的权力，它如何能够直接作用于个人，渗透到他们身体发肤的细枝末节，操纵他们的生理节奏呢？资本对个人身体和生命的支配与渗透究竟是如何运作的呢？这其实是宏观如何作用于微观的问题。

显然，正是各种微观权力形式构成了资本权力作用于个人身体的“中介”和“杠杆”。资本需要通过操纵规训权力、生命权力等微观权力形式来推动身体训练和劳动过程，从而达到资本积累的目的。正是通过对诸种微观权力形式的自觉操作，资本得以激发、控制与压抑个人身体，将其投入或者抛出生产过程。资本能够直接操纵各种细密精微的权力形式，并以此为动力中介间接作用于个人的身体，产生一系列微观权力效应，从而推动资本自我增殖。基于此，资本的权力才能够成为一种同时贯穿社会宏观层面和微观层面的“总体性权力”。

微观权力之所以能够充当资本与身体之间的中介，正是基于微观权力能够在身体内部“自动运作”的特性。惩罚、规训等权力形式最初是来自身体外部的，而随着惩罚、规训身体的过程不断持续，微观权力机制本身就会复制、移植到个人身体内部，变成身体的“强迫症状”“正常状态”“日常习惯”甚至是“生理规律”。即使来自外部的惩罚和规训暂时停止了，身体中的权力机制仍将继续自动发挥作用，不断推动身体进行自我监控、自我惩罚和自我规训。正是通过微观权力的这种内在于身体的“自动性”，资本权力才得以顺利穿透个人在身体肌肤最细微处的保护、懈怠和反抗，将身体和生命“玩于股掌之中”。

最后，需要强调指出的是，资本与微观权力之间的相互作用并不排斥互动中的一方起“决定性作用”，正是资本决定着微观权力的身体策略，使得各种微观权力形式构成了资本积累的内在要素。

现代社会的各种微观权力形式的社会性质和具体功能是由资本主义生产系统赋予它们的。特定权力和权力体系在资本生产系统中所占据的位置、在资本增殖中所起的作用，决定了这一权力和权力体系在整个现代社会中承担的职责与功能。具体来看，微观权力辅佐着资本关系的持续再生产过程。惩罚、规训等微观权力在资本的“上游”创造和培育劳动力、生产意向，在资本的“下游”维持、再生资本关系，辅佐着资本的增殖进程。“确切地说，惩戒方法在两个层面上起作用：在生产关系的下游，它们致力于生产关系的维持和再生产；在生产关系的上游，通过生产生产力而致力于生产关系的‘持续创造’，也就是通过激发一些资本主义剥削为获取利润所需要的主观的生产意向。”① 更进一步地，微观权力不但辅助资本的再生产，而且还进一步在个人身体和生命的微观层面复制出这些资本的再生产过程。惩戒相对于生产关系来说只是个次要角色，它对民众反抗与不法活动的监控不仅是对生产关系的复制，而且在直接生产者中树立了为追逐利益而生产的观念。②

随着现代社会的不断发展和成熟，微观权力逐渐构成了资本生产体系的一个内在环节，从根本上服从于资本增殖的目的。“惩戒并不只是用来再生产生产关系，实际上它是生产方式的一个组成因素。惩戒使个人的生命，主要是指其生命的时间与节奏，不再是一种可能随着任意的、浪费

① ［英］莱姆克等：《马克思与福柯》，陈元等译，华东师范大学出版社 2007 年版，第 31 页。

② ［英］莱姆克等：《马克思与福柯》，陈元等译，华东师范大学出版社 2007 年版，第 31 页。

的、混乱的时间安排而被盲目使用的力量，而是一种可开发的劳动力。”① 所谓“劳动力”，一方面包括劳动者身体的自然力量和经验技能，另一方面包括劳动者主观的生产意愿，两个方面共同构成了资本自我增殖的关键性因素。而劳动力本身并非某种“纯粹的自然力”，而是通过国家控制的教育机构、警察机构、监狱机构等权力体制锻造出来的，是被无所不在的微观权力体系不断生产出来的。要而言之，脱离了微观权力对身体和生命的锻造与培育，资本生产就丧失了“活劳动”这一必要的人身前提。而脱离了资本增殖这一最高目的，微观权力就会变成无的放矢的自我耗费，失去其实质性的功能和定位。

以微观权力为杠杆，身体被资本的力量所穿透，被纳入可变资本循环的过程之中，完全工具化和手段化，沦为资本生产活动的附属物。资本按照增殖的需要来形塑身体，而身体也将资本积累过程内在化，“资本不断地努力按照它自己的需要来塑造身体，但是同时在其作用方式内使转变结果内在化，并且不断地展开劳动者的身体欲望、需要、需求和社会关系”②。这样，资本积累与身体积累这两个过程连体运转，身体本身就镶嵌在资本运动的轨迹中，沦为资本积累的环节，以此为基础构成了个体全面异化的基础层面。

关于资本和微观权力相互关系的分析告诉我们：在现代性矛盾根源问题上，资本比微观权力更具有决定性，资本主义分析比微观权力分析更为根本。福柯将各种微观权力体系的运作逻辑看作现代社会的结构性特质，由此将现代社会从总体上看作“惩罚型社会”，但这个惩罚型社会的界定仅仅是一个形式的规定，还缺乏更为丰富具体的社会历史内容。“惩罚型社会”这一概念，需要置于资本主义历史境遇中才能获得它恰当的语境和意义。

---

① ［英］莱姆克等：《马克思与福柯》，陈元等译，华东师范大学出版社 2007 年版，第 32 页。

② ［美］大卫·哈维：《希望的空间》，胡大平译，南京大学出版社 2006 年版，第 110 页。

如果脱离了马克思及马克思主义关于资本主义的历史性分析，那么，福柯关于惩罚型社会的权力网络的精妙分析将失去具体的历史语境，而变得过于抽象和笼统。因此，“惩罚型社会”存在形式多样的强制，“这些强制不是先前旧的生产方式之临时残余物，也不是旨在加快市场渗透和无产阶级化（由国家推动，但最后让步于严格的经济关系的‘无声无形的暴力’）的单纯角色，而是指资本主义必不可少的存在条件”[①]。显然，资本主义与惩罚型社会是历史地结合在一起的，而且前者始终构成了后者的根本社会形式。这样，对于现代性的诊断，就引出了如何从根本上治疗现代性病症的问题。

（四）社会革命与生存美学：现代性的治疗方案

既然现代性诊断揭示出现代社会是矛盾重重的“资本主义—惩罚型社会”，那么超越性的出路究竟在哪里呢？马克思与福柯的现代性诊断方式的差异，从根本上决定了二者现代性治疗方案的差异。马克思提出利用并扬弃资本的矛盾逻辑、夺取国家政权、实现社会全面改造的无产阶级革命规划，要求从总体上扬弃资本主义社会。福柯则要求一种针对无所不在的权力奴役体系的“自我风格化”的“生存美学”，以此来作为取代革命运动的“新的斗争形式”。

两种现代性超越路径的差异，首先与二者对权力的不同理解紧密相关。基于一种总体性的资本权力观点，马克思要求通过资本统治的全面扬弃来实现现代性的超越。与此不同，基于一种无主体、无中心的权力观，福柯要求一种无中心、无主体的反抗，以此来否定马克思以无产阶级夺取国家政权、全面改造社会为特征的社会主义运动，期待一种自然地解构现代性的运动方式。

---

① ［英］莱姆克等：《马克思与福柯》，陈元等译，华东师范大学出版社 2007 年版，第 34 页。

马克思强调有中心、有主体的权力与有中心、有主体的革命运动；与此不同，福柯则强调无中心、无主体的权力与无中心、无主体的抵抗。在马克思看来，整个现代社会的权力是以资本为主体，以资本盘踞其中的国家、市场、阶级等宏观组织为中心而发生、发展的，因而针对这种权力的革命也是以无产阶级这一特定利益集团为“主体”，并围绕着“国家权力”“资产阶级权力”等这些“中心”而不断发生、发展的。然而，福柯却反复强调，微观权力“不是单义的；它们确定了无数冲撞点、不稳定中心，每一点都有可能发生冲突、斗争，甚至发生暂时的权力关系的颠倒。这些‘微观权力’的颠覆并不是遵循着‘要么全部，要么全不’的法则；这种颠覆不是由于国家机器被新的势力控制或原有的制度机构行使新的功能或遭到毁灭而一下子造成的；另一方面，这些局部的插曲无一会被载入史册，除非它对制约着它的整个网络产生影响”①。既然微观权力无所不在，那么对权力的抵抗也就无所不在。微观权力是无中心的，那么抵抗也就是无中心的。无论是权力还是抵抗，都没有特定的行动主体。权力是“匿名的权力”，抵抗也可以说是“匿名的抵抗”。在这种观点看来，阶级、国家、民族等马克思主义理论的“行动主体”显然都不再适用了。

针对马克思主义的阶级革命策略，福柯呼求一种个人性的抵抗，强调个体的伦理的、美学的抵抗策略的重要性与可能性，寄希望于“生存美学”对“新主体”的创生。权力无处不在，没有中心，没有主体，因而主要针对“国家权力”和“资产阶级权力”的无产阶级革命策略就变得不可能了，个体的伦理、美学抵抗策略的可能性和必要性便脱颖而出。为了寻求这种克服现代性的伦理审美方案，福柯求助于古希腊的“自我风格化”态度与“主体审美化”气质。这些气质集中体现为，通过个体对自身的快

① ［法］福柯：《规训与惩罚》，刘北成、杨远婴译，生活·读书·新知三联书店 2003 年版，第 29 页。

感的使用、对性的自我节制，来达成自我风格化、艺术化、审美化的“生存美学”。这种生存美学包括一整套主体的伦理审美实践和自我技术，通过对自我道德界限的批判和僭越，挣脱自我的奴役限制——包括外在的规训权力及内在的道德权力——从而获得自由和解放。生存美学的主要技艺包括自我的极限体验、自我的反复尝试、自我的僭越实验等。其目的在于，张扬个人的自主性和自由，通过自我决定与自我创造等自由、主动的实践，使自己成为“艺术品”，成为自我生产、自我创造的主体。在福柯看来，缺乏生存美学的个人，是由权力、知识生产的主体，因而就是在权力技术的奴役下屈从的、被动实践的“主体”，是自我否弃的“主体”。而一旦掌握了生存美学，个体就能够拒绝屈从于权力支配的主体化形式，发展为自我风格化的主体。由此看来，福柯克服微观权力、超越现代性矛盾的关键，就是要通过“生存美学”的自我技术超越权力奴役的“旧主体”，来创造一种拒绝权力奴役的“新主体”。

从更深的层次来看，马克思与福柯的现代性治疗方案的差异还在于是否区分了资本主义现代性的“社会形式”与“物质内容”、“异化形式”与“合理潜能”。马克思将资本统治视作现代性矛盾的根源，那就是将资本主义这种特定的社会形式看作现代性矛盾的基础，从而区分了现代性的异化形式（资本主义形式）与合理潜能（理性组织、科学技术等现代文明成果）。而与此不同，福柯显然没有在资本主义形式与现代文明之间作出明确的区分，直接将导致现代性矛盾的权力控制又理解成理性组织、科学知识等这些现代文明成果本身。他认为惩罚、规训等压迫性的因素就根植于理性组织和科学知识等现代文明因素本身之中，而并非根植于它们赖以实现的某种特定的社会形式。“马克思在企业这样的理性组织中看到了可代替商品秩序的初级形态，并把它的暴虐性格归罪于压在它身上的资本主义所有制。让大型的（生产、教育、卫生）机器摆脱商品的桎梏就是开启解放的未来。然而，非常清楚的是，福柯从‘惩罚’这一角度对这些机构予以了完全不同的解析。他没有把它的奴役人的特点归于资产阶级独一无二的特性，而是归于它本身的形式。这种形式同时是一种新的主观化的形式。他把现代社会科学与这一形式联系在一起……他在其中发现了惩罚型的场所，这些场所从此引起了人们的关注并激发了人们与之斗争的热情，这些新形式的斗争与传统马克思主义所号召的斗争截然不同。”①

基于现代性的异化形式与解放潜能的辩证区分，马克思能够发现一种内在于资本逻辑自我扬弃趋势的“内在超越”道路，这条道路通向一个扬弃了资本主义异化形式同时继承发展了现代性全部解放潜能的社会主义现代性。与此不同，由于未能区分现代性的异化形式与解放潜能，福柯的现代性批判和超越就不是内在性的，而是一种针对现代性的全盘化批判和外在性超越。

与马克思内在地超越资本主义现代性、建构新现代性的治疗方式相比，福柯的现代性治疗方案的主要缺陷在于，不能在现代性的异化形式和解放潜能之间作出必要的区分，因而也就将现代性整个地理解为完全受权力网络支配的异化世界。更进一步地，由于看不到从根本上改变权力的性质与功能的希望，福柯便试图改变权力的产物和结果，即主体化形式，因此，福柯也就将超越路径局限到个体的生存美学层面。正是在这里，福柯追随尼采、海德格尔等去重拾那些失落久已的浪漫主义理想：在一个过度理性化的世界中，竭力打造一个特殊的、唯一的、风格化的“自我”，通过人性的不断完善来克服现代性，为此不惜重返西方文明的古代源泉汲取神秘的灵感。这种试图全面越出现代性之外寻找超越路径的做法，与其说是针对无孔不入的权力体系的一种积极反抗，不如说是一种委婉的无奈和妥协，是彻底绝望前的自我安慰。

---

① ［英］莱姆克等：《马克思与福柯》，陈元等译，华东师范大学出版社2007年版，第1—2页。

三、马克思与哈贝马斯：社会总体与领域分化

马克思与哈贝马斯现代性思想的差异主要源于二者在现代性诊断方式上的分野，即“总体性视野”与“领域分化视野”的差异。马克思以资本逻辑看待现代性，把现代社会看作一个由资本统合起来的有机总体，因而也就将现代性矛盾的实质看作资本统治引发的社会分裂。而哈贝马斯以理性化逻辑把握现代性，把现代社会看作一个按照不同合理性类型明确分化开来的若干“自律领域”，因而也就将现代性矛盾的实质看作“合理性界域”的僭越与扭曲。

（一）辩证逻辑与形式逻辑：现代性的思维方式

社会总体性的关键在于不同类型实践活动（社会行动）之间的普遍联系、相同类型实践活动中不同要素之间的有机统一，而社会领域分化的关键在于不同行为、不同合理性（工具理性和价值理性）之界域的划分。因此，探讨现代性的总体性与领域分化之间的关系，必须要讨论各种社会实践、社会行动的相互联系及其各自的内在性质。

马克思与哈贝马斯都处于从“社会现代化”出发揭示了现代性矛盾的社会理论路向之中。马克思较早地从社会实践和社会关系中的工具理性因素与价值理性因素的矛盾关系以及“异化内涵”与“解放内涵”的对立关系这一角度，揭示了现代性在社会现代化层面上表现出的内在矛盾和发展趋向(而后来的韦伯与哈贝马斯则在同一问题域中进行了不同方向的探讨)。在这一意义上，马克思跳出了传统思辨哲学家（如黑格尔）单纯从“抽象概念”的历史哲学角度审视现代性问题的做法，开辟了另一条“社会理论家”关注现代性问题的重要路径。把现代性在时代意识、审美体验、文化生活

等各个层面的体现，都理解为现代化社会的本质性矛盾即社会运行层面的矛盾的表现，并且认为前者矛盾的解决必须以后者矛盾的解决为实践基础和现实前提。简言之，即把现代性的诊断和治疗都主要归结为社会现代化内在矛盾的诊断和治疗。对于马克思的这一启发性的贡献，哈贝马斯在自己的理论体系中把它概括为工具理性原则与价值理性原则之间的冲突。正如哈贝马斯指出的，在对现代性分裂的诊断这一工作中，马克思的贡献就在于他较早地区分了"社会现代化"中所蕴含的"压抑—异化内涵"和"解放—调和内涵"，并用二者的相互矛盾来理解现代性的矛盾本质，这深刻地规定了后世现代性思想的基本方向。① 哈贝马斯在这一问题上显然受到了马克思的深刻启发，但在"异化内涵"和"解放内涵"的具体理解上，他却在韦伯的影响下采取了与马克思不同的解释方式。从这种差异中，我们可以准确地把握马克思对现代性分裂进行诊断与治疗的基本特征。

马克思与哈贝马斯对社会现代化的矛盾本性的分析存在着显著差异，这正是基于二者对劳动、交往等社会实践的理解差异。具体来看，马克思对劳动行为本身所作的分析又与哈贝马斯对行为合理性类型的区分存在着重大差异。这表现在：虽然二者对行为进行区分的出发点是类似的甚至是共通的，即社会活动本身是作为"目的"还是"手段"，但得出的结论是迥异的。决定性的区别在于，马克思所强调的区分是在同一种社会活动内部进行的，是对同一种行为中两个相互联系的内在方面所作的辩证法式的"矛盾分析"，因而，他得出的结论必然是：劳动行为和交往行为这两种行为都分别在其自身中包含着价值理性和工具理性两个方面的内涵，只是在历史发展过程中，内在于一种行为的两个方面才展现为分裂和统一的复杂矛盾关系。然而，哈贝马斯的区分是在两种不同类型的行为之间进行的，

① ［德］于尔根·哈贝马斯：《现代性的哲学话语》，曹卫东等译，译林出版社 2004 年版，第 300 页。

即他把两种合理性类型分别确立为两种行为相互差异的本质，因而，他得出的结论就必然是：社会活动分为价值理性行为和工具理性行为两种类型，而劳动仅仅属于后者，它只具有工具理性的本质，仅仅服从于外在于行为本身的有用性目的，而不具有价值理性的内涵。

要而言之，马克思和哈贝马斯对社会现代化的矛盾本性的分析的差异可以归结为：马克思遵循辩证法的矛盾规律的“一种行为、两个方面”的矛盾分析的内部区分方法，哈贝马斯则遵循形式逻辑的同一律和矛盾律的“两类行为、两种性质”的类型学的外部区分方法。二者在其根基处是辩证逻辑和形式逻辑两种思维方式的差异。

哈贝马斯以其特有的方式继承了韦伯的区分，把工具理性行为与价值理性行为的区分改造为新形式的行为类型区分，即工具理性行为与交往理性行为的区分，把“劳动”和“交往”界限分明地分别划归到两种行为类型之中。①从思想史来看，韦伯和哈贝马斯关于两种行为合理性类型的区分，延续了康德关于“假言命令”和“绝对命令”的句式结构的形式逻辑区分：假言命令要求人们按照目的与手段的关系来行事，以经验和利益为基础，不具有道德价值所要求的纯粹性；绝对命令是以行为自身为目的，它要求人们把行为本身当作该行为的目的，以纯粹的实践理性为基础，不受经验和利益的制约，具有道德上的纯粹性。②因而，韦伯关于工具理性与价值理性的区分，以及之后哈贝马斯关于工具理性与交往理性的区分，始终具有康德意义上的形式主义的先验内涵。与此相异，马克思则在历史唯物主义的立场上继承了黑格尔的历史辩证法，并把它运用于同一种行为内部矛盾的辩证分析中。

一言以蔽之，根本性的差异和分歧还是源于二者思维方式的差异：哈贝马斯不相信“历史辩证法”的有效性，沿着韦伯的道路在社会理论的新

① ［德］尤尔根·哈贝马斯：《交往行为理论》第1卷，曹卫东译，上海人民出版社2004年版，第267—273页。

② ［德］康德：《实践理性批判》，邓晓芒译，人民出版社2003年版，第21—24页。

基础之上重建了康德的先验主义划界原则，仍然从形式逻辑所要求的同一律和矛盾律出发，对不同行为合理性领域的外部差别进行类型区分。马克思则是在实现了黑格尔哲学的社会存在论转向的基础上重建了"历史辩证法"，因而，他并没有停留在不同行为类型的外部差别上，而是直接深入各个行为的内部，探讨它的内部矛盾的性质、结构和趋向，进行辩证剖解和历史分析。马克思在这一问题上的深刻思索，摒弃了康德—韦伯—哈贝马斯的主流理性主义的所谓"合理性界域的调适"路径，为我们开辟了另一条批判与超越的路径，即"总体性"的革命实践的路径。

（二）社会总体性与领域分化：现代性的诊断模式

哈贝马斯以形式逻辑的类型学方法来看待社会行动，因而引出了以"社会领域分化"为基础的现代性诊断模式。哈贝马斯坚持韦伯对于两种行为合理性类型的外部区分，把劳动行为理解为单纯的工具理性行为①，而把交往行为理解为仅仅具有价值规范内容的交往理性行为，由此，他能够驻守在康德实践哲学的"先验理想主义"（先验唯心论）立场上，继续捍卫交往活动（作为伦理实践）的非实用性和道德纯粹性。在这一前提下，他把现代性的分裂诊断为服从于工具理性的"系统"对服从交往合理性的"生活世界"的僭越、侵犯和宰制，并试图通过不同合理性领域的重新划界和实际的社会改良来消解交往行为—生活世界的异化、物化和工具理性化，释放其自主的道德潜能，最终克服现代性的分裂与矛盾。

马克思从历史辩证法视野看待社会行动，因而得出了以"社会总体性"为基础的现代性诊断模式。在马克思的历史辩证法看来，现代性本身

① ［德］于尔根·哈贝马斯：《现代性的哲学话语》，曹卫东等译，译林出版社 2004 年版，第 73 页。

是多种要素、环节通过资本关系而结成的一个有机整体，现代性的病症只有在一个整全性的问题域中才能得到完整、具体的呈现。马克思充分意识到了劳动行为与交往行为本身的“内在复杂性”。与韦伯、哈贝马斯对两种行为类型的纯粹学理性区分不同，马克思并没有把劳动和交往简单地分离开来，再分别划归到“工具理性行为”与“价值理性行为”这两个单纯的行为类型中去，而是认为劳动和交往各自都包含着工具理性和价值理性两个相互依存、不可分割的方面，各自都是这两个方面的矛盾统一体。他并不是依靠二者的外部区分，而是完全依靠二者各自的内部矛盾进行区分的。① 由此，他试图在历史辩证法的宏大维度中，展示出人类实践活动的内在矛盾的辩证关系和发展过程。马克思以其冷峻的现实主义态度，对人类行为的原初性、复杂性和历史性进行了充分的考量。在这一前提下，他坚持认为，在劳动行为与交往行为中发生的裂变和异化，必然会导致现代性内在矛盾的逐步加剧乃至彻底爆发，而劳动和交往本身在其发展的全部历史阶段中所生成与积聚起来的巨量的“解放潜能”也必然随之全面释放，并加速消解在其自身中的各种异化形式。最终，人与其异己物的对抗分裂关系会在实践活动的历史性发展中得到重新整合，现代性必然以渐进和革命的方式实现自身的辩证扬弃与内在超越。

马克思所奉行的“总体性”的诊断模式，与哈贝马斯等学者所坚持的“领域分化”的诊断模式之间存在着显著差别。马克思从总体上理解现代性的矛盾，将其根源追溯到资本逻辑的内在裂变；而哈贝马斯则在领域分化的视野中理解这一矛盾，将其根源理解为不同社会领域之间的结构性冲突。这种诊断上的差异必然导致二者在现代性治疗方案上产生更大的差异。

---

① 因此，马克思同样完全有理由抨击韦伯和哈贝马斯犯了与国民经济学家几乎相同的错误，仅仅从“有用性”的、工具理性的方面来理解劳动，甚至仅仅从劳动的“异化形式”来理解劳动本身，仅仅获得了“抽象劳动”的概念，却不可能把握劳动在历史总体性层面的“规范内涵”和“解放潜能”。

（三）总体超越与领域协调：现代性矛盾的治疗

“总体性”和“领域分化”两种不同的现代性诊断模式，必然导致马克思与哈贝马斯在现代性治疗方式上产生更大的差异。

哈贝马斯的现代性治疗方案的核心是社会诸种合理性领域的重新规划与协调。哈贝马斯从领域分化的类型学视野出发，把工具理性与价值理性理解为两类行为的外部区分，从而把交往异化和现代性分裂的根源归结为系统与生活世界、劳动与交往的外部对立关系。在这一现代性诊断的前提下，他必然得出如下的现代性治疗的模式：通过对系统与生活世界、劳动与交往之间原有合理界限的修补，通过对社会合理性领域的重新划界、对社会合理性结构的调整，来消解系统对生活世界的侵犯和支配，从而消除交往异化甚至现代性分裂本身。在哈贝马斯看来，“关键是要在生活世界与系统交换过程中建立一个防护体系和传感设备。无论如何，一旦不断合理化的生活世界要抵御难以忍受的就业系统的命令，或抵御行政系统在操持日常生活时所导致的可恶的负面后果，就会出现这种界限问题……当然，这就要求改变自我组织起来的自主公共领域与由货币和权力控制的行为领域之间的关系，换言之，要求在社会一体化的层面上重新分配权力。团结所发挥的社会一体化力量，在面对系统一体化的控制媒介（货币和权力）时必然会捍卫住自己”①。这种结构调整的主要动力来源于生活世界本身：“按照我的理解，只有那些不是政治系统为了提供合法化而创造和维持的公共领域才是自立的。从日常实践的微观领域中自发形成的交往中心可以发展为自主的公共领域，并成为更高层次的主体间性，但前提在于，生活世界的潜能要用于自我组织，用于

① ［德］于尔根·哈贝马斯：《现代性的哲学话语》，曹卫东等译，译林出版社 2004 年版，第 407 页。

通过自我组织来使用交往手段。”[①] 很显然，在哈贝马斯看来，现代性分裂的克服、社会合理化的内在矛盾的调解，并不需要凭借劳动活动的历史发展和社会生产关系与政治形式的“根本性变革”，并不取决于实际的革命行动，而仅仅通过系统和生活世界、劳动与交往之间的相互关系的重新划界与充分调整，以及生活世界内部的自主潜能、交往行为的理性能量的生长与释放，就可以实现。哈贝马斯认为，只要对工具理性行为（包括劳动）与交往之间的界限进行划分并让它们保持在各自的合理性领域中自主发展，就可以消解异化和现代性矛盾。

马克思的现代性治疗方案的关键是对资本主义总体性存在的内在超越。马克思指出，超越资本主义现代性的道路必须到它们的“基础”中去寻求，即只有在对异化劳动的积极扬弃的基础上才得以可能。“私有财产的运动——生产和消费——是迄今为止全部生产的运动的感性展现，就是说，是人的实现或人的现实。宗教、家庭、国家、法、道德、科学、艺术等等，都不过是生产的一些特殊的方式，并且受生产的普遍规律的支配。因此，对私有财产的积极的扬弃，作为对人的生命的占有，是对一切异化的积极的扬弃，从而是人从宗教、家庭、国家等等向自己的人的存在即社会的存在的复归。宗教的异化本身只是发生在意识领域、人的内心领域中，而经济的异化是现实生活的异化，——因此对异化的扬弃包括两个方面。”[②] 也就是说，马克思所讲的“异化”是由经济领域直至意识领域的“全面异化”，因而对异化的扬弃即“革命”也必定会是从经济活动直至精神活动的“全面扬弃”和“全面革命”。由于马克思把交往异化乃至现代性分裂的根源都归结为资本统治下劳动行为的自我异化，都归结为劳动异化中工具理性与价值理性两个内在方面的矛盾关系，所以，他所设想的对现

---

① ［德］于尔根·哈贝马斯：《现代性的哲学话语》，曹卫东等译，译林出版社 2004 年版，第 407—408 页。

② 《马克思恩格斯全集》第 3 卷，人民出版社 2002 年版，第 298 页。

代性矛盾的解决方案，是对劳动活动和制约劳动活动的各种社会条件（包括经济基础、上层建筑等）、各个层面的要素环节进行总体性的批判，并通过革命来实现改造，从而彻底解决现代性矛盾。

也就是说，哈贝马斯把现代性矛盾的根源归结为系统与生活世界这两个领域之间的外部对立关系。由此，他得出如下现代性治疗方案：通过对社会诸领域间关系结构的调整，来消解系统对生活世界的侵犯和支配，从而克服现代性分裂本身。在哈贝马斯看来，现代性矛盾的克服并不需要凭借生产关系与政治形式的“根本性变革”，并不取决于生产力的发展和实际的革命行动，而取决于不同社会领域间的重新划界和充分调整。与哈贝马斯的“重新划界、结构调整”的策略不同，马克思的治疗方案则是一种在“总体性”批判基础上的“结构重排”。由于马克思把现代性分裂的根源归结为资本的内在矛盾，所以，他所设想的治疗方案必然需要对资本逻辑、资本支配的各种社会条件进行总体批判和全面改造才有可能实现。

关于现代性问题的各种当代流行的“反现代化论”与“西化论”思潮中，最为流行也最具挑战性的分别是彼此对立的“后现代主义”和“西方现代化理论”、“历史终结论”。

现代性问题是在后现代主义思潮中被明确地“课题化”的。激进化的后现代主义者如利奥塔、德勒兹、德里达等将“现代性”指认为宏大叙事、同一性强制、逻各斯中心主义等，对其形而上学、主体性和理性主义的思想基础加以解构性的批判，并不同程度地宣布现代性的终结与后现代性的来临。后现代主义所针对的一个主要论敌便是西方现代化理论。西方现代化理论起源于启蒙理性主义，对一元的直线进步模式怀有强烈的信念，将某种单一的“西方现代模式”预设为一个必然如此、别无选择和完美无缺的发展目标，并在此基础上，要求“前现代”国家、地区遵循“现代化”

的西方国家曾经走过的道路。苏东剧变、冷战结束之后，保守化的自由主义者们急于论证资本主义现代性形式的永恒性，西方现代化理论甚至进一步演化出“历史终结论”。例如，福山将资本主义“自由民主”制度视作现代性的最高成果，认为社会发展不会再遇到重大问题，不会再出现根本性的制度变革和制度创新，未来的发展道路只能是自由民主框架内部的调整修补，自由民主、自由市场制度必然在全球大行其道，从而武断地将资本主义现代性宣布为历史发展的终点，认为资本主义是永恒存在的不朽之物。

后现代主义和西方现代化理论、历史终结论看似对立，实际上却分享着共同的理论前提。在一种简单化的理论视野中，二者都把现代性看作一个同质的整体来加以贬斥或者褒扬，没有看到现代性其实是一个内在地包含着对立倾向的矛盾综合体，其自身就包含着解决矛盾的条件。由此，二者都错失了思考现代性问题、寻找现代性出路的正确方法。

与上述二者不同，马克思审视现代性问题的视野更具历史感和辩证性。这集中体现在，马克思将现代性看作一个包含着内在对立倾向的复杂矛盾体，他区分了现代社会的“社会形式”与“物质内容”，区分了现代性的“异化形式”与“解放潜能”，从而发现了一条现代性“内在超越”的道路。首先，与西方现代化理论、历史终结论不同，马克思一方面继承了启蒙主义的进步观念，另一方面吸收、发展了浪漫主义等反现代主义者对社会进步的激烈批判，形成了具有批判维度的现代性概念，丰富了“进步”“发展”概念的复杂内涵，揭示了进步与倒退伴生的对抗性，以及历史发展道路的多元性。由此看来，激进的后现代主义者将马克思与启蒙主义、西方现代化理论和历史终结论混为一谈，将马克思当作现代主义宏大叙事的范本来加以批判的做法，显然低估了马克思思想中超越现代性的维度。其次，马克思与后现代主义者也存在着根本性的差异。不同于马克思的社会批判和内在超越，后现代主义者主要奉行文本话语批判和外在超越，因而不能真正把握现代性的矛盾和出路。总之，马克思思想既有坚持启蒙主义理念（社会进步与人类解放）的成分，又有从社会批判角度颠覆启蒙主义的单线进步观念和资本主义发展形式的尝试。因而，马克思兼具现代主义的气质与后现代的意蕴，但又超越了二者之间的抽象对立，形成了一种辩证的现代性概念。

联系中国特色社会主义现代性建构的现实境遇来说，辩证的现代性概念比简单化的现代性概念更具有实践指导意义。这是因为，只有马克思主义的辩证的现代性理论，才能完整把握中国现代性建构的特殊性与普遍性的统一关系，而“反现代化论”与“西化论”往往抽象地割裂中国现代性建构的特殊道路与普遍境遇，并各执一端。作为中国现代性建构的参与者，我们更应该坚持和发展马克思的现代性思想，而不是盲目跟从西方现代化理论、历史终结论或者后现代主义等西方流行的意识。

如果全面解构现代性，全盘拒斥既有的现代性形式，也会导致中国游离于全球现代性的普遍进程之外，这种做法一是不合理，二是不可能。首先，当代中国放弃现代性的追求是不合理的。近现代中国发生了前所未有的历史性巨变，其实质就是中国从前现代社会向现代社会的变迁。由于既有的现代性主要是在资本主义形式中发展起来的，所以中国要发展自己的社会主义现代性，就需要吸收、借鉴资本主义现代性的先进文明成果。在没有真正实现中国现代性的全面发展之前，就试图全盘解构各种形式的现代性，这种做法是非常不理性的。其次，当代中国放弃现代性的追求是不可能的。近现代以来，中国社会发展的核心目标就是建构中国自己的现代性。逐步深入发展的现代化进程构成了中华民族伟大复兴的必要条件，也构成了中国社会不可抗拒的进步趋势和历史潮流。企图跳出历史发展的客观趋势，而走向所谓“后现代性”或“前现代性”的做法，是缺乏历史条件和现实根基的。事实上，西方后现代主义者所推崇的“后现代性”仍然未能跳出资本的逻辑，仍然根植于资本主义现代性本身的内在结构，构成了后者发展的特定阶段、特定形式。

综上，思考当代中国的发展问题，应该紧紧围绕“现代性建构”这个核心，紧紧抓住“完整的现代性”这个目标，推动人与社会的全面发展。同样地，如果盲目跟随西方现代化理论，盲目信奉历史终结论，全面模仿和接受资本主义现代性，就会无视自身发展的特殊性，损害发展的自主性，丧失发展的全面性。

当然，拨开西方现代化理论、历史终结论、后现代主义等意识形态的迷雾，并不是要对它们彻底抛弃，而是要批判地汲取其中的合理因素。一方面，应该吸收西方现代化理论中的合理因素，弘扬马克思思想的现代主义品质，规避后现代主义思潮中某些全盘解构和拒斥现代性的有害倾向，坚持社会发展的现代性方向。另一方面，应该吸取后现代主义思潮中的合理因素，探索马克思思想的后现代意蕴，克服西方现代化理论和历史终结论所预设的单一、直线的资本主义现代性观念，发展具有中国特色的社会主义现代性的新形式。

要超越“反现代化论”与“西化论”，关键在于从马克思主义的基本观点出发，分清现代性的普遍的“物质内容”和特殊的“社会形式”。当代中国要保持自己通过一个多世纪的民主主义运动和社会主义运动所赢得的社会主义国家自主性，就必须在分享资本全球化带来的机会和利益的同时，警惕资本全球化所带来的危机和风险。这就需要我们从历史的观点出发，分清现代性发展的普遍的“物质内容”与特殊的“社会形式”。资本主义与社会主义这两种特殊的“社会形式”都能够发展出现代性，都能够创造出现代社会的普遍物质内容，都能够培育出现代文明的一般成果。二者的根本区别在于：在资本主义现代性形式中，人与社会的发展服从于资本增殖；而在社会主义现代性形式中，资本增殖服从于人与社会的发展。只有在马克思主义指导下，辩证地区分现代性的普遍的“物质内容”与特殊的“社会形式”，才能够合理地利用资本主义所取得的普遍性的现代性成果，规避资本主义特殊形式本身的消极因素，发展中国特色社会主义现代性。

马克思与后现代主义和新现代主义的批判性对话，使我们明确了马克思现代性思想的独特品质。而对话中所凸显的一系列当代社会发展的现代性问题，仍是马克思主义研究亟须关注的前沿课题，从而构成了马克思主义的理论生长点。

当代社会实践和社会理论的发展，凸显了“微观政治”“微观权力”等问题的重要性。对此，我们应当从资本逻辑出发，透视现代权力的宏观形式、微观形式的矛盾本性与发展趋势，建立马克思主义的社会权力理论。同样地，“领域分化”问题虽然不是马克思分析的重点，但却是现代社会不可回避的重大现实问题。要深入理解社会的总体性与领域分化的关系，就需要在资本的总体性逻辑的基础上把握现代社会的领域分化逻辑，建立马克思主义的社会领域分化理论。

马克思与当代社会理论的对话为当代马克思主义的发展提供了新视野、新领域与新课题。从资本逻辑出发探讨现代权力问题和领域分化问题，既是现代性研究的前沿课题，也构成了马克思主义当代发展的重要契机。

第六章　马克思现代性思想对当代中国现代性建构的价值

提出问题，不是简单地分析问题，而是关注如何解决问题，改变现实。马克思对现代性内在逻辑的梳理、对现代性特点的关注等，最终目的都是寻找祛除现代性痼疾的出路。现代性的内在超越并不是没有方向的盲目运动，而是根据广泛存在的现代性内在规律、客观现实存在的推进及演变过程，最终形成自己特有的目标和路径。按照马克思的观点，超越资本主义的正是在前者的母胎中孕育生长出来的共产主义或社会主义的社会形态。因此可以说，社会主义之所以表现为“新现代性”，就是因为它是从既有的现代性发展形式即资本主义的内部孕育生长出来的。

一、马克思关于超越现代性的理论主旨

我们所说的共产主义运动就是超越既有的资本主义现代性、建构新现代性的现实途径。站在马克思的角度来说，突破现在的现代性、勾勒新现代性的共产主义运动，从根本来看就是舍弃现代性的诸多相互矛盾，并在克服诸种矛盾的基础上形成新的社会发展阶段以完成现代性分裂的整合。这种整合是可以借助人类社会历史发展的基本规律、通过历史运动而实现的社会主义或共产主义社会来完成的。未来人们将要进行的共产主义运动

的核心最终是要消灭资本主义私有制。而除此以外，共产主义的最终任务还包括消灭阶级差别和社会不平等，通过历史发展而完成私有制的消灭、阶级差别和社会不平等现象的消失，才为真正意义上人类追求的“自由”和“民主”奠定前提。另外，从更深刻的哲学角度来说，共产主义运动的实质可以概括为人们对资本主义异己力量的正常支配与再次辩证拥有、使用，让它满足人与社会的发展规律，让它在合理性前提下推动人类社会形态的转变，从目前的“物的依赖性”过渡发展到今后的“自由个性”。在过去这种以资本为基础的现代经济活动、市场关系是统治人类的外部力量，异化于人。但是，对共产主义而言，它发展的宗旨是凭借人类自己的发展从而自主地平衡这样的关系，终止这样的异己性质。但这不是朝夕间能够完成的，人们对异己力量的自觉驾驭和重新占有是一个历史的进程，其中应当涵盖现代性的主体逻辑倒置和再倒置两个方面。在这个转换进程中，共产主义运动是不可能自行无故产生的，从社会发展理论上来说它一定是借助资本主义现代性的辩证发展从内衍生而来的。当前的资本主义历史进程正是共产主义运动的起点和现状，就当前的资本主义社会来看，资本依然是一种主体性逻辑，资本主义社会历史演变的载体及目的依然表现为资本，在这种状况中社会是资本运作的客观环境，人仍然是协助资本运作的活的工具存在。但是从共产主义运动的方向与趋势来看，在资本主义发展进程中，资本和社会、人的地位正在悄然向对方转化。资本在不知不觉中成为历史演变的客体、工具，而现实生活中的人和社会逐渐恢复他们的主体性，正在成为今后社会历史演变的主体及目的。从共产主义运动发展的长远趋势来看，资本必定成为人类自发展的对象及达成方式。

就目前的资本主义实际情况来看，异己力量从两方面来表现，一个是“自发性”，另一个是“盲目性”，从而形成对资本主义社会生活尤其是经济生活的支配。吉登斯在《现代性的后果》中将现代性比作“巨兽”，马克思和恩格斯用魔鬼来形容现代性，斯密认为对现代资本主义市场的认识犹如一股莫名的力量在市场经济中默默地牵引，从而满足最佳的个人利益和社会公益。但马克思不同意这样的观点，他认为这种力量不是主动牵引、干预社会，而是其中包含着不可控的盲目性及自发性，之所以表现出盲目、自发，是因为资本主义生产方式中没有社会调节的概念，从头到尾就没有对生产进行社会调节，“合理的东西和自然必需的东西都只是作为盲目起作用的平均数而实现”①。

因为社会生活主要是由资本主义经济自身的盲目性和自发性引起的，所以基于这样的因素，现代社会肯定会呈现物、技术等外在力量对人的控制，以及普遍性与个性的对抗关系。这种社会发展的异常现实迫切要求人类对这种异己统治力量进行抑制或克服。马克思认为人类自身的发展是分配和控制异己力量，这个重中之重在于人类社会活动及社会关系一定要从“自发性”转变为“自觉性”，这样才可以确保人类在现代社会生活中的自主性发展。从自发走向自觉的关键在于为人类的自由联合创造物质条件，这就要求我们要借助自己的自觉、自主调节以及共同协作来控制社会关系的异己性质。即在共产主义条件下，现实生活中的物质生产领域需要遵循自然必要性及外在目的性的发展规律，但已经不是原有规律的直观服从，而是上升到扬弃异己性、驾驭自发性意义上的自觉的“自由”阶段，共产主义社会中的人们在生产者的合理调配及共同管制下，人类实际的社会经济活动甚至是全社会的生活会从以前的异己性发展为今后的自主性、从最初的自主性到后来的自觉性、从混乱无章到合理规划，才是实现合理现代化的发展过程。

那么我们所讲的新现代性构建需要怎样的基础条件呢？马克思的观点是，这样的基础条件即新的社会生产方式，具体表现为社会成员的共同生产、社会大生产的调配、社会进程发展中的自主活动和生产资料的共同占

① 《马克思恩格斯选集》第 4 卷，人民出版社 2012 年版，第 474 页。

有和个人所有制。关于马克思在社会基础上新现代性的设想，都是在已有社会发展的基础上针对资本主义社会的内在矛盾而提出的超越“共同体”与“个人”之间的分裂对抗、实现二者的历史性整合的积极解决方案。由此可见，马克思的核心意旨在于：超越现代社会和个人的抗衡矛盾，做好矛盾协调和自愿分配，如社会发展和个人发展、普通利益和特殊利益的关联，从而实现人们期望的“社会公共性”和“自由个性”真正意义上的统一。想要从根本上阻止目前资本主义现代性的对抗、矛盾、异化、冲突，今后新现代性的各种基础条件就要从本质上确保社会共同体和个人的结合、社会和个人发展的结合。总而言之，马克思设想的新现代性的社会基础根本在于：未来人们在生产生活中共同活动基础上的自主活动，在生产资料的共同占有基础上的个人所有，在两者互动过程中形成社会公共性及有个性化的关联。新现代性应该表现的社会特点主要在于：

第一，马克思设想的新现代性新的社会基础主要是在社会生产中所有社会成员共同生产、进行社会分配及两者间的相互支持。资本主义生产借助外在力量，机器体系把社会生产的关联形式从外在转变为个体的独立生产，但是这种社会结合又不能脱离以市场交换为中介的间接性质，从而形成了既无法脱离社会而又独立于社会的不能克服的私人劳动和社会劳动间的矛盾关联。但不同点在于，在共产主义的前提下，社会生产的社会性真实地反映了“共同生产”。因为这是实际存在的社会生产，既是社会生产的基本条件，又是社会生产的结果，在这个演变过程中，存在社会生产者之间在社会生产之中的结合，所以彻底放弃“私人劳动”和“社会劳动”两者相互间的对抗关系。因为新现代社会生产前提下的这种基础条件及结果的共同生产，在根本上保障了实际广泛的社会联合及对社会生产的社会性调配。与此相对应的是，社会生产有规律的自觉调节又保障了整个社会各个部类共同生产的不间断进行和发展。

第二，“自主活动”是新现代性社会基本条件的呈现。原本受到资本力量左右和调配的劳动者，只有通过接受身体和精神被消磨、摧残的方式来维持在社会生产活动条件下生命的存续。但是当彻底放弃异化的根本、放弃资本逻辑的时候，人们的劳动就可以抵制受资本统治的异化形式和强制性质，最终在物质精神的根源上满足人们自我发展的内在需求。也只有这样才可以从根本上满足人的自主活动及自我价值实现。当外在异化必然性强制消失之后，人类劳动就会成为社会条件下主动吸引人的活动，不仅可以满足个人自我价值的实现，还可以成为人类在生活中真正自由的劳动。在这样的前提条件下劳动就是具备主动性的、积极向上的，并且在这个过程中还具备创造性，通过这些实际的生产自主活动，作为社会性的、科学性的、实实在在存在的人，从而在社会实际情况中成为占有和分配所有客观存在的自然力的真正主体成分。通过这样的自主性社会活动，实际生活中的人就从根本上掌握了生产力的总和，因而也就实现了各自才能的全面发挥。也就是说，劳动恢复到了最初的状态，凸显了它对于人类的意义。当然，这样的自主活动的全面发挥也是有条件的，即是在社会共同活动的生产实践活动中进行的。人们在活动过程中兼具个体自主性自主活动和共同参与协作性，这两者就具有在内在关系上的积极关联性——基于在共同生产前提条件下的个人生产。具备这样的内在关联既满足了个体自身的自主选择性，体现了劳动者主体自由，又辩证地满足了个体间的“相互承认”或是“双重肯定”。

第三，在社会生产资料的占有上，新现代性表现出重建“个人所有制”。从历史辩证法的高度来看，从过去到未来的所有制具有三种基本形态，它们符合否定之否定的“正—反—合”三段论发展规律。第一种形式是个人的、以自己劳动为基础的私有制，这就是资产阶级财产出现以前那种小资产阶级的、小农的财产。第二种形式是对第一种形式私有制的否定，即资本主义私有制。第三种形式是“否定的否定”，“这种否定不是重新建立私有制，而是在资本主义时代成就的基础上，也就是说，在协作和对土地及靠劳动本身生产的生产资料的共同占有的基础上，重新建立个人所有制”①。在新的个人所有制度里，“社会共同占有”和“个人所有”两者相互间的对抗、冲突依然存在。正是这种矛盾的存在，奠定了在社会生产活动中共同活动和个体性自主选择活动的辩证基础，在这样的基础条件下可以调配公共利益和个人利益的相互关系，也可以培养社会公共性和自由个性的有机结合。

值得注意的是，马克思在构想未来社会的所有制时，有意识地区分了生产资料的“占有”与“所有”，这也表明，他已经在一定程度上意识到了人对物品拥有的复杂性和多层次性：人们对特定物品的拥有，并不是一个单纯的事实，而是可以从对该物品的使用、转让、获利等多个层面来加以解析的。当代“产权”理论的最新进展表明，所谓“产权”并不是单个人对财产的单一独占权利，而是可以分割为不同个人、群体和组织同时拥有的一组权利、一束权利②。马克思关于“占有”和“所有”的区分与这种看法有异曲同工之妙。从“占有”和“所有”之间的区分来看，资本主义在所有制上的重大缺陷就在于：在承认私有财产不可侵犯的基础上，主要的社会财富却由极少数资本家占有和所有，从而在事实上排斥了绝大部分人对社会财富的占有和所有。与此根本不同，共产主义恰恰要在个人联合体的社会全体层面上直接“占有”社会财富，从而保障每一个人都能得到对社会财富的“所有权”。由此，从马克思的基本立场来看，如果脱离对特定所有制性质的历史的、具体的分析来谈论公有制与私有制的对立关系，就只会导向一种抽象、空洞而无结果的论争。

综上，新的现代性应当是在社会生产实践活动中以及共同活动的基础情况下的自主选择性活动，应当是人们在共同占有生产资料情况下的个人

---

① 《马克思恩格斯全集》第 44 卷，人民出版社 2001 年版，第 874 页。

② ［美］罗伯特·昂格尔：《被实现的民主：渐进性备选方案》，刘小平译，中国政法大学出版社 2007 年版，第 255 页。

所有。这样的社会存续状态从本质上、根本上实现了“社会公共性”和“自由个性”矛盾的辩证结合和统一。而这种辩证统一的实现是有其现实基础的，是基于资本主义内部各种各样抗衡因素的再次整合。正是从这样的现实的内在矛盾出发，马克思解析了社会主义现代性的社会基础。当然，仅仅理解了现代性的途径和基础，还不足以理解其实质内涵，为此，还不能全面认识现代性的本质，所以，我们应该加深对新现代性人类解放目标的探索和研究，加深对目标的解读——自由人联合体的遐想，对现代民族国家的建立价值及人的发展对现代自由的超越。

二、对资本主义现代性自由的超越

首先，在马克思的观念里，他所要构建的新现代性对资本主义现代性最大的突破，表现为自由人联合体对资本主义社会或者说是对现存的民族国家观念的扬弃。“自由人联合体”是新现代性的社会形式。“自由人联合体”要想突破现代民族国家的限制，首先要处理的是如何解决现代民族国家内部统治阶级的意志和市场经济条件下社会意志的割裂、对抗，以及现代社会中已经形成的自我分离、对抗。对马克思来说，新的联合体凭借规律性的社会自行调配对市场经济进行自发性的控制，形成全新的“自由人联合体”。这样的自由人联合体彻底避免了斯密和其之后倡导的看不见的“自由市场”及自发形成的市民社会的盲目，同时在社会实践活动中借助阶级统治权力的取缔及政府公共管理职能的转变，避开了国家的压制。自由人联合体的理念实际上也是对黑格尔和在此之后社会实践中所崇拜的“理性国家”思想的扬弃，所以同时就合理地处理了现代民族国家在生产实践生活过程中存在的内部矛盾和问题。同时可以结合运用合理的制度满足共同体和个人两者间割裂的整合。因此，要想在社会实践活动过程中从根本上舍弃资本统治就要借助自由人联合体的力量，全面控制社会各个阶层的异化，再次合理地对社会环境的实际条件进行分配和占有，为人类的自主选择和自由实现创造、提供其实现的基础。

自由人联合体包含着内在的历史向度与价值核心，这就是人的自由全面发展。新现代性作为一种超越现代性的存在，它的目标建构更应进一步体现为实现人的自由全面发展。可以说，新现代性之所以被认为是一种对现实的突破，最强有力的原因是马克思有关人的发展观点充分实现了对资本主义自由观的突破。

马克思的观点是，资本逻辑是最大的对人的异己力量。只有舍弃资本逻辑的控制，将资本逻辑发挥作用的基础去除，才可以抵制异己力量对人的掌控，充分发挥人的自主性，创造性才会有机会，才可以确保实现真正意义上的自由主体性。

首先，人们在社会生活中体现的现代自由受制于异己的力量以及外在的必然性力量，且将此作为前提。在马克思的观点里，人的自由发展观就摆脱了这样“异己的偶然性”和“外在的必然性”，在现代生活中缔造了真正的自由个性。在资本运作范畴中活动的个体，因为受到主要是资本的异己力量的制约，所以在实际生活中存在的社会条件就突出呈现为对生活中个体的非必然性的强制力量。人们为了动物性存活而不断努力，也就受到实际生产活动中各项环境的约束，成为动物性存在的人，而非本真的人。从人们受到外在因素左右的情况而言，资本的增殖、利润的追求，变成了一种客观存在的、带有强大控制力的“外在目的”似的存在，社会生产生活中的资本逻辑思维呈现为不可抗拒性的劳动行为存在的“外在的必然性”。在对现代性辩证扬弃的前提下，人们的自由联合体，因为生产方式的改变舍弃了社会实践生活中关于资本统治的必然性，体现了人们在社会生产中的主体地位，这也就给人在自身其他领域实现自主性奠定了基础，最终达到人的自主性的全方位发展。在生产活动中这些自主性结合的个体借助主动联合，抗衡了资本逻辑思维下演化、产生的异己关系，把个体自主性及动态因素掌控于人自身的控制中。在自由人联合体以前，这些都是受到人创造的偶然性（非必然性力量）所掌控的，而且当它被创造出来时就是独立于人存在并控制人，同人相抗衡的。联合起来的个人通过社会生产和社会运动消除了异己的偶然性和外在的必然性，在实践中重新支配了人类社会历史发展过程中自发形成的诸种前提。在这个过程中，利用社会发展，通过结合的方式团结起来的个体成为新现代社会中具有控制力、自主性的社会发展的主导者，从而演变为具有自主性特征的个体。我们所说的现代自由在现代社会前提下其实只是作为个体才干的单面性发展。在新的联合体的时代，人在这种具有自主性全方面发展的新时代有效摒弃了单面性及形式化的发展观，成就了个体才能差异化发展的“全面性”。在以前资本主义管控统治下的社会分工任务中，资本体系要结合资本的实际情况和需求，把资本主义社会分割成各不相同的社会等级，对经济活动的区域按照生产的环节进行划分，把实际生活中的个体安置在与之对应的社会等级及相应的经济区域之中。也正是因为如此，外在条件管控过多，阻碍了实际生活中个体优势的发挥和施展。所以，如果要实现人的才能的全面发挥，就必须去除资本逻辑的外在干涉，改变资本的控制之下形成的社会强制性分工。只有如此，才可以根据实际情况，结合外在环境的影响和个体的优势使个体自主性得到充分发挥。新现代性自由结合、共同生产及社会调配给予了实现发展的全方面基础支撑。

其次，在社会实践中人自主性全方位发展对现代社会自由的突破，也表现在自由观建立的基础的现实性上。在资本主义前提作用下的现代自由根植于资本主义的市民社会或国家权力，而全面的自由性则根植于扬弃了资本主义的自由人联合体。以斯密为代表的经济自由主义言路的特点在于将个人权利的根基建立在市场的“自然秩序”基础上，相信市场力量这只“看不见的手”能够自然自发地转化为政治、文化等其他领域的“人为秩序”，从而由市场的自由和公正衍生出个体社会的自由和公正。黑格尔对斯密等古典自由主义者提出了强有力的批判，清醒地认识到了市民社会内部所蕴含的分裂倾向，并指出在此基础上建立起来的自由只能是一种抽象的主观自由。因此，他强调国家作为普遍性伦理实体而具有的社会整合能力，认为只有在国家层面上才有客观的、现实的“自由”，“自为自在的国家就是伦理整体，是自由的现实化”。如果说斯密一派的市场主义观点构成了关于自由问题的肯定性的“正题”，黑格尔一路的国家主义观点构成了否定性的“反题”，而马克思关于自由的观点便恰当地构成了否定之否定意义上的“合题”。从马克思的基本立场来看，斯密等自由主义者过于迷信市场机制和市民社会，而黑格尔等国家主义者则过于迷信国家权力，因而二者都割裂联系，以偏概全，都没有看到市民社会与国家权力从属于资本统治的实质，都没有能够超越资本主义现代性的历史局限。马克思发现了控制市场领域的资本权力，同时注意到国家权力正是资本统治的产物，这些都构成了人们在经济、政治、文化各个领域发生异化的根源。因而，自由的根基并不在于资本主义的市民社会或者国家，自由实现的主体是扬弃了市民社会和国家割裂的自由人联合体，自由实现的现实基础在于将主体个性与社会性辩证统一的主体活动。

最后，马克思的自由观对现代自由的突破，还呈现在自由的真实性上。即在全部社会生活中，到底有多少受众能够真实地拥有自由。现代自由表现为极不公平的分配状况，少数人垄断自由，而多数人遭受奴役，自由成为统治阶级的特权。与此相反，新现代性条件下人的自由全面发展是每一个社会成员都普遍享有的真实的自由。现代自由的社会分配格局是直接与不平等的阶级状况联系在一起的，因而受制于资本主义的阶级关系，自由权利往往沦为资产阶级的“特权”。无论是斯密式的经济自由主义者，还是黑格尔式的国家主义者，都在不同意义、不同程度上将社会等级秩序看作个人自由的必然后果。马克思则反其道而行之，通过更为具体的历史分析揭示出阶级差别和不平等状况对于个人自由发展的巨大限制。阶级统治和不平等条件下的现代自由具有显著的历史局限性，这集中表现在个人自由隶属于特定的阶级关系，因而少数人与多数人获得的自由在内容、程度、范围等方面极为不同，自由往往沦为统治阶级的特权。“……个人自由只是对那些在统治阶级范围内发展的个人来说是存在的，他们之所以有个人自由，只是因为他们是这一阶级的个人。”① 可以明确的是，就自由的这种拥有程度来说，新现代性条件下的自由显然超越了资本主义现代性的自由。通过消灭阶级统治、建立无阶级的联合体，实现了真正的平等和民主，保证了自由不会因为阶级结构而退化为少数人的特权或虚假的形式。因此，人的自由全面发展必然表现为每一个社会成员都能享有的真实自由。这正如马克思所宣称的：“在真正的共同体的条件下，各个人在自己的联合中并通过这种联合获得自己的自由。”②

三、马克思现代性批判理论对当代社会的价值

就新中国的现代化历程而言，对资本主义的过度批判和抵制曾经使我们对于现代化方向的把握出现了偏差，比如对市场经济的排斥、对人类进入世界历史时代的无知等。那么，面对当代正在进行的现代化，面对纷繁复杂的社会思潮和社会局面，该怎样辨明方向呢？我们该如何实现现代化和实现什么样的现代化呢？这一系列问题蕴含着对中国现代性转型这一世纪难题的思考。马克思对现代性的辩证态度是我们应该汲取的最大精神资源。因而转型期的中国应该明确现代方向，采取兼收并蓄的原则，既不

① 《马克思恩格斯选集》第 1 卷，人民出版社 2012 年版，第 199 页。

② 《马克思恩格斯选集》第 1 卷，人民出版社 2012 年版，第 199 页。

能再被传统绊住手脚，又不能过早地拥抱超越我们现实生产阶段的后现代思潮。当然，后现代思潮中也有诸多对我们具有启发意义和警醒作用的因素，如它对差异的尊重，对极权与霸权的批判，对微观政治、文化、结构的重视，等等。但应该明确的是，在现阶段的中国，应该大力弘扬的就是现代科学精神和现代人文精神。因此，转型期必须牢牢抓住社会现代化这一大目标，立足传统，兼收并蓄，使中国的社会转型既立足本土，又具有全球视野。

在这种发展过程中，笔者强调尤其要关注、警惕资本的力量。

资本推动了市场经济的生成与发展，由此奠定了当代现代性的基础。作为现存最为高效的资源配置方式之一，市场经济具有产权明晰、价格调节、开放性等特点。资本从这三个方面拉动了市场经济的生成与发展。首先，资本的形成与发展，迫切要求产权的清晰化。私营经济和外资经济要得到充分发展，就必须得到法律保障成为合法性存在，这就要求从法律上界定完整的私人产权，包括占有权、使用权、转让权和受益权。只有在公私分明、法律保障的产权制度下，市场经济才能正常、持续运转。其次，资本还推动了价格调节机制的发展。资本增殖必须通过市场交换行为来完成，由于资本不断加速积累的趋势必然要求比计划经济更为高效的市场价格调节机制，因而就推动后者迅速上升为资源配置的主导方式。最后，资本的形成和发展还进一步促进了国际市场和国内各区域市场的开放。为了扩大市场、寻找资源、加快增殖，资本需要超越不同国家、不同区域的行政隔阂而实现跨国家、跨区域运行。这就推动了市场关系在国际、国内的持续扩展，打通了国家之间、区域之间原有的政治限制和文化樊篱，实现了资源的跨国家、跨区域流动与整合。值得注意的是，市场经济是现代性发展的一般内容。无论是资本主义的现代性还是社会主义的现代性，都要建基在市场经济的勃兴之上。市场经济的建立和完善奠定了现代性发展的基础与前提，并进一步构成了现代性的实质内容。

资本促进了自由竞争的勃兴，加速了当代现代性的生成与发展。按照马克思的观点，竞争最初是资本的自由运动，自由竞争不过是各个资本的自由运动，必然随着资本本身一道产生出来。资本在市场中的运动构成了自由竞争的前提，自由竞争也反过来构成了资本运动的条件。资本在其运动过程中破除了传统社会中来自政治、经济、文化等方面的束缚和限制，为自由竞争的勃兴开辟了道路。随着资本的快速流动，整个社会关系发生了深刻的变化，束缚人的竞争活动的传统要素日益瓦解，日常生活中的竞争意识日益凸显，竞争行为日益普遍，竞争能力日益增强。竞争是社会发展的加速器，自由竞争的勃兴大大推动了现代性的发展。具体来看，竞争一方面加速了整个社会生活的步伐和节奏，改变了社会关系的保守性质和封闭结构，从而为现代性的生成与发展提供了活力和能量；另一方面，推动了技术进步和生产力发展，激发了经济主体的主动性和创造力，奠定了现代自由的基础，从而还进一步构成了现代性发展的实质内容。

资本加速创新机制的发展，为当代现代性的发展提供了不竭的动力。创新是一个复合型的运转机制，它包含技术创新、科学创新、组织制度创新、文化观念创新等多个层面内容，涉及经济、政治、文化等多个社会领域的革新。资本构成了创新机制发展的主要根源。资本不断追求利润最大化的增殖本性，要求降低成本、提高劳动生产率，这就产生出不断改进革新生产技术和生产资料的强烈需要。正是资本增殖所具有的这种经济需要，构成了促发技术、科学和组织制度创新的社会动因。现代创新机制的发展需要一系列社会条件，而其中最为重要的条件就是资本的生成与发展。根据马克思的相关研究，正是在资本的推动下，生产过程中的技术创新升华为科学创新，科学才能够从直接劳动中分离出来成为独立的力量，物质生产过程本身变成科学的大规模应用，科学的新成果又反过来推动技术创新，如此形成不断运转、持续提升的良性循环。创新是一个民族的灵魂，是一个国家兴旺发达的动力。现代社会发展的重要动力便是创新。当代创新机制的蓬勃发展，极大地解放和提升了社会生产力，开辟了新的发展机遇，从而构成拉动现代性持续发展的关键机制。应当强调的是，资本对于现代性发展的各种积极效应，都不是由资本独自完成的，而是依靠国家权力的引导、推动才得以实现的。离开国家权力的引导和推动，脆弱的资本根本不可能突破计划经济僵硬体制的限制，也就不可能对经济社会发展作出如此显著的贡献。首先，从市场经济的培育来说，国家权力积极介入其中，予以政策性的引导和激励，并采取法律手段予以确认和保护。改革开放以前，新中国主要实行高度集中的计划经济体制，商品市场的发展受到来自各方面的限制。自改革开放以来，国家陆续出台了一系列经济改革政策，逐渐从“计划经济为主、市场调节为辅”“计划经济与市场调节相结合”的方针政策，发展为“建立社会主义市场经济体制”和“完善社会主义市场经济体制”的方针政策。没有这些大政方针的引导和鼓励，资本冲破计划经济的束缚，大力培育市场经济的难度是可想而知的。其次，竞争的勃兴同样有赖于国家权力的引导。自由竞争的自由、资本运动的自由，并不是无限制的自由，而是在国家权力引导和法律规范下的有限自由。资本的自由流动、经济主体的自由竞争，必须遵循相关的法律和政策规定。不仅如此，竞争在当代中国的兴起，本身就是国家引导的结果。计划经济条件下，政企职责不分、条块分割，国家对企业管得过多过死，权力过于集中，资源高度垄断，限制商品生产、价值规律和市场机制的作用，分配中平均主义盛行等，都限制了竞争的发展。只有国家通过法律和政策手段不断推进经济体制改革，才有可能打破上述弊端和限制，为资本的自由流动开辟道路和空间，进而促进竞争的良性发展。最后，创新机制的社会化和国家化是现代创新机制的显著特征。国家把创新提升到关系民族复兴、国家富强的发展战略的高度，强调树立全民族的创新意识，建立国家创新体系，增强企业的创新能力，助推产业结构升级，使经济建设真正地转到依靠创新机制的轨道上来。正是在提倡创新、尊重创新、鼓励创新的方针政策与法律法规的引导和保障下，资本才能推动创新机制顺利、高速发展，而避免一系列束缚因素的妨碍和牵制。

简言之，当代中国的发展奇迹是资本、市场、国家权力与社会交互作用的结果。国家权力引导、推动了资本的大规模形成，而资本的生成与发展又进一步拉动了市场经济、自由竞争和创新机制的生成与发展，从而为现代性的蓬勃发展奠定了基石。资本在拉动中国现代性蓬勃发展的同时，由于其自身难以克服的矛盾本性，因而有可能会带来一系列风险与挑战，影响现代性的健康、全面发展。按照马克思对资本主义社会的分析，资本是一把双刃剑。在当代中国的社会主义条件下，资本仍然是一把双刃剑。资本发展可能带来的风险与挑战主要体现在：资本与权力可能发生交换结合，并可能会歪曲现代性的发展方式，引发现代性的实践和理念的片面化、残缺化趋势，导致经济增长与社会发展、人的发展之间出现脱节、断裂。

具体来看，在市场经济尚不完善的条件下，资本可能会与权力发生交换关系，以市场为中心向整个社会生活辐射，引发多方面的风险与挑战。在不完善的市场经济条件下，资本与权力可能会出现“相互交换”的趋势。在马克思看来，资本具有无限制地追求利润最大化的趋势。资本自我增殖的本性决定了资本具有与权力相交换的客观需要，以尽可能低的成本来换取尽可能多的收益，提高利润率。只要一有机会，资本就会寻找政治经济体制的缝隙，避开政策、法律等公共权力的约束来牟取高额利润。公共权力虽然来自全体人民，但在政治实践中是委托给少数个人来行使的。资本要摆脱公共权力的管束，甚至直接操控公共权力，就必须与这些权力的实际执行者进行某种“交换”。如果缺乏有效的政策法律规制和广泛的民主监督，资本就有可能找到与某些领域的政治权力进行相互交换的机会。

如果资本与权力发生相互交换，那就是为了达到“相互利用”的目的。在这种情况下，权力变成资本的工具，为资本增殖服务，同时，资本也变成权力的工具，为权力扩张服务。一方面，权力可以从多个层面为资本增殖开辟道路、创造条件和提供庇护；另一方面，资本增殖也为权力扩张提供重要的经济条件。在相互利用的过程中，就会逐步形成“资本—权力”这一垄断性结合体。马克思看到了资本与权力的共通性。一方面，他将“资本”看作资本家雇佣劳动者的“生产关系”，并进一步看作资本家支配劳动者的“经济权力”，从而也就是将资本看作其他一切社会关系和社会权力的基础。另一方面，他又将资产阶级国家的政治权力看作资本增殖的工具和手段，政治权力服从于资本的统治。究其实质，无论是权力还是资本，二者都是支配性的社会关系，都是对人力、物力进行掌控的社会力量。因而，二者在一定条件下可以相互交换、相互转化甚至相互结合，最终形成“资本—权力”结合体，垄断社会资源和经济命脉，排斥人民群众的参与和分享。应当指出，资本与权力的交换结合关系，不仅可能发生在一国之内，而且还可能发生在一国与整个世界特别是发达国家之间。随着新自由主义政策所推动的新一轮全球化高潮的纵深发展，资本逾越了特定民族国家的领土界限而在全世界范围内纵横驰骋。这样，资本与权力的结合就不仅局限在民族国家内部，而且在全世界范围内持续进行。一国的政治权力不仅与本国资本相互交换结合，而且能够与他国资本、跨国资本相互交换结合。资本与权力之间的交换结合趋势，可能会导致“经济增长”与“社会发展”的失衡与脱节。如果不能采取有效措施阻断这种不良趋势的萌生，就会引发严重的风险：资本增殖逻辑与权力扩张逻辑凌驾于整个社会生活之上，凌驾于人民的根本利益之上，甚至威胁国家的长治久安。合理克服当代中国现代性发展的矛盾，推进现代性的全面发展，需要合理应对当代中国发展可能面临的诸种风险与挑战，前提是转换发展理念与发展方式，关键是防止资本与权力的结合。

（一）转型的视野：全球化之差异与融合

全球化是现代性的题中之义，是现代性带来的必然后果。从事实来看，世界上多数国家之所以在两次大战后主动选择投入全球化进程，基本上都是为了加速自己的现代化进程。各国的全球化进程是在世界现代化进程中逐渐推行的，现代化又是在全球化背景下展开的，二者紧密交织在一起。这就要求我们要以全球化为视野来考虑社会转型中的问题。由于全球化一开始就是由新兴的资产阶级发动的，全球化的特征中无法去除资本主义印记，甚至经常被认为全球化就是资本主义生产方式超越国家限制的一种表现，二者是同一的。但实际上，二者并不等同，所以现代化与资本主义全球化的关系又是非常复杂的。尤其是对像中国这样有过半殖民地经历、后起的发展中国家来讲，客观、清醒地考察全球化与现代化的关系是非常之难的。尤其重要的是，全球化发展到今天，已经从经济层面向政治、文化层面推进，如何在全球化时代保持独立性与民族性，如何看待全球性与现代性的关系，对于正视全球化、推进现代化至关重要。面对全球化的冲击，马克思关于“世界历史”与“普遍交往”的思想是当代中国可以借鉴的可贵思想资源。

尽管马克思没有使用过“全球化”与“现代性”这样的术语，但他确实是把全球化与现代性联系起来考察的。虽然马克思在其生活的19世纪还没有遇到像当今这样复杂的全球性问题，也没有从实践中形成系统性的全球化理论，但是他确实从资本主义的发展进程中形成的全球视野阐发了他有关“世界历史”形成的看法：“单独的个人随着他们的活动扩大为世界历史性的活动，愈来愈受到异己力量的支配……受到日益扩大的、归根到底表现为世界市场的力量的支配”。只有这样，“各个单独的个人才能摆脱各种不同的民族局限和地域局限，而同整个世界的生产（也包括精神的生产）发生实际联系，并且可能有力量来利用全球的这种全面生产（人们所创造的一切）”。[1] 也就是说，世界历史性的活动是由世界市场的强势推动而带来的，它既是一种相对于原有社会状态的异己支配力量，又是新的社会发展和现代人类解放的必由之路。当今历史进程中现代社会的基本特征就在于个体的历史转变为“世界历史”，它在社会发展进程中不同于封建社会原有的孤立隔绝状态，而是伴随着世界市场的形成而具有巨大的开放性，现代社会每个国家要想发展，都必须遵循市场规律的要求同其他国家紧密地联系在一起，任何国家的发展都与整个世界的发展连为一体。如果说，以往要素简单的社会还能各自关起门来长期发展延续的话，那么，市场开放的现代社会自始至终都不能单纯地在自我封闭的孤立历史环境中生存。我们根本不可能设想在全球化进程中一个国家孤立起来能够实现现代化。所以，资本主义进程推动下的现代社会生来就有明显的世界性或国际性。马克思认为，现代性的本质就是现代生产方式的出现，正是现代生产方式造就了世界历史。

伴随人类社会发展进程的世界历史的形成具有必然性，因为这个进程主要是由生产力的大发展以及在此基础上产生的交往普遍发展而引起的。就其在历史中的实际进程来说，首先是人类社会生产力的发展引起社会分工的扩大，社会分工必然伴随着社会交往的发展；社会交往的发展使不同个体、国家之间的商业贸易普遍繁荣，随着商业贸易规模、贸易范围的变化进而冲破国内市场走向世界；世界市场的出现成为历史的必然，这就使得各个国家、民族纷纷卷入普遍竞争之中，而普遍竞争又进一步促进了整个社会大工业的发展；大工业的发展，使得原有社会各阶级甚至各个国家、民族固定的关系被打破，共同面临相同的市场以及在相同市场上建立起来的社会关系，从而间接破坏了各民族在以前历史上形成的那些特殊条件。可以说，世界历史的形成和大工业的进程紧密相关。

---

① 《马克思恩格斯全集》第 3 卷，人民出版社 1960 年版，第 41—42 页。

另一个事实是，伴随人类社会发展进程的世界历史的形成和发展也是由资本逻辑的本质属性决定的。马克思揭示出，正在形成中的世界历史就其直接表现来说，是面向全世界的世界贸易和世界市场的建立。而不受任何力量制约的世界贸易和世界市场的序幕又是由资本主义社会的缔造者资产阶级揭开的。为了追求利润，生产规模被无限扩大，产品生产的数量远远超过国家的承受力，为了使商品交换价值得以实现，资产阶级只能对外扩大市场，受利益的驱动，资产阶级积极主动地奔走于全球各地，寻找新的市场、新的生产要素，在世界范围内到处建立资本联系。这样便在资本追求利润的过程中各个国家、民族原有的立场和闭塞的状态逐渐被冲破，进一步使世界各个国家和地区在资本的推动下越来越紧密地联系在一起，相互联系的世界市场最终形成一个互相依存、不可分割的世界整体。

马克思关于现代社会与世界历史的关系的思索、分析、观点，对当代中国如何在全球化的背景下进行社会转型具有指导借鉴价值。正在进行的全球化既然是经济发展以及由经济发展所带来的整个世界交往普遍发展的产物，是一个不以人的意志为转移的客观历史进程，那么，正处于现代化进程中的我们绝不能回避这一大趋势，必须按照社会发展基本规律的要求自觉加入这一历史潮流，按照现代化发展的基本规律来加速现代化的进程。在一个遵循市场规律的要求而使各国经济联系日益密切的世界中，我们根本不能想象一个国家或地区孤立于世界市场之外而得到迅速发展。为此，我们必须按照基本规律积极参与国际经济竞争与合作，在合作中充分利用世界经济全球化带来的各种条件和机遇，按照自己经济社会发展的现实需要引进外资和各种国外的资源，来填补国内建设在资金及资源方面的漏洞；根据国内市场的现实情况来学习西方先进的技术设备及管理经验，通过在生产实践中实现技术及管理的现代化；按照自己经济发展的实际进程发展国际贸易，以开拓国际市场，借助国际市场提升国际竞争力。

尤其值得注意的是，对大多数发展中国家来说，加入全球化进程往往是这些国家跨越生产力个别发展阶段的前提条件。现实中任何一个国家、民族孤立地发展，必然带来各领域技术发明创造的重复性，而理论上在全球化的条件下则会避免这种重复性，这就使得某些国家的生产力在某种条件下其发展阶段有可能出现跨越。这就使得经济落后的国家完全可以通过向发达国家学习，直接吸收新的发明创造，从而压缩经济社会发展的“阶段”，节省发展的时间。

全球化进程既然是由追求利润的资本运动引起的，是资本主义大生产向全球扩张的结果，那么，面对不可避免的全球化进程，就不能简单地按照市场规律来“顺应”，而是应当积极主动参与，有所作为，并争取在现有规律的基础上为己所用。应当看到，截至目前世界政治经济格局基本上是被西方大国左右的，资本主义主导推动下的全球化进程是要把各个国家的经济社会发展纳入资本主义自由竞争的框架之下。更为严重的是，全球化进程也是资本主义社会基本矛盾从发达国家向全球范围扩展的过程，是发达国家为了达到自身发展向国外转嫁经济危机、摆脱社会困境的主要手段。因此，发展中国家在响应和顺应全球化潮流的时候，要注意避免处于新的依附和被殖民的地位。为此，加强广大发展中国家的普遍联合与深入合作在当前的全球化进程中是非常重要的。如果没有发展中国家的联合与合作，各个发展中国家仅凭单个国家自身的力量，很难在国际经济格局、政治舞台上占据应有的位置，自然也就很难取得像发达国家那样现代化的快速发展，对中国来说，就很难加速社会转型的步伐。值得一提的是，中国“一带一路”的战略构想，正是冲破国际经济旧秩序、走向全球化的主动模式。它的意义不仅仅是为经历经济危机打击后缓慢复苏的世界经济带来活力，更重要的是它打破了以资本扩张和军事霸权为基础的国际经济旧秩序的理念，代之以和平发展、文化交流、共同繁荣的全球化新理念，在顺应经济全球化的同时，倡导世界多极化、文化多元化，为中国的社会转型开辟了广阔的国际空间和视野。

全球化发展到今天已远非经济全球化所能涵盖。虽然对于全球化的界定至今尚未达成共识，但它无疑是一个正在不断拓展和延伸的概念，它是在现代化进程中世界范围的经济、政治、文化等不同国家、不同层面、不同人类交往的过程及其结果。今天，在中国社会转型的关键时期，更大的挑战不是来自经济全球化，而是来自政治全球化与文化全球化。经济全球化已毋庸置疑，市场经济已经成为世界共识。但政治全球化与文化全球化问题要复杂得多。在政治层面上，虽然自由、民主观念日益取得了世界范围的价值认同，但是资本主义和社会主义在基本的政治制度方面还无法取得基本一致的认同；在文化层面上，强势的西方文化已经不同程度地遍布世界的各个角落，但是不同的文化就如同人的不同个性，无法也不应该整齐划一。如果以资本主义大工业的产生为开端，经济全球化已历时百余年。百余年的经济全球化造就了世界经济一体化，但并未产生经济利益共同化。只要世界上还存在不同的民族、国家，政治和文化就会存在差异。就转型期中国的政治走向来说，重要的是区分全球化中“现代的”与“西方的”因素，实现政治的现代化，不能因为“现代的”来自“西方”而拒绝，从而错失政治现代化的良机，也不能认为“西方的”都是“现代的”。因而，中国特色社会主义注定是一条艰难的创新之路。就转型期的中国文化来说，重要的是中华文化传承与传统文化的现代化，前者需要“整理国故”“找回自己”，后者需要兼收并蓄、开放融合。全球化进程中的经济转型、政治改革以及社会各领域协调发展，迫切需要在现实中形成又进而影响现实的文化发挥导向、创新、整合的功能，然而目前的中国文化却难堪此任。在经历了五四运动、“文化大革命”和市场经济之后，中国的传统文化在某种程度上出现了“断层”，文化认同危机并非危言耸听。因此，中国文化的首要任务是“认识自己”“找回自己”，重塑在现代化历程中的中国文化形象。而这一重塑，必然要在兼收并蓄的原则之下进行。目前国内有这样一种倾向，认为西方文化与中国传统文化是对立的，要现代化就要西化而抛弃传统；要找回传统就要拒绝西方文化、放弃现代化。这是一种危险且无视历史的倾向，实际上西方文化也不是始终不变的，都是在世界范围内的冲突与融合的过程。罗素在《中西文明比较》中就曾经提到关于西方文化的发展的观点，不同文明之间的互动交流在过去已经多次证明是促进人类发展的里程碑。因此，今天中国传统文化的现代化问题，也要借鉴西方的经验与文化。两个方面结合起来，才是中国社会转型的全球化视野，即差异与融合。

（二）转型的保障：推进中国特色的社会建设

中国的社会转型处于十分重要的阶段：一方面，伴随市场经济的腾飞式发展，我国的现代化进程取得了非常大的效果，部分经济领域效果突出；另一方面，我国在经济社会发展进程中很多领域存在一些风险因子，主要表现在政治、经济、文化、社会方面，以及不同的地区和群体之间存在发展不和谐的情况，特别是在经济发展落后的地区，问题表现得尤为突出。基于这样的复杂情况，党的十七大提出在以经济发展为中心的基础上，提高社会建设的能力，以及大力发展和推动和谐社会的全面建设。党的十八大进一步把国家治理和人民群众对幸福生活的追求当作当前党的中心任务。

虽然当时的马克思没有在他的著作中运用“社会建设”这个观念，但并不说明他没有关于这个方向的思索。对于这个观念，我们不能仅仅在字面意思上理解，而是要通过对马克思思想精髓的理解，挖掘深层次的逻辑思维发展趋势，帮助我们看清“社会”发展的路径。

其实在很早之前古人就有对“社会”这个概念的理解，也就是说自古以来人类都没有放弃对社会的探索、概述、观察和反思。不过，人类不仅能以其自身特有的方式存在，还可以在实际的社会生活中和已经具备的经验基础上来进行全面细化的解读，从而成为理性探究及解释的对象，毋庸置疑这才是我们如今应该需要的现代观点，并且这样的现代观念只有在慢慢跟随资本主义萌芽过程的言语之中才得以完全确定。在这样的发展进程中黑格尔是第一个提出“社会”这个名词的人，他的“市民社会”（civil society）概念首次把社会作为一个具有自身客观规律的实体存在。黑格尔说到的“需要的体系”主要是将资本主义运动中的市民社会视为一个私人经济活动领域，即市民社会是个体实现自身物质利益及现实需求的场所，在这段时间根据需求建立了司法制度及警察，但是它们虽表现了公权力，却并不属于同样的公共政治领域。黑格尔在提及市民社会时，大多数时候秉持的是一种批评的态度。这主要是由于黑格尔认为市民社会不体现公共的善，不具有绝对性，它关注的是个体利益，它体现的自由也不是真正的自由。市场经济背景下市民社会的自主选择性说到底其实是实现自身利益的自由，但是我们所说的权利维护并不是公共意义上的善，权利实际上是个体的占有及保护自身利益的权利，“在市民社会中，每个人都以自身为目的，其他一切在他看来都是虚无”①。所以，市民社会本质上是一个私人私利分配的场域，它当中必然充斥着各种矛盾、利益冲突。受到市场自由竞争的约束，这种特殊利益主体相互之间形成了表面上平等的市场自发性准则，但这种公平、平等是不可靠的。要求得最后的公平，解决矛盾，达到最后的平衡点，只能依赖于国家这种公权力代表。所以在黑格尔看来，国家是整合社会矛盾的最终方式，它是普遍理性的体现。

随着资本主义生产力的发展，马克思在深入探讨资本主义运动的基本规律的基础上，颠覆了黑格尔的思维方式。因为在马克思看来，国家是阶级统治的工具，并不能从实质上处理好市民社会的客观危机。在当时的资本主义现实下，国家是资产阶级的代言人，国家因其政权组织的形式及

① ［德］黑格尔：《法哲学原理》，范扬等译，商务印书馆1961年版，第197页。

利益代表变成了“虚幻的共同体”。在资本掌控下，是资本、是市场、是资产阶级决定了国家的发展趋势和道路，而不是国家决定了市场的生存方式。他一直坚持，市场或者资本产生的社会现实问题只有在现实之中才能找到答案、处理问题，而不能在此之外不合乎实际地采用其他方式解决。所以说马克思现代性理论的关键现实基础在于现代社会。凭借对资本主义制度下社会和国家关系的研讨，马克思表明了他的立场，也就是现代国家和社会的分离是人类社会现代性确立的关键性标识；对于私利社会的各个领域，马克思进行了实地的考察，他说根据社会基础运动的发展进程规律的现代性社会是现代性发展的真实实践领域；马克思通过全方位深入了解现实社会后，真实地了解到资本主义社会的片面性和相互矛盾的关系。所以，马克思最后提出突破既有市民社会这个合理化的方式，先从政治上的解放再到人类解放，最终实现共产主义理想。在理论逐步形成的过程中，资本主义生产方式的社会现实又作为马克思现代性自我批评和超越的现在条件。

归纳总结西方市民理论可知，其从历史发展阶段来看共经历了三个阶段，也可以说是三次离合：首次是市民社会和野蛮社会之间的离合，古希腊罗马城邦的出现成为这次离合的标识，这一时间段出现的市民社会无论是从理论上还是政治上都是同义的。第二次离合是市民社会和政治国家的分离，这一进程伴随着资本主义初始期在西方早期开始现代化的演变进程。不管是马克思还是黑格尔的市民社会理论大体上都归属于这一时期。马克思把这个阶段的市民社会界定为经济基础，因为市民社会属于社会经济关系的范畴。第三次离合是市民社会与经济社会的分离，这个阶段目前在西方社会正在进行中，代表性的观点是从葛兰西到哈贝马斯等当代西方社会思想家的市民社会理论。葛兰西从文化的视角去深度挖掘市民社会，他认为应该把市民社会划分为上层建筑领域，再从意识形态功能的视角来剖析实际生活中的市民社会，最后总结为市民社会是统治阶级取得和实施社会领导权的关键因素。哈贝马斯所持的观念是在市民社会中划分出个体领域和公共领域，他认为个人领域是指以自由竞争的市场为重点的经济领域，公共领域是指与私有经济活动相对应的社会文化生活领域。在哈贝马斯的观念中，公共领域的目的在于公共性，因此可以当作国家和市民社会两者间及在市场基础上形成的市民社会内部不同的个体利益相互间的互动、理解和沟通，又或是通过相互沟通、相互退让的机制或规范化的渠道。因为公共领域，让私有个体的经济市民成了国家公民，凭借这样的领域平衡相互间的利益关系。所以说公共领域可以调配国家和社会两者间的关系，并在这个调节的过程中保有批评的功能，这是很好的可以调节市民社会和国家极端行为的方式和手段。哈贝马斯的思想观念在西方社会产生了十分显著的影响，所以在此之后很多研究者都把市民社会划分为经济和国家之间的一个细分领域，倡导把实际社会生活中的经济领域从社会中划分出去，现代社会关系的主要成分是生活及文化领域，在现实社会的发展中更注重社会整合及文化传播和再生产功能。

从市民社会理论在当代的不断演变可以看出社会的发展，以及伴随这种发展的理论视角的拓展和细分。国家、经济、社会是三个不同的层次，是结合时代发展下新的社会情境及时代背景下的必然产物。人们都越来越注重关于现代生产社会的现代性，注重不同于国家之下的自主选择性，来抵御越来越突出的外在异化力量对社会的主宰，以及一些客观外在系统对社会生活的统御。

目前，中国的经济社会发展滞后于西方国家，从层面上来说，目前处于西方发展的第二个阶段，也就是通常所说的经济社会和政治国家的离合阶段。所以，以马克思为首的西方先进学者对经济社会的剖析和他们的理念，对于目前处于社会主义市场经济条件下的中国特色社会主义理论体系的构建具有十分关键的启发意义：第一，资本主义的市场经济是社会的产生与发展的基本推动因素，生产力的大发展使得政治与经济相分离，工人阶级经济上的贫困不能阻止他们的政治追求，并进一步为政治诉求创造着现实的物质条件，从而为经济社会和政治国家的离合铺垫了前提条件，还给予国家和社会以现代性质的重要因素；第二，经济社会趋势下的发展不断呈现出自主性的个体及社会组织形式，这些不断发展着的自我认识和不断壮大的社会组织在人类自主性选择及历史解放上作出了重大贡献；第三，中国社会的发展进程中自身具有部分矛盾的因素和成就，给了我们超越现有经济社会的机会和支持。不得不说，在私有制的前提情况下，国家和社会的分离无法规避地产生其自身无法克服的局限性和众多的社会矛盾。但这种分离在一定程度上对生产力具有推动作用，同中世纪相比较，从二者的分离同一体化的现实表现来看，显然分离依旧推动历史的显著进步。资本主义出现之后，可以在百年时间内就创造、产生出比以往创造力总和还多的生产效率，其核心因素就是通过自由竞争使资本主义的商品生产脱离了顽固的封建制度、落伍的人身依赖及政治垄断特权对部分生产领域的掌控和把握，公开的自由竞争方式在初始阶段开发出政治民主化的社会化基础，在政治、文化、社会、经济等各方面持续创造了一个更高标准、更合理的社会形态发展的社会条件。所以说，在社会发展历史过程中，国家和社会的二元分离是无法逾越的必经过程，对所有现代化进程中的国家来说，都有十分广泛的借鉴意义。

中国是世界历史上封建制度延续时间比较长久的特殊国家，在皇权之下，落后的封建思想和制度约束了人的思考方向和方式，所以，在很长的时期内都没有产生孕育独立又有思想的社会群体的外在社会环境和思想基础。1949 年新中国成立之后，由于受由农业国向现代化国家转变的特殊国情所限制，1953 开始的社会主义改造形成了传统计划经济模式，特有的经济社会发展模式突出了国家对经济社会发展的主导地位。经济和政治没有分离，所以经济体系逐步建立、日趋丰富的同时，社会组织的单一和简单反而制约着经济的进一步发展。改革开放之后，伴随着市场经济的培育和发展，社会日益多元化，政府职能逐步转变，经济与政治在逐步、艰难地分离过程中。也就是说，在当下的中国，社会发展的首要的任务可能还是培育健全市场经济体制，推进政治体制改革，加强政治文明。在社会经济领域中，把属于市场的退还给市场，把属于社会的退还给社会。政府不是万能的，应当是有其职能边界的。只有明确经济和政治的界限关系，才可以为公共社会发展构建和谐、稳定的前提条件，并做好公共社会发展的铺垫工作。

首先，将改善民生作为社会建设的核心任务，突出社会的公共性。在普遍认知中，西方现代性运演进程中经济社会一直承担着主导角色。但是在中国，在市场经济开始的阶段，社会公共性的发育和发展本质上是受到政府推动的。同样可以理解为，现在中国的社会建设主要是以政府为主导。之所以选择以政府为主体，以改善民生为主进行社会建设，主要从两个方面因素来考虑：第一，中国还处于政府强而社会弱的阶段，现代化发展始终是以政府主导的，就目前的现实状况和社会条件来看，同政府相比，还没有任何一种能量和方式更有利于推动社会建设。第二，社会建设的重点还是民生问题。几十年以来，从数据分析可以得知政府对于社会的投入占比相对于其他国家来说还是比较少。比如，从 2015 年联合国提供的数据来看，以卫生、教育等公共支出占 GDP 的比例作比较，可以看到发达国家的投入一般保持在 10%—15%，但是我国还不到 5%。从全社会支出占公共支出的比例依然可以看出我国同样存在投入不足的状况。如果经济和社会要协调发展，就必须要密切关注民生。

其次，出于对可持续发展的考量，中国要想更加长远地发展“社会建设”，那么必须以公民作为主体，而非简单依靠政府作为主体解决一切社会发展问题。由此看来，我国必须培育出具有自主性和反思能力的个体和社会组织。当然可以想象，假设没有自觉的社会人，也就不会存在自由和民主，更加谈不上现代性的超越。公共社会的建设有利于提高国家对矛盾与冲突的承受力，对社会建设具备更强有力的推动力，从而切实保证在转型过程中未来社会能够处于稳定状态。换句话说，要实现中国的公共社会建设，那么就必须培育出自主的个人和社会组织，既让其成为处于家庭和国家中间强大的推动力量，还能够充当社会与国家风险的缓冲剂。

最后，要想加强社会和国家的良性互动，克服社会的内在矛盾。资本发挥作用的经济社会作为一个非自足的领域，经常被各种利益关系所影响，同时其中包藏着种种内在矛盾。如果能够解决经济社会的矛盾从而超越现代社会，这必将是社会建设的大凯旋。当然，这也是在长远的发展进程中人类社会发展的方向。从客观的角度来讲，当前的中国历史和现实还不具备建设未来社会的条件。当然，并不是说我们就要任由经济现代社会的矛盾在我们的生活中肆意发酵产生巨大影响，而是要积极采取措施，可以发挥社会主义国家的制度的优势，推动社会与国家之间的良性互动，规避经济社会的盲目性。

社会与国家的良性互动这种社会模式已然被中国学者们普遍认同。它追求的实际上是一种新型关系，这种关系是政府与社会之间并非相互排斥、相互对立的关系，而应该是一种统一、互补、合作的关系，即“相互促进、共生共强”的关系。更加直观的理解就是在如今中国的历史与现实情况下，寻找一种国家与社会双向的适度的制衡关系。

中国正处于从传统社会向现代社会的转型时期，处于传统、现代、后现代三个历史向度的交汇处。西方社会历时三百年间经历了这一系列的社会演变，在中国这些却共时态地存在着，这同时影响着中国的现代化进程。在这样复杂的历史情境和国际形势下，中国的社会转型遇到了诸多前所未有的问题。显然，对当下的中国来说，参照马克思的市民社会与现代性理论、马克思世界历史的观点，是十分具有实践意义的。

第七章　现代性中的“我”和“我们”

现代性生活笼罩下的个体，存在普遍意义的主体性危机，不是一般意义上的主体性危机，而是特定历史条件下的个体主体性危机。有了个体主体性，才会产生个体生活的主体性危机，个体生活的主体性危机发生在现代社会，的确有其深刻的社会根源和社会条件。在现代性下，如何使“我”能确定是我，或者保有“我”的本真特征，不被现代性的生产方式裹挟，是值得思索的问题。更重要的是，对人类来讲，如何在现代性中达到超越，是更重要的问题。本章将从自我、类主体的超越现代性进行探讨。

一、“我”的主体性建构基础：自我认识

“认识你自己”，这是一句刻在古希腊阿波罗神殿上的箴言。“认识自己”对于人本身是极其重要的。马克思认为人的活动有两个尺度，即作为主体人自身的尺度和客体的尺度。在人把自己作为对象的对象性活动中，其实主体的尺度和客体尺度是“合二为一”的，即统一为人自己的尺度。人生也是人自己改造自己、自己创造自己的过程，即以自己为对象的对象性活动过程。人生的整个过程是人以自己为尺度的生活过程，人如果不能认识自己，就不能把握人生的尺度。

个体生活的主体性危机产生于个体自身的“大我”与“小我”的矛盾、

理性和非理性的矛盾、自在与自为的矛盾，即个体不能正确处理大我与小我、理性与非理性、自在与自为的矛盾关系发生的困境。错误的行为往往产生于错误的观念。个体要从主体性困境中走出来，或避免主体性危机的发生，首先要正确认识“大我”和“小我”、理性与非理性、自在与自为的关系，在意识中达到对这些关系的自觉。而要做到这一点，个体必须正确认识个体的存在本质、属性和特性。这就是说，个体走出主体性的困境或避免主体性危机，首要的是认识自己。

现代心理学的研究成果提供了个体认识自己的动机。人们寻求自我认识的心理动机一般有三个：其一，自我提高的动机，即想要对自己感觉良好，避免不好的需要——“自我提高动机涉及人们被激励去体验积极情绪和避免体验消极情绪的原因”。[①] 良好的自我感觉可以让人“最大限度地获得自尊感”。其二，准确性动机，即想要知道自我的真实情况的需要。这不仅是因为人想要减少自我的不确定性，或者对自己的生活负有责任，还因为“知道我们真实的样子有时可以帮助我们实现其他目标。这些目标之一就是生存”，“确切知道自己真实的样子更有可能获得成功”。[②] 准确的自我信息可以减少不确定性、确认自己的责任，有助于实现生活目标、提高自尊感。其三，一致性动机，即人保持自我观念一致的需要，亦即自我认同的需要。这种动机促使“人们寻求和信奉与他们自己所认为的自我相一致的信息，回避与他们所想的不一致的信息”[③]。从上述理论中我们可以看出认识自己的重要价值。

认识自己是人类独有的能力，它与人独特的存在方式相关。如果人不了解自己就可以生存、过很好生活的话，那么完全没有必要认识自己。人是一个对象性的存在，人有各种需要，每一种需要都要靠外界对象来满

① ［美］乔纳森·布朗：《自我》，陈浩莺等译，人民邮电出版社 2004 年版，第 45 页。

② ［美］乔纳森·布朗：《自我》，陈浩莺等译，人民邮电出版社 2004 年版，第 46 页。

③ ［美］乔纳森·布朗：《自我》，陈浩莺等译，人民邮电出版社 2004 年版，第 44 页。

足，而外界对象又不会自动地满足人的需要，人只能以自己的自觉活动来满足自己的需要。人的存在方式的特殊性在于，人是按照自己的尺度和对象的尺度来进行生产的，无论人的活动作用的对象是自己以外的人或物，还是人自身，都要求人把自己的尺度在观念中客观地反映出来，只有这样才会使自己的活动既合目的性又合规律性。这就决定了个体只有了解自己的需要，自己的本质和属性、能力等，才能同自身、同外部世界建立起对象性的关系，才能知道怎样作用于客体（包括自身），使客体满足自己的需要，使自己按照自己的愿望成为一个理想中的存在，也就是说，人认识自己是生活实践自身的要求，人认识自己如同认识事物，也是为了人认识世界和改造世界，在最终的意义上就是为了人自身的生存和发展。

在现代社会，由于个人成为个体而独自承担生活的全部责任，不仅个体与外部世界要建立更为广泛的社会交往关系，而且，个体在生活中常常要面对不断变化的各种角色，因而，个体不仅要更为经常地面对人生的各种挑战和生活的各种变化，而且个体自我提高、确切知道自己真实面目和自我认同等心理需要变得更为强烈，所以，对现代社会的个体而言，认识自己比以往任何时候都显得更为重要和更为迫切。

尽管现代人比传统社会的人更为频繁地在主格的意义上使用“我”的概念，“我”的需要与利益在生活中经常被摆在非常重要的位置，似乎自我意识更为清晰和自觉，但是，这并不表明个体有正确而全面的“自我”意识。现代社会个体生活的主体性危机恰恰说明了个体在自我认识上的混沌、迷惘和片面。

（一）自我认识的时代特征

现代社会个体的自我认识有其特殊性，这种特殊性是由个体特殊的存在方式和属性决定的，是自我认识的时代特征。对个体而言，赋予自我意识以时代内容，对于个体的存在和发展是至关重要的。具有时代特征的自我认识包括以下几个基本意识。

1.“全面发展”意识

在个体生活中，个体是将自己的全部要素投入其中来满足个体自然性的、社会性的和精神性的需要的。个体生活实践过程是个体的本质、属性和个性全面发展的过程，个体在生活实践中形成和发展了越来越多的需要，也不断地发展了自己的本质和力量。这些动态的、开放的个体需要和个体的各种因素，反过来要求个体的需要、素质、能力的进一步发展，就是说，在现实中，存在着个体的实践全面发展和对主体的素质和能力全面发展的要求。从另一个角度来讲，个体越是全面发展自己，就越是能在现实复杂的社会关系中找到自己的合适位置，成为社会更需要的人，也越是能够成为自主的人。这就要求个体有全面发展意识。

个体的全面发展是指个体的诸方面都得到发展，包括个体的自然生命、社会生命和精神生命的全面发展，主要指个体的德、智、体、美、劳、个性、心理、人格等方面的发展。根据个体的属性和本质，个体的全面发展的内容应主要包括：能力、素质与需要的全面发展，即个体在自然属性、社会属性和精神属性方面完整而和谐地发展及个体需要的全面丰富和满足；社会关系的全面发展，即个体通过自己的创造性活动与外部世界发生全面的对象性关系，以充分展现自己的本质力量；个体生活需要和生活活动在内容和形式上的全面发展。

“全面发展”意识是指个体将个体的全面发展内化为自己的基本生活要求或需要，个体意识到自己是全面发展的个体，意识到“每一个人都无可争辩地有权全面发展自己的才能”[①]。这一意识是个体在生活中全面发展

① 《马克思恩格斯全集》第2卷，人民出版社1957年版，第614页。

的现实需要的反映。现代社会对劳动者的要求是建立在综合素质达到一定水平基础上的，一个综合素质达到全面发展要求的人才能胜任多种社会角色的要求，才有能力应对不断变换的生活环境和工作环境向人提出的各种挑战，才能在社会的选择中有自己的积极选择，才能在“物的依赖关系”下按照自己的生活意愿过自己想要的生活。

2.“大我”意识

既然个体在本质上是社会性的存在，那么，个体的自我就不能是纯粹的“私我”，而是将“私我”与“他我”统一起来的“大我”；既然个体的自我价值归根结底是个体的社会价值，个体的真正价值在于他对社会的贡献，那么，个体的生活就不应该仅仅以个人的私利为转移，而是以将“自我”与“非我”统一起来的“大我”为生活的目的。因此，在个体的自我意识中要有“大我”意识。

“大我”意识就是在个体的生活活动中，在具体的社会关系中，个体把自己的利益与他人的利益、个体的社会价值和自我价值统一起来的意识。所以说，“大我”意识是一种道德意识，是公共价值理性或价值共识，归根结底是生活境界“意识”。“大我”意识的根源就在于个体是社会存在物这样一个事实。个体对社会关系的选择应该以与他人的共同利益、彼此认同的价值体系为基础，这样，能够确立彼此之间的认同感，使个体在一个更高的层次上看待自己和他人命运，从而有助于个体超出狭隘的私人界限而取得与他人的实质性的一致，获得生活理性的升华。

“为我”与“为他”并不是完全对立的。在传统社会里，“为我”与“为他”、“自我”与“非我”矛盾的解决基本以牺牲个人的独立性为代价。但是在现代社会生活里，这种解决矛盾的社会条件已不复存在。现代社会比历史上任何一个时期都更为广泛地将个人利益与社会、群体、他人的利益联结在一起，并且提供了另外一种处理个体与社会、群体、他人的关系的方式：为个体提供选择的自由，通过选择，协调“为我”与“为他”的关系、“自我”与“非我”的关系。这实际上等于说，现代社会把处理社会关系的主动权交给了个体自己。处理社会关系的形式有许多，其中，于己、于人、于社会都有利的方式是最应该选择的形式，是最好的形式。这种方式的现实基础就是现代社会个体生活的开放性、无限性和独立性，社会生活的“法治”性质。“大我”意识正是一种有益于协调或解决各种矛盾的意识。协调“大我”与“小我”、“自我”与“非我”的利益并不是在观念中消解它们之间的矛盾，而是以“大我”的意识为指导，在个体生活中将它们协调起来，选择有利于个体和他人的手段、方法和方案。

3. 主体意识

既然实践是个体的存在方式，个体是自己生活的主体，那么，对个体而言，最为重要的自我意识就是主体意识。主体意识是自我选择、自我实现的意识，是个体对自己在个体生活中的主体地位、主体能力和主体价值的自觉意识，亦即个体为我、自为、自律的意识。个体的主体意识主要包括：关于自我的全面发展的需要的意识；有权利和责任选择自己的存在和发展内容与方式的意识；有权利和责任依靠自己的活动来满足自己的各种需要的意识；有权利和责任在对象化活动中将自己的外部世界变成有益于自身的“人化世界”的意识；权利和义务对等的“责任意识”。

在现代社会中，个体主体性从集体主体性中“脱胎”出来，个体的命运就掌握在个体的手中。在个体化社会里，个体生活处在不断地变化之中，社会关系变得越来越丰富和复杂，生活状态更加多元化，不可控制、不可预期的成分也愈益增多，个体会愈益感到自己被抛在这个“险象环生”的世界中，常常会感到孤独、荒谬和无可依靠，没有归宿，只有自己去寻找、去确定自己的命运。这些都意味着个体的主体意识越是增强，个体就越是能够自由地选择、把握、支配和决定自己的生活。主体意识作为个体存在和发展的能动性因素，在摆脱主体性危机中发挥着十分重要的作用。个体在观念上自觉地意识到自己是自己生活的主体，就会主动地在自己的社会生活中找到、发现自己的权利和责任，在自己的社会角色中发现和实现自我的价值，找到自己的精神家园，就会经常以自己为目的对自己的现实生活进行深刻的反省和批判以不断调控，使自己的生活符合自己的生活理想，即使在异化的环境和条件下，在“自我”与“非我”尖锐对立的情况下，也会坚定自己的人生理想和人生目标，不畏惧挫折，不随波逐流。无数的生活实践已经告诉我们，有多少我们认为人生非常成功的人士都是在非常艰苦和复杂的人生环境中走过来的。他们不曾为生活环境、生活遭遇所屈服，即他们在各种条件下不曾失去自己作为主体的信念和意志，他们是把生活掌握在自己的手中，而不是被生活牵着走。把自己当作自己生活的主体，就不会消极地怨天尤人或者是自暴自弃，而是主动创造条件、改变环境以利于自己的存在和发展，即使身处逆境，也会对生活有一个积极的更有利于自我的理解和解释。

总之，以全面发展意识、“大我”意识和主体意识为主要内容的现代个体自我认识的形成，使个体以一种更有利于自身发展的、更有利于解决个体主体性矛盾的生活理性来诠释生活，从而使个体以一种合理性态度和负责任的心态从容、坚定、乐观地去适应生活、欣赏生活、改造生活和驾驭生活。所以，它在根本意义上是更有利于个体自身存在和发展的自我认识。

（二）自我定位的基本原则

自我的每一项选择都是具体的，人们不能在具体的选择上作抽象的规定。但是，每个个体的合理选择都是以自身的需要、利益与社会生活、客观世界的规律性、必然性为基础的。因而合理的自我选择总会体现一般的原则。

1. 内在尺度和外在尺度相统一的原则

马克思说：“动物只是按照它所属的那个种的尺度和需要来建造，而人却懂得按照任何一个种的尺度来进行生产，并且懂得怎样处处都把内在的尺度运用到对象上去；因此，人也按照美的规律来建造。”① 这段话的意思是说，动物只有自己的尺度，人不仅有自己的尺度，而且还遵循一切对象的尺度，所以人能够按照自己的需要改造客体。内在的尺度就是主体的尺度，这里主要是指主体的本性、需要和现实能力。对象的尺度就是客体的尺度，因为外在于主体，所以又叫外在的尺度，是指客体的属性、本质、结构和发展规律。

个体自我选择同样要遵循内在尺度和外在尺度统一的原则。这两个尺度的统一在个体的自我选择中具体化为“我是什么样的人”与“我想成为什么样的人”的统一。“我是什么样的人”是个体对自己的需要、利益、本质、属性、素质、能力等主体要素及由这些要素综合而成的具体整体所作的判断，即对个体自身的现实存在性质和特征的认识，亦即自我认识。“我想成为什么样的人”是个体对自己未来存在状态的规划和设计。个体作为现实的存在，其未来发展有多种可能性。但是个体未来发展的可能性只能是基于个体现实性质和特征的可能性，所以“我想成为什么样的人”要以“我是什么样的人”为基础和依据，否则就是“幻想”“空想”。正如马克思所说：“……如果他要进行选择，他也总是必须在他的生活范围里面、在绝不由他的独自性所造成的一定的事物中间去进行选择的。例如作为一个爱尔兰的农民，他只能选择：或者吃马铃薯或者饿死，而在这种选择中，他并不永远是自由的。”②

要在“我想成为什么样的人”和“我是什么样的人”之间达成一致，

① 《马克思恩格斯全集》第 42 卷，人民出版社 1979 年版，第 97 页。

② 《马克思恩格斯全集》第 3 卷，人民出版社 1960 年版，第 355—356 页。

个体必须反省的问题是“我能成为什么样的人”。“我能成为什么样的人”是对个体未来可能性的现实合理性的表达。“我能成为什么样的人”首先取决于个体对自身状况的自知，就是说，在对“我能成为什么样的人”的思考中必然包含着个体自身的“尺度”。此外，还取决于社会提供的条件，即社会的现实状况。以“我是什么样的人”为前提和基础与“我能成为什么样的人”的统一，就是适合于个体的、具有现实合理性的“我想成为的人”。

2. 社会价值与自我价值相统一的原则

选择什么样的自我，自我就有什么样的价值。个体从自己的需要、利益出发，选择自我，不仅仅强调个体的自我价值，其中还包括个体的社会价值。如前所述，个体的价值由个体及个体生活的社会性质所决定，是自我价值和社会价值的统一，这两者从来都是不可分割的，而且一个人会因为其社会价值的增大而提升个体的自我价值。正确的自我定位是把个体的自我价值与个体的社会价值统一起来，即既有以自己的需要和利益为尺度的选择，又能够使自己的选择与他人、社会的需要和利益保持一致，并善于根据社会和他人的反馈来不断调整自己的定位。个体把自我设计成自己所希望的，同时是他人、社会所需要的人，这样的自我选择才会有生命力。

3. 兼顾各种需要的原则

个体的生活需要是一个由众多需要组成的系统，但是，每一种需要在个体生活中的地位、作用是不同的。有的需要贯穿个体生活的始终，决定个体的基本性质，如衣食住行、生命安全、维护尊严、情感等基本生存需要，与他人的物质交换的需要，劳动的需要，等等，它们是个体生活的基本需要，是一切需要的基础。有的需要与个体的根本利益相关，它们是个体的根本需要，如自由的需要、民主的需要、自我实现的需要，等等。有些需要在特定的生活环境下成为整体利益、根本利益的举足轻重和至关重要的因素，它们就是个体的迫切需要，比如危重病人对特效药的需要、丧失生活信心的人对关爱的需要、严寒中几近冻僵的人对一件棉衣的需要，等等。在需要的层次中，基本生存的需要是应该最先满足的需要，迫切的需要是在特定条件下应该首先满足的需要，因为它涵盖了基本的需要。在基本需要满足的基础上，根本的需要是个体重点满足的需要。在个体需要的结构中，还有一些非根本、非重要、非基本的需要。优先满足个体基本的、迫切的和根本的需要，并不意味着非根本、非重要、非基本的需要可以被忽视，更何况在一定的条件下，基本的需要和非基本的需要之间、迫切的需要和非迫切的需要之间、根本的需要和非根本的需要之间是会发生转化的。一个全面发展的个体，其需要是全方位的，在条件允许的情况下，个体有权利满足自己所有合理的需要。但是，个体在对待这些需要的时候，要量力而行，尽力而为。

（三）自我定位的基本内容

自我定位本质上是一种价值选择，是“我”能够成为什么样的人和“我”要成为什么样的人的自我确定，其实质是个体存在和发展的价值取向，即“我到底要什么”的问题。

自我定位是个体根据自己的需要对现实价值关系的选择，但是，自我定位不是简单地肯定自己是什么或者应该是什么，而是在肯定自己是什么和应该是什么的同时，否定自己不是什么和不应该是什么。个体的自我定位，一方面是围绕着自我的“图景”和自我的观念对自己的生活进行定位的，活动的一切内容都是确证和推进“自己是什么”和“应该是什么”；另一方面，与个体定位的自我没有关联或者是背道而驰的一切内容同时都应该被排斥在自己的活动之外。对于个体自我定位的这两个方面的意义，个体要有非常清楚和确定的意识。这种意识在个体生活中要转化为收益—代价意识，即个体要有为自己的预期收益付出代价的意识。在这里，“收益”是指生活对自己的本质的确定和推进，而“代价”是指为此必须“付出”或“放弃”的东西。比如，个体确定了自己要当学者，那么按照“学者”的尺度生活，就要甘于做“学者”该做的事情，如勇于探索、勤劳工作、坚持真理等，还要甘于放弃做“权贵”的机会、当“大款”的可能。收益—代价意识能够使个体专注于自己选定的自我，保持良好的心态，不至于“心不在焉”“朝三暮四”“这山望着那山高”或产生“心理失衡”。

具体的自我定位是全方位的，包括道德的定位、职业的定位、生活意义的定位、生活方式的定位等。对个体的存在和发展最为重要的自我定位是生活意义定位、生活方式定位和人格定位。

1. 生活意义定位

生活意义定位就是生活的价值和生活目标的选择。人有别于和优越于动物之处在于他富有意义和追求意义。一般而言，人们在两个层面上理解生活的意义：个体的生命活动在于个体的自我价值和个体人生追求的目的；个体对人的生命的价值、目的和使命的自我领受、自我体验及自我评价。我们所说的生活意义的定位首先是个体对生活价值和生活目标的选择。在这个意义上，生活的意义就是个体的生命活动对于个体的存在和发展的价值。个体的生命活动对个体的价值是怎样的，在于个体的生命活动是怎样的；个体的生命活动是怎样的，在于个体是怎样生活的；个体是怎样生活的，在于个体是怎样选择的。影响个体选择的众多因素中，价值观念是最能动的因素。个体的价值观念是个体在生活实践中形成的各种评价标准的总和，是个体根据自己的生活经验而确立的以生活理念、理想为核心的价值观念体系。

个体生活在社会中，就要承担各种各样的角色，处理各种各样的社会关系，解决各种各样的问题，各种角色都是他的自我本体存在的具体方式，处理各种关系的过程也就是他的生命存在和展开的过程。无论个体是否自觉地意识到这一点，他实际上都是在解决各种问题的过程中经历着、实现着、完成着自己的生命历程和生活过程。个体在这个过程中形成了一定的待人接物、处理各种关系的原则和规则，然后在这种原则和规则的指导下进行自己的各项活动、作出各种选择。这些规则和原则内化为个体的精神因素就是个体的价值观念。个体价值观念的确立有相对的稳定性，这种稳定性就是他人格稳定性的基础，决定了他是一个什么样的人（自我认同是以价值观的形成为基础的）。任何一种主体的价值观念都是自己独特实践的产物，它们在内容和价值的次序上是不同的。在个体的价值观念中，生命意识、人己关系的观念、物质享受与精神享受关系的观念、人生理想境界的观念是最为重要的内容。

个体生活之于个体有以下三种价值。一是主体价值，即指一种事物或现象的产生和存在，永远与主体的存在、主体权益的存在、主体的社会关系的存在相联系，是主体的生存和发展所必需的。个体生活代表着个体存在和发展的根本利益，与个体维护自身的主体地位、维护自身的存在和发展密切相关，也就是说，个体生活价值是主体价值。二是工具价值，即个体通过自己的生活活动来满足自己生存和发展的需要。尽管现代社会的生产力发展水平远远高于传统社会的生产力发展水平，但是，个人的脑力活动、体力活动仍然是个体谋生的手段，个体生活作为自己生存和发展的手段价值是不能否认的。三是目的价值，即个体生活直接包含着解放自己、实现自主发展、个性自由、追求幸福和真、善、美统一的生活目的。个体生活的价值特征体现了个体生活的三个根本价值取向：主体地位和性质的价值取向、满足生存需要的价值取向和追求自我完善、自我发展的价值取向。这三种价值取向相互联系，但是并不一定统一为一个整体，这主要看个体自身的本质力量。正确的生活意义的定位和这一定位下的自主生活是将三者统一起来的个体条件。

个体给自己的生活意义定位，是在自己的生活中注入自己的生活意志，是主动地赋予自己的生活以意义。主动地赋予生活以意义，就会使个体在生活中体验到生活的意义。这里做个比喻：一个画家在用心地自由创作一幅画。这个画家必然会在这幅画中注入他对事物的感觉、追求、生命的感受、自己的思想和情操。当他把自己的作品当作一个客体进行反省和评价时，他会找到他作画时的情感、思想的寄托和对真善美的追求。生活的道理也是一样，对生活价值的自觉选择，其根本意义在于个体按照自己的愿望、意志去自觉推进自己想要的生活。只有这样，个体才能在自己的生命活动中体验到生活的意义所在。对生活意义的体验有两种方式：一是积极的体验，二是消极的体验。积极的体验是个体在主动地赋予生活意义的同时体验生活的意义，这种体验一般带来个体积极的情感和情绪；消极的体验是经过一段生活过程之后反观自己的生活而获得的生命体验，如人生如梦、生活就是吃喝玩乐等。对生活的意义进行有意识的选择与混混沌沌、被动地生活是完全不一样的生命过程和人生体验。

个体化时代，个体的生活价值具有独立的性质，即每个个体都有权利按照自己的意志追求不同的生活价值和目标。人生的意义是人的生命的内涵和底蕴，是人的整个生存得以维系和升华的生命之气韵和神趣。人生的意义是人生的根本问题，因为它包含着人生价值和人生目的这两个人生观的根本内容，这个问题的解决直接决定个体生活的其他问题的解决，它贯穿个体生活的主要问题，如个人的职业、友谊、爱情、自由发展、理想目标等，或者说这些问题都体现了个体对人生意义的诠释。人生的意义不是一劳永逸的，它是随着个体生活环境、生活条件的变化和个体主体因素的变化而不断发生变化的。生活的创造性是人生意义不断生发的源泉。为什么人们在生活中经常感到无聊和单调，甚至是无意义呢？其实这不过说明人的生命活动已失去了生机和活力，失去了创造性，失去了自觉、自由的向度。

2. 生活方式定位

个体的生活方式是指个体满足其生活需要的独特的活动方式，是个体在生活意识的支配下为自身的利益和需要而进行的各种活动的方式的总体系统。随着现代社会个体主体性的增强，个体选择生活方式的能动性因素越来越突出。同时，现代社会消费资料实行个人所有制，人们的许多生活活动都是以个体化的形式进行的，这样，个人选择什么样的生活方式、如何生活，直接关系到个人和社会的发展。

个体生活方式的选择，一方面取决于自己的能力、社会本质、生活的价值取向、对生命的理解和体验，另一方面受制于具体的生活环境，这些环境包括自然、社会、文化等方面。但这些环境不仅仅是对个体生活的限制，它们还是个体生命展开的物质基础和社会条件。在生活环境一致或不变的情况下，生活方式的选择是由个体的本质力量和需要决定的。毫无疑问，个体的生活方式是在社会的道德、风俗习惯、法律的影响和约束下渐渐形成的，但是个体对这些道德、风俗习惯、法律的理解却是不同的。个体总是按照自己的理解发展出适合自己需要的生活方式。

生活方式的定位直接关系到个体怎样选择自己的生活需要、怎样满足自己的生活需要。生活是人的存在方式，但生活并不能将人与人区别开来，将人区别开来的是生活方式。因而，生活方式的定位与个体成为怎样的人密切相关。合乎人性和人的本质、与人的发展趋势相一致的生活方式和健康、积极向上、负责任的人生联系在一起；而违背人性、人的本质、人的根本利益和长远利益、人的发展方向的生活方式总是和颓废、腐朽、没有前途的人生有关。

3. 人格定位

人格定位是个体自我定位的重要内容。“人格定位”与“人格意识”有关。“人格”是一个含义较为丰富的概念。在心理学意义上，它是指一个人惯常的心理特征和行为模式的总和，即与人的“个性”相关的范畴；在伦理学意义上，它是指道德上的权利和义务的主体，是高于“个性”的概念；在法律意义上，它是指作为权利和义务主体的人的资格；在日常生活中，它是指个人的道德品质。① 从个人存在的意义上，“人格”在上述具体意义的基础上被抽象为一个反映个人与对象世界联系的稳定的、确定的方式的范畴。“人格”对于个人的作用在于为个人的思维和行为提供一以贯之的模式，是一个人正常思维和行为的根据。在内容构成上，人格包括个人的道德品格、意志品格、行为品格、思想品格、情感品格、认知品格，等等。不同的人有不同的人格特征，为社会认同的人格一般包括自尊、自律、诚信、善待他人、负责任、利他、克己、民主、宽厚、自强、自立、自主、果断、顽强、雷厉风行、积极、热情、向上、坚忍、耐劳、坚持真理，等等；为社会所否定的人格包括自私、不自律、不自尊、不自强、不自立、不守信用、奢侈、浪费、贪图享受、不求进取、不爱劳动、自卑、自暴自弃、依附于他人、无责任心、不尊重他人、守旧、固执、偏激、刻薄、目光短浅、胸无大志、卑鄙龌龊、心胸狭隘、飞扬跋扈、懒惰、消极、不学无术、独断专行，等等。这些人格品质绝大多数是社会性品质，是在个人的社会生活过程中形成的，所以，个人在形成人格的过程中是有自主能动性的，个人完全能够在人格的性质和特征上进行选择。

一个有自我意识的人，总会对自己的人格形成意识，即有人格意识。生活在现实社会的人，能够自觉地“向自己提出精神价值、道德意识上的追求，并接受社会通行道德对自己行为的指导，用道德尺度评价自己的所作所为”②，有意识地形成自己的人格意识就是人格定位。一个人的人格定位是他对自己“是一个怎样的人”“愿意成为一个什么样的人”的自我选择。

① 黄楠森、夏甄陶、陈志尚主编：《人学辞典》，中国国际广播出版社 1990 年版，第 642—643、644—645 页。

② 李德顺：《道德价值论》，云南人民出版社 2005 年版，第 95 页。

因此，人格定位对个体生活至关重要。它是个体精神境界的凝聚和成熟个性的表现。如果个人在人格上没有自觉的定位，就不能主动把握和坚持确定的自我，在行为和思想中就会产生人格模糊和混乱，在生活中必然缺少对生活世界形成自己判断的能力，以及对自己和周围世界的主导能力。

人格定位的关键是确定健全和健康的人格。既然人格是指个人与对象世界联系的稳定的、确定的方式，它必然包括人对待自己和对待他者的基本形式。健全的人格表现为这两种基本形式的和谐一致，即既有清晰、确定的自我选择，又能把自我选择与社会对“自我”的选择在“大我”的基础上统一起来。健全的人格内在地包含着健康人格的含义。健康的人格具有被社会大多数成员认同的特征，其内容包括对社会和谐发展、道德进步、人性提升、促进个体主体地位和个性发展及幸福生活有价值的一切人格品质。健全而健康的人格定位能够使个体在复杂、多变的生活环境中保持独立的人格和人的尊严，选择适合自己的、体现自我人生价值和社会价值的生活。

二、“我”的主体性建构：自我实现

自我实现是个体主体性的最终外化。个体生活主体性危机的发生还在于个体没有自觉选择的“自我”。所谓自觉选择的“自我”是指个体对自己“将要成为什么样的人”和“能够成为什么样的人”有确切的意识，即个体根据对自己实事求是的认识，从自己的需要、利益出发对“自己成为什么样的人”“过什么样的生活”进行自觉选择。人作为能动性存在总是在活动中将自己的观念对象化，这是人确证自己是活动主体的过程。个体在观念上选择了自我，就会在生活中把观念的自我对象化，这就是个体的自我实现。

按照马斯洛的说法，自我实现的需要是指一个人促使他的潜力得以实现的趋势，“这种趋势可以说成是希望自己越来越成为所期望的人物，完成与自己的能力相称的一切事情”①。马斯洛认为自我实现的需要是个体的基本需要之一，有自我需要的人，才有健全的人格。国内有的学者沿袭了马斯洛的观点，认为自我实现就是“为一个根据自己的志愿和特长，而着意选定的、最能够体现自我价值并具有一定社会意义的理想和事业而艰苦奋斗、百折不挠”②。也有学者把“自我实现”的概念发展为一个关于人的自我发展与自我完善、不断超越自我的哲学范畴，从个体生活主体性的角度，把自我实现理解为个体在思想、行为上达到的自主存在和发展的性质和状态。他们认为，“所谓自我实现是人通过自身的实践活动满足自身生存和发展的需要，培养和发展自己的能力、才干与个性，实现自己人生理想和人生价值的过程”③。

（一）自我实现是主体性建构的途径

从本质上讲，“自我实现”就是“成为我自己”。“自我实现”不是说在个体的内部存在着某种本质或潜能，通过生活过程将它们显现或者实现出来。实践唯物主义从来不认为人有先在的本质，即使是遗传性的自然属性和潜能也只能以“文化”的形式存在。这好比一个人有很好的听力和对声音及其节奏的感受力，并不意味着他天生就是一个音乐家，或者是一个语言学家，至多只能说他具有成为音乐家、语言学家所必备的某种有利的素质，这种素质不会自然而然地随着个人的成长而变成一种事实。只有

① ［美］马斯洛等：《人的潜能和价值》，林方主编，华夏出版社 1987 年版，第 168 页。
② 维之：《论自我》，文津出版社 1991 年版，第 298 页。
③ 吴倬、孟宪东：《试论历史唯物主义关于人的自我发展的基本观点》，《思想理论教导刊》2004 年第 4 期。

个人认识到这种素质对于成为音乐家、语言学家或者其他的什么人更为有利，并在观念中产生要做一名音乐家、语言学家或者是其他什么人的人生志向，而且为此积极寻找各种社会条件，再加上自己主观上的不懈努力，他才有可能成为一名音乐家、语言学家或者其他什么人。同样，实践唯物主义也不认为人是为某种自身以外的必然性所规定的存在，“自我实现”就是把外在的必然性一一变成现实。个人生活在世界上，受各种外在必然性的束缚，尤其是个人成为个体，独自承担生活的责任和面对现实，常常有一种无奈、无力、无能等被外在的因素所牵制的感觉，因而也就更容易在精神上产生“宿命”的结论。个体生活固然有自然条件和社会条件的制约性、受动性的一面，如地理条件对生活活动的限制、实践发展对人的本质形成的决定作用、社会进步对人性发展的推动、文明进步对人的精神世界的提升、社会变革对人的解放的作用，等等。但是，它也有能动的一面：个体作为实践的、能动的、具有自觉意识的社会存在物，具有自我规划、自我塑造、发展才干、实现理想、克服外在必然性及实现自主生活的本质和力量，这正是个体的自我实现的内在机制。

个体的真正本质和能力是在生活实践中由个体创造出来的。人在存在中创造自己，意味着人是生成的存在。人是生成的存在，人的自我实现过程就是人的自主生活和创造过程。在对人的本质的探索中，许多哲学家发现了个体的创造性本质。马克思把人的存在看作他的生活过程，认为人没有什么抽象的本质，人的本质是社会关系的总和，是自己实践的产物。这不仅是对人类的本质的揭示，也是对个体的本质的揭示。现代法国生命哲学家柏格森提出：“我们做什么取决于我们是什么，但必须附加一句，我们是自己生活的创造者，我们在不断地创造自己。”① 萨特的“人的存在先

① ［法］昂里·柏格森：《创造进化论》，王珍丽等译，湖南人民出版社1989年版，第10页。

于本质”的命题也在强调同样的观点：人先存在着，然后在存在的过程中变成自己愿意变成的人，人是自己设计、自己选择、自己创造自己的存在物。这些思想揭示了一个事实：人与其他物质存在不同，其他物质存在的本质、形态就存在于物质存在本身，物质存在的过程就是它们的本质、形态的展开和显现过程，人却不是这样，人只有他的自然本质和属性存在于身体之中，而人之为人的社会属性、精神属性无一不是在生活活动中由自己创造出来的，所以，人是在生活中创造自己的存在。

自我实现的需要是个体的基本需要之一。正如恩格斯指出的，“在社会历史领域内进行活动的，是具有意识的、经过思虑或凭激情行动的、追求某种目的的人”①。个体在生活中创造自己，是在自我认识和自我定位的基础上进行的。个体一旦在意识中确定了自己是什么样的人、想成为什么样的人，他就会在自己的生活中努力确证和实现自己是这样的人和正在变成这样的人，用马斯洛的话说就是：“音乐家必须演奏音乐，画家必须绘画，诗人必须写诗……是什么样的角色就应该干什么样的事。”②如果音乐家、画家、诗人特别想做音乐家、画家、诗人，但是他并不是为了体验生活而去种地或者从事他不想做的事情，这就不是自我实现。

对于人的自我实现的需要，不能仅仅从人的自然属性去理解，而主要应从人的社会属性及精神生活方面去理解。个体有权利把任何一种理想当作自我实现的目标，但是，这个目标的层次和水平决定了个体是一个什么样的人、他的价值的性质和大小。自我实现的需要越是居于个体需要的更高层次，个体的自我价值就越大。恩格斯曾把人的需要分为三个层次：生存需要、享受需要和发展需要，其中发展需要是人高层次的社会需要。充实自己、完善自己、超越自己是发展需要的核心内容，因而发展需要也是

---

① 《马克思恩格斯选集》第4卷，人民出版社2012年版，第253页。

② ［美］马斯洛等：《人的潜能和价值》，林方主编，华夏出版社1987年版，第168页。

自我实现的需要，自我实现是人的最高需要。马克思认为，社会应该为每一个人提供发展的条件和显示自己才能的机会，让每一个人都能做到“人尽其才”，成为真正的自己。

自我实现是个体生活理想和生活目标的实现，但是，不能因此把自我实现理解为个体单纯的自我价值的实现，而是要从人的本质是“一切社会关系的总和”，从社会性和实践性的统一这一前提出发，从人与社会的辩证关系出发来理解个体的自我实现。人的本质是“一切社会关系的总和”，脱离个体的社会关系抽象地谈论个体的自我实现是没有任何意义的，个体作为社会成员与他人的相互依赖、相互影响和相互作用的关系，决定了个体对社会和对他人承担的义务和所负的责任。马克思和恩格斯指出：“作为确定的人，现实的人，你就有规定，就有使命，就有任务，至于你是否意识到这一点，那都是无所谓的。”① 所以，在自我实现中，既有个体的价值取向、人生目标、理想，也包含着为社会创造价值、为社会作出贡献的内容。把自我实现仅仅看作自我价值的实现，否认自己在实现社会价值方面应当承担的责任和义务，显然是片面的。个体对社会的依赖关系表明，个体满足自己需要的一切活动，都要在社会中获得条件，获得社会的允许。在现代社会条件下，即使一个人把自己的最高理想确定为吃饱喝足，他也得通过向他人、社会提供有用的劳动或者以社会容忍的方式才能达到目的，也就是说，个体满足自己的需要只有通过为社会服务或奉献并从社会获得相应的回报才能实现。所以，个体的自我实现能否实现要看社会是否支持，其关键在于个体的自我实现对社会是否有价值。个体的自我实现对社会作出了贡献，社会就会予以承认、支持和回报，满足他继续存在和发展的需要。个体得到的社会承认和支持越多，其自我实现便越充分；个体得到的社会承认和支持越少，其自我实现的程度越低，而脱离社会的所

① 《马克思恩格斯全集》第 3 卷，人民出版社 1960 年版，第 329 页。

谓的自我实现是根本不存在的。所以，任何自我实现都是社会价值和自我价值的统一。

“自我实现”实现的是个体的人生理想，这一需要在个体的需要层次中属于最高需要。自我实现的内容，不仅仅包含个体对于自己之外的客体世界的改造获得的肯定性的价值结果，还包含着在改造外部客体世界过程中同时把自己作为对象按照一定的目的加以改造而得到的肯定性结果，这两个过程的高度一致和统一，就是自我实现的基本特征。因而，“自我实现”并不单纯是个体某些生活活动的合目的性，而是个体整个人生的合目的性，即合乎个体的人性。在个体的“自我实现”中，既体现了个体作为自己生活手段的价值，又体现了以自身为目的的自我发展、自我完善的价值，在个体的手段价值和目的价值中实现的是个体的主体价值。个体“自我实现”的这一特征决定了个体自我实现的人生理想价值维度。无论这一需要在不同的个体身上表现为怎样的内容及怎样的层次，它都是个体人生的理想。既然是人生理想的实现，其中必然包含着个体对自己生活的理解，包含着对自身价值的诠释，包含着个体的人生境界。

“自我实现”实现的是个体观念中的关于自身的“理想蓝图”，因而它以个体的自我认识为前提，以个体的“自我定位”为基础。个体的自我认识是否客观、全面，决定了个体的自我定位是否客观、合理。个体自我定位的主要内容是个体自我实现的核心内容，或者说个体的自我实现就是围绕着“我是怎样的一个人”和“我应该是怎样的一个人”展开的。自我定位是否合理、恰当，直接决定自我实现的需要能否得到满足，自我定位体现的个体价值取向及所达到的自我境界就是个体自我实现的价值取向和境界。因而，个体的自我实现体现了个体人生理念和人生实践的统一、个体作为主体和客体双重身份的统一和个体生活真、善、美的统一。

但是我们不该由此就把个体的自我实现理解为某种普遍的抽象理想人生的实现。人生理想本来就是价值观念，它有强烈的主体性。任何人都有权利把任何一种人生理念作为自己的人生理想，只要他的人生理想符合正确自我定位的基本原则，只要他想好了能够为某种人生理想的选择承担责任。一个把当优秀农民当作自己人生理想的人不比一个把当科学家当作自己人生理想的人卑下，他的人生的成就感、幸福感并不一定比科学家的成就感、幸福感少。重要的是，从自己的客观实际出发，选择最适合于自己的自我，并把它变成现实。

个体自我实现的过程是人生不断提升的过程，因而是个体不断超越自我的过程。任何一个人生理想都不是一个现成的观念，任何一个自我都不是僵化、静止的概念，它们随着个体生活的展开而表现为不同的形式和内容，并展现出不同的境界。个体自我实现的过程是从现实的自我走向未来自我的过程，是从旧的自我不断走向新的自我的过程，是个体自我完善和自我发展的过程。这是个体自我实现的辩证内容。

（二）自我实现的根本途径

自我实现的本质特征决定了个体自我实现的两条根本途径：

其一，积极投身社会生活实践。马克思说：“环境的改变和人的活动或自我改变的一致，只能被看做是并合理地理解为革命的实践。”① 唯物史观认为，自我实现本质上是一个社会实践的过程，离开社会生活实践，自我实现就无从谈起。马克思特别强调了自由劳动对于自我实现的价值：“诚然，劳动尺度本身在这里是由外面提供的，是由必须达到的目的和为达到这个目的而必须由劳动来克服的那些障碍所提供的。但是克服这种障碍本身，就是自由的实现，而且进一步说，外在目的失掉了单纯外在自然必然性的外观，被看做个人自己提出的目的，因而被看做自我实现，主

① 《马克思恩格斯选集》第1卷，人民出版社2012年版，第134页。

体的对象化，也就是实在的自由——而这种自由见之于活动恰恰就是劳动……”[①] 在马克思看来，自我实现是自由劳动的重要特征之一。在自由劳动中，人们树立起满足自己需要的具体目标，通过克服外在的必然性，即根据客观规律改造外部世界，使自己的需要和要求得到满足，使人们在劳动开始时所设立的目标得到实现，这就是人的自我实现过程。这一过程正是人的本质力量得到体现、人的本质得到确证、人的自由不断实现的过程。因此，人的最充分的自我实现应该而且只能通过劳动。

社会生活实践对个体自我实现的作用表现为：首先，个体自我实现的意识产生于社会实践。个体之所以会产生自我实现的内在要求，在于个体对社会要求个体不断发展自己以满足社会发展需要的自觉意识。马克思、恩格斯指出："实际上，在职责、使命、任务等等中，个人在自己的观念中是和个人的本来面目不同的……他提出了他应该成为什么的想法作为合理的东西，作为理想……来与他自己的现实存在相对立。"[②] 这是说，人们在发展自己的过程中，有一个自己提出发展目标或理想，然后再通过自身努力实现这个目标或理想的过程，这个过程充分体现了个体的自我实现。社会的存在和发展在客观上要求个体必须不断地发展自己的素质、能力，以适应社会进步的客观要求，个体正是意识到了社会对个体的这种要求，才形成了自我发展、自我完善的意识，正是这种意识构成了个体自我实现的内在动力。也就是说，社会的发展必然推动个体发展自己去适合社会的要求，否则个体就会被社会淘汰。其次，社会生活实践是推动个体自我实现的重要力量。个体的需要、能力、素质、本质属性等自我实现的要素都是在社会生活实践中形成和发展的，个体自我实现的一切手段，如知识、技能、劳动的机会、各种后致的社会角色也是个体必须在社会实践中才能

① 《马克思恩格斯文集》第 8 卷，人民出版社 2009 年版，第 174 页。

② 《马克思恩格斯全集》第 3 卷，人民出版社 1960 年版，第 325 页。

得到的。再次，只有具体的社会生活实践才是把个体关于自我的“理想蓝图”与现实的自我联系起来的桥梁。离开个体的社会生活实践，个体的自我观念永远是其头脑里的东西，不会对现实的个体产生任何实际的作用，不可能实现任何自我。最后，社会实践是检验个体自我“理想蓝图”的最终标准。个体在观念中对自我的定位是否是合理的、实事求是的，只有将它们付诸具体的生活实践才能被检验，并且在社会生活实践中被修正、完善和发展。总之，离开社会实践这一环节，任何自我实现都是不现实的。

其二，充分发挥积极的个体主体性。自我实现是个体生活展开的过程，是实现自己的生活理想和生活目标的过程。个体在自我实现的过程中，就要充分发挥积极的个体主体性。个体在生活中发挥积极的主体性就是要在生活中表现出主人翁精神，个体不仅要全面主张、争取生活的权利，而且要有对生活负责的积极的生活态度。个体主体性的发挥在生活中具体表现为：首先，个体要对自己的需要、本质、特性、素质、能力、本质力量有清楚、客观的认识，对自己的现状和潜质有客观的评价，这是自我实现的最重要的前提；其次，在内在尺度和外在尺度相统一、社会价值和自我价值相统一、以基本和主要的需要为主兼顾其他需要的原则基础上选择自己的生活目的、自己的生活价值、自己的生活方式和自己的人格模式，并且根据社会提供的条件和自己能够利用的现实条件，制订自我实现的计划、方案；再次，将自己的计划和方案付诸生活实际，并根据具体的实际情况，不断修正、完善计划及方案，使之更符合实际；最后，也是最重要的，个体要用坚韧不拔的毅力和坚强的意志去实现自己的生活理想和生活目标。既要乐观向上，又要有脚踏实地的实干精神和勇于为实现理想不惜代价的意志，还要以科学的理性精神为指导，尊重事物的发展规律、人自身的发展规律和社会的发展规律，正确处理自我与社会的关系、感性与理性的关系、目的与手段的关系、私德与公德的关系、存在与发展的关系，等等。总之，只有充分发挥积极的个体主体性，个体才能真正成为自己理想中的自我。

三、“我”的主体性建构目标：自主生活

个体以积极的个体主体性作用于生活，其生活必然是自主的。自主生活是现代社会个体最有价值、最理想的生活。如何理解自主生活的含义和性质、特征是把握个体生活理想状态的关键。

（一）自主生活：现代社会个体生活的主体核心价值

从表面来看，每个人的生活内容没有质的差别，都是在解决衣食住行的问题。但是在不同的社会发展形态中，个人是怎样生活的，却有很大的不同。不仅每个人与他人结成的社会关系不同，而且在社会生活中的地位、性质不同，对社会环境的控制程度、方式和自由度也不同。现代社会是个体化社会，个体化时代的到来，使个体生活发生了划时代的变化。德国著名社会学家诺贝特·埃利亚斯在他的《个体的社会》一书中谈到个体生活的时代特征时指出：

> ……原先由联系较为紧密的血缘集体，如氏族或村落、土地拥有者家族、行会或等级阶层给予个人的庇护和控制功能，现在正转移到高度集中化和越来越城市化的国家集体里。随着这种转移，那些单个人，当他们长大成人时，就越来越多地脱离了原先较为密切的、地域性的血缘和庇护群体。后者由于庇护和控制功能的日渐丧失，其自身的凝聚力也开始减弱。在那些更加庞大、高度集中和不断城市化的国家社会里，单个人在越来越高的程度上要依靠自己谋生立业。他们的流动性（在这个词的地域和社会意义上讲）增加了。从前他们那种必需的和终其一生的对家庭、对血亲族系、对地域社团和其他这类集体

组织的依附减少了。他们的行为、他们的目标和理想与这类集体组织生活相称的协调性，与他们对后者的那种不言而喻的认同需要，这些都在减弱。他们在获得肉体和生命的保护，获得食物分配、工作机会与对遗产和收益的保障方面，或者当需要作出决断时在获得帮助、建议和关心方面，对这些集体组织的依靠已愈益减少——所有这些变化，起先只发生在有限的一些特殊群体内，后来在上百年的历程中也逐渐扩展到更广大的阶层，甚至扩展到了乡村地区。一旦单个个人在日益分化的国家社会这个环境中，作为个体从那些较小的、联系密切的前国家的血缘和庇护集体中脱离出来，他们就把自己置于数量激增的各种不确定性面前。他们拥有了某种更大的选择空间，可以在更大的程度上为自己做出决断。但是他们也必须在更大的程度上为自己做出决断。他们不单是能够，而且也必须在更高的程度上自足自立。在这一点上他们别无选择。①

不同时代的个人生活在自由的程度上和具体的样式上存在着本质差别，这种差别主要是由社会生产关系的本质差别决定的。同一社会形态下的个人生活也存在着差别，这主要是由个人具体的社会关系决定的。一般而言，个人生活的差异性是社会形态总的社会关系和个人具体的社会关系综合作用的结果。以自然经济为基础的传统社会形态中的个人，其生活性质的差异就在于其承袭的社会关系的不同，表现形式上的差别才与个人对角色的理解和个人的行为有关。比如说，一个人是国王还是农民，要看他承接了什么样的社会关系，作为国王的个人与作为农民的个人的生活上的差别，就是国王和农民的差别，个人本身没有什么自主性。而农民和农民

① ［德］诺贝特 · 埃利亚斯：《个体的社会》，翟三江、陆兴华译，译林出版社 2008 年版，第 124—125 页。

生活的差别在性质上是没有不同的，只是在具体的生活活动的表现形式上表现为个人的特征。

在现代社会，个体生活的差异，无论是其性质还是形式都表现为总的社会生产关系下的个体的选择性特征。个体不仅可以选择当工人或者当农民，而且当什么样的工人、农民也可以有与众不同的选择。个体不仅能够选择自己的职业，还可以选择自己的人生道路。在个体化时代，个体是自己生活的主导因素，怎样生活、为什么而生活是自己选择、决定的事情，不再受外界力量的支配和决定。所以个体生活的本质差异并不主要在于他生活的环境，而在于个体自身对生活环境的选择。这取决于个体在生活中的主体地位和主体性质：个体是生活系统中的能动要素，对生活活动的形成及其诸要素的结合方式起主导作用；个体的需要是其生活活动的发起者和推动个体生存、发展的动力源泉；个体能够意识到自己的生活活动与其整个人生的需要和利益的密切联系，控制和调节自己的生活活动以趋向和实现自己的生活目标，从而支配、决定自己的人生命运。所以，个体生活的差别主要是个体主体性的差别所致。

我们把个体主体性理解为在以个体为主体的对象性活动中个体相对于自己和自己的生活世界表现出来的自主、自律、主动、能动、创造的地位和特性，那么，个体主体性的核心就是自由问题，或者反过来说，自由是一个主体性范畴，是人的主体性的最充分体现。黑格尔说："在主体中自由才能得到实现，因为主体是自由的实现的真实的材料。"[①] 这些思想揭示了个体主体性的自由性质。既然个体是自己的生活活动和整个人生的能动力量，个体主体性的差别是形成个体生活差别的主导因素，那么，个体主体性如何就成了个体生活的核心问题，以自由为核心的个体主体性就是个体生活的主体核心价值。

---

① ［德］黑格尔：《法哲学原理》，范扬等译，商务印书馆 1961 年版，第 111 页。

显然，个人成为个体必须具备的基本条件是自由，即个体摆脱了对群体的人身依赖关系，置身于真正普遍、全面的社会联系之中，能意识到自身的独立性，并通过自己的努力去选择和实现个人价值。个体只有是自由的，他才有可能是生活的主体，才能“使自己的生命活动本身变成自己的意志和意识的对象”，而“仅仅由于这一点，他的活动才是自由的活动”。[①] 自由在许多情形下就是主体性的代名词。自由的含义很多，与素质、能力共同成为个体条件的自由，指的是个体的社会自由和个人自由的统一。现代社会个体的社会自由是指个体在社会生活中，在法律和道德允许的范围内，从事各种社会活动和处理社会关系时，能够按照根据自己的需要、利益、价值观念等形成的意志，决定自己做什么和不做什么，即独立自主地决定自己的行动。社会自由是历史的产物，它是随着社会生产力的提高、经济文化的发展、生产关系的进步而逐渐获得的。个人的社会自由在传统社会里只是少数人的特权，对大多数人来说，他们被束缚在传统的社会关系中，一生面对的是一种生活的可能性。为了生存，他们从事社会活动、建立的各种社会关系不是他们自己自主选择的，而是由人身依附关系决定的。在社会化大生产和商品经济条件下，社会所有成员在政治上和法律上获得了自由的权利，随着个人转变为个体，个人的社会自由转变为个体的社会自由。

从个体自由所蕴含的意义我们可以看出，个体和自由是同一的：正因为个人是自由的，他才变成了个体；也正是由于个人成了个体，他才是自由的。这种同一性并不会因为个体自由的“物的依赖关系”而发生变化。

（二）现代社会个体生活的理想状态：自主生活

我们所说的个体生活的理想状态是指对个体最好、最有价值的生活状

① 《马克思恩格斯全集》第42卷，人民出版社1979年版，第96页。

态。什么样的生活状态对个体最好、最有价值？将价值等级的评定标准的质的规定性和量的规定性统一起来，评定个体生活的理想状态的标准就是能够最大范围、最持久、最高程度地满足个体全面发展的需要。从这一标准出发，个体生活的理想状态就是指在现有生活条件下，能够最大范围、最持久、最高程度地满足个体全面发展需要的生活状态。

任何事物的理想状态都是指这一事物对于在一定的历史条件下从事具体活动的人有最高价值。因而，个体生活的理想状态就是指个体在社会的现实条件下最有利于个体存在和发展的生活状态。个体的理想生活对不同的个体和不同主体状况下的同一个体具有绝对有效性。既不违背理想生活的主体性特征，又体现上述理想生活的基本特征，而且与个体生活的本质保持一致的生活，只能被理解为自主生活。自主生活并不是一个抽象的生活范畴，而是在一定历史条件下有着社会具体内容和形式的生活。但是这种生活的具体内容和形式并不是自主生活的标志。自主生活代表的是生活的一种性质：一个人对自己的生活有了某种想象、理想的时候，他就有把这种想象、理想对象化的可能性。当然，我们说想象和理想一定要基于现实的合理性，即社会合理性和个人合理性。没有现实合理性的想象和理想在任何社会条件下都没有实现的可能性。

自主生活具有满足个体各种生活需要的可能性，也是个体满足自己全面发展需要所达到的主体生活状态，即个体自觉选择的、愿意过的、想要的、能够把握和驾驭的生活。个体的自主生活实际上是个体作为真正主体的生活，这不仅意味着个体基于理性在现有的社会条件下根据自己的状况选择自己的生活，还意味着个体以自己的本质力量支配、主宰自己的前途和命运，按照自己的理想实现自己的人生价值。这种生活不是动物式的生活，只是满足自己活着的需要；这种生活也不是苦行僧式的修行，压抑自己人性中的基本需要，而是能够满足具有客观现实性需要的生活；这种生活也不是局限于某种固定僵化的、教条的生活，比如人们曾经庸俗地解释共产主义就是“土豆烧熟了再加牛肉”，社会主义就是“孩子老婆热炕头”。自主生活涵盖了个体基于现实条件的对美好生活的各种阐释，包含了个体整个人生在每一阶段上的最高需求的辩证内容和形式，蕴含了贯穿整个人生的自我完善、自我发展、自我实现的性质和趋势。

1. 自主生活的个体主体性特征

自主生活是个体充分发挥自己的主体性而表现出自觉、自强、自律、自为和自由相统一特征的个体生活，也是从积极的个体主体性的角度表现出来的个体生活状态。自主生活的个体主体性特征就是自觉、自强、自律、自为和自由的统一。

郭湛教授在《主体性哲学——人的存在及其意义》一书中对个体主体性的历时性考察的研究结果有助于我们理解自主生活的特征。尽管历时性的个体主体性是指个体人生不同发展阶段上的主体性，但是，抛开人生的阶段性，它也大致反映了个体主体性在不同发展阶段上的特征。

自主生活的个体主体性特征之一是自觉。自觉的特征是指：“在现实的实践和认识活动中，人开始意识到自己并不是一个只能消极地接受外物或他人作用的被动的存在物，不一定要受某种命运的摆布。人可以在对客体认识的基础上主动地借助实践作用于客体，在这种对象化的活动中实现人的目的，从而证实自己的本质和力量。此种力量越大，越与人的本质相一致，人就越感受到自己作为人的主体性。”[①] 自觉的特征主要是指个体的自我意识的自觉特征。自觉的自我意识不仅克服了由于对自己生活的无知而造成的盲目、自发、主观和唯我的特征，实现了自己作为主体对于自己人生的主体地位、主体性质和主体作用的符合实际的全面的认识，而且对自己生活世界的矛盾以及自己的本质、属性、力量和自己生活对于自我的

① 郭湛：《主体性哲学——人的存在及其意义》，云南人民出版社 2002 年版，第 79 页。

主体价值、目的价值和手段价值等也有了成熟的自我认识。

自主生活的另一个体主体性特征是自由。自由的特征是指个体在自觉、自强、自为的基础上，在自己创造的生活世界和自我的世界中直观自身、确证自己是生活的主体而达到的一种对自身价值实现的心理体验。个体在自由的状态里，生活世界是自己的创造物，其中融进了个体对生活的真、善、美的诠释和对生活的全部激情、热情和创造性，在社会的界限内充分实现了个体的自我和人生境界。伴随着自我的实现，个体认识了生活的真谛，体验了人生的价值和意义，精神上充满了生活的幸福感。

2. 自主生活的主客体关系特征

从主客体关系的角度考察，自主生活是个体与自己的生活世界相统一的存在状态，它表现为个体生活的“本真”、“向善”和“审美”的统一。

“本真”的基本意义是指人根据或按照真理提供的尺度生活。“真”是指“真理”。真理是指人的头脑对客观事物及其规律的正确反映，代表的是人对客观事物必然性的把握和利用，是一种建立在客体尺度上的主客体的高度统一。个体生活的真理表现为有客观性的生活理性。真理对人的价值，不仅表现为对人类社会的巨大价值，还表现为对个体生活的重要价值。事实证明，没有真理就不会有个体的任何成功与自由，尤其现代社会是知识经济时代，掌握现代科学技术知识是成为现代社会劳动者的必要条件。社会依靠现代科学技术创造出来的供个体消费的生产和生活资料，对个体的知识素养也提出了更高的要求，就连人与人之间的交往也从经验、感性的层次走向了理性化层次，经济学、社会学、心理学、管理学、公共关系学、教育学等学科以及它们的交叉学科提供给人们的知识使人们有效地实现人与人之间日益复杂的社会交往。更为重要的是，随着个体对自己生活质量要求的全面提高，关于个体自身生理、心理健康的知识越来越被需要。可以说，个体生活越来越朝着知识化的方向发展，知识对于个体生活所具有巨大的价值，使得寻求真理性的生活意识成了人们特有的生活需要。

当个体的这种需要被满足的时候，人们会得到来自正确的生活意识带给他的对生活的自信和对生活的正确理解与态度，同时获得了在正确的生活意识指引下对自己生活的定位和把握。真理性的生活意识不仅能满足个体求知的需要，而且能满足个体生活实践的需要。获得和遵循真理性的生活意识是个体自主生活的基本条件之一。个体的自主生活不是可以摆脱客观世界必然性和规律性的制约及超越自身的自然规定性和社会规定性的“随心所欲”的生活，个体生活的实践本质决定了个体生活不仅受主体的自然存在的客观规定性、社会存在的客观规定性和精神规定性的制约，而且受生活世界诸多客体的本质和客观规定性的制约，这种制约反映了个体生活的真理所体现的必然性内容和个体生活对它的服从。个体自身和外部世界对个体生活的制约决定了个体生活只有建立在对个体自身的自然规定性、社会规定性和精神规定性，以及生活世界必然性的正确把握的基础上。在这个前提下，个体才能把自己的真正需要同自己的生活世界联系起来，建立起现实生活世界的“为我”关系，实现个体生活为自己服务的目的。正是在这个意义上，我们说，没有正确的生活意识，就不会有个体的自主生活。

“善”是个体生活追求的另一种理想和价值。一般来说，“善”是指任何事物，包括人本身的行为，对于人的生存、发展所具有的肯定意义。“善”与个体的现实生存和发展状态相联系，代表着人和社会自身必然性要求的实现，它集中体现了主体的现实尺度。

个体生活所追求的“善”指的是个体生活指向的客体、个体生活本身和结果对个体和社会所具有的肯定意义。在现实生活中，“善”包含两个方面的内容：其一，主要是指满足个体现实生存和发展的直接需要，通过个体生活实践获得的在物质生活和精神生活方面的功用、效益，使用价值。个体生活各种需要的满足都与它们分不开，这种价值是现实生活中的第一类价值。其二，充分满足自身发展需要的道德。这里的道德是包含法律在内的用以调节人与人相互关系的价值体系，它本身反映了由人的现实社会性所决定的人际关系的结构、秩序和规范。个体道德上的“善”就是指个体满足自己各种需要的行为能够满足自身社会关系发展的需要，维护和促进自己与他者相互关系的结构、秩序的稳定和发展。作为一种价值的个体道德，主要在于突出个体与他人关系的状态对自己和他人的意义的和谐一致，这是个体生活所追求的“善”的基本内涵，其中的价值在于承认、强调个体追求满足个体需要的功利的合理性和满足这种需要的合法性的统一。

个体生活的“善”常常只被理解为道德上的“善”，这是已经过时的观念。在传统社会或非市场经济的社会里，个人不具有独立的主体性质和地位，个人的活动不以个人的直接需要为目的，活动的结果不与个人发生直接的价值关系，所以，个体活动创造的功利价值不是对于个人的价值，而是对于群体的价值。这种“异化”的关系，使个人生活的“善”不直接表现为其活动的功利价值的大小，而是表现为对于功利价值的最小的享受或占有，即道德上的“修身养性”。但是，在现代社会条件下，个人是自己生活活动的主体，活动最为重要的直接目的之一是获得功利价值。“善”作为客体对个体的肯定的作用和意义，必然包含客体对个体需要的满足，表现为客体的物质价值、精神价值或物质—精神综合价值的丰富和发展。个体越是在生活，创造更多的功利价值，越是确证个体作为主体的价值和活动的效率，从而就越是满足自己的生活需要，这就更大程度地实现了个体生活的意义，即实现了个体生活的更高程度的“善”。

但是，将个体生活的“善”仅仅理解为功利价值的实现也是片面的。因为，个体的社会性决定了个体生活的社会意义，这种社会意义在最根本上是对于自我的意义。这样，个体生活的“善”还应该表现为它对于社会的肯定意义，即实现它的道德上的价值。功利价值和道德价值的统一才是个体生活的真正的“善”。

“审美”也是个体自主生活的一个特征。个体按照自己的尺度能动地创造出自己的生活，就会在精神上把自己和自己创造出来的对象世界作为对象进行反观，从对象世界那里反观自己自由地创造生活的力量，充分体验人生的意义、价值和生活的美好、幸福，并在心理上产生一种超越功利和世俗层面的高级的满足感和自由感，这就是生活的美感。生活的美产生于个体在生活中积极主动地确立了自己的主体地位，并且在对象世界中确证了自己作为主体的本质力量，自己的需要得到了确定的满足，自我得到了充分实现的一种自得的状态。所以说，美是个体生活充分主体化的生活境界。

个体的充分主体化就是个体自由的存在状态。生活的美与个体的自由是内在统一的，只有自由的个体，把握了自己和外部世界的必然性，对自己生活世界自主地支配才能把自己的本质力量赋予客体，以审美创造的姿态对待自己的生活，按照美的尺度来体现自己的生活，从而从生活世界中直观、欣赏自己的主体力量。而当个体处于为必然性盲目支配、为生活所迫“身不由己”的时候，无法体现个体的力量对生活世界的支配，也就根本不会产生对自己生活的美的感受。在美的世界中，个体才会超越世俗、功利的羁绊，深切地感受到生活世界与个体世界的交融、和谐一致，体验到自由创造的幸福和愉悦。

审美是个体自主生活的基本特征，是个体审美能力的实现。审美的生活境界并不是高不可攀的，只要个体自主地生活着，无论他的生活需要和生活水平是何种层次的，其生活一定会充满美感，他都可以达到对生活的审美。

3. 自主生活的限度

人以社会的形式面对自然界，在社会生活中，个体并不直接解决自己同自然界的矛盾，而主要是处理个体与他人、与社会的关系问题，个体的自主是个体社会关系中的自由。由于个体、他人、社会主体的性质，贯穿个体与他人、与社会的关系是主体间的关系。主体关系的特点在于：每个主体都不把对方当作外在的、对立的客体来对待，而是把对方当作主体，充分尊重对方作为主体的地位及主体的为我性、自律性和自为性的本质和特性。主体间的关系模式规定了个体和他人、社会之间关系的平等、独立、互助、协作的性质。就此而言，个体的自由最根本的是社会自由。

个体的社会自由是以权利和义务相统一的形式表现出来的。为了保证每个人拥有同样的权利，作为一种"社会契约"，每个个体必须履行相应的义务，即每个个体获得权利的同时要承担与权利对等的义务。权利和义务，是个体行为界限的两个因素，这一界限在权利与义务统一时达到最高值——个体以主体的地位和主体的性质生活着，即个体实现了自主生活。

自主生活的本质是个体在自己的生活中充分享有社会所规定的个人生活的自由。自由的内涵是按照得到社会保障和认可的意志行动的权利。个体享有的权利是指由法律规定的个体在国家和社会生活中"有权做什么"和"无权做什么"。按照享有的权利，个体可以在法律规定的范围内，根据自己的意志决定自己的行动，从而合理地实现自己的愿望和目的。享有各种权利是个体自主生活的标志，一旦个体的权利被剥夺，个体就不是按照自己的意志和愿望行动，而是在活动中为他人服务、受他人支配、处于他人的强迫和压制之下，个体生活就失去了自主的性质和特征。但是，从权利的内涵中我们会发现，权利本身包含着限制。法律规定个体"能够做什么"，同时就规定他"不能做什么"，所以，自由是受限制的自由，这正如马克思所指出的："……自由就是从事一切对别人没有害处的活动的权利。每个人所能进行的对别人没有害处的活动的界限是由法律规定的，正像地界是由界标确定的一样。”① 个体权利的有限性和个人自由的受限制性体现了个体享有权利的条件性。由于这种条件对每一个个体均等有效，其实质是保证所有个体享有相同的权利，这一条件就是以义务、责任表现出来的对个体行为的约束。这等于说，想要自己的生活不被他人“干预”，唯一的途径就是把自己的生活限制在权利和义务统一的界限内。生活不被“他者”干预，就是在自己的生活中做到了“自觉”“自为”“自律”，即“自主”。因而，个体的自主生活中包含着个体权利和义务的统一。

义务体现为责任。在法律上承担责任的条件是个人拥有正常的理智和选择能力，而行为具有可选择性。但是，我们所说的个体是主体，主体具备承担责任的一切条件。所以，一切个体都是义务和责任的载体。个体享有自由的权利，就要担负义务和责任。现代社会法律的基本精神是没有无义务的权利，也没有无权利的义务，权利与义务是不可分割的，社会生活中的任何个体都不能享有绝对的自由或绝对的义务、责任。

个体在生活中充分认知自己的权利并充分实现自己的权利，是个体主体性的表现。一个不知道自己有什么权利和没有什么权利、有什么责任和没有什么责任的人，只是一个人，并不是一个真正的个体，他是在没有任何理性根据的情况下过一种盲目的生活，是一种自在的存在。而知道自己的权利并在生活中努力以各种方式实现着各种权利但偏偏不知道或者根本放弃自己的义务和责任的人，虽然算得上是主体，但他是一个以自我为中心的占有式的主体，违背了现代社会个体享有自由的社会条件。由于在现代社会里权利和义务、责任的对等性质，如果个体只是享有绝对的权利，那么他必然要为此付出相应的代价，这样的个体根本不能将自己的生活引向和谐、幸福、可持续的生活状态。不知道自己有什么权利，只知道自己该尽什么义务的人，不仅不是生活的主体，而且是被生活奴役的人。

---

① 《马克思恩格斯全集》第 1 卷，人民出版社 1956 年版，第 438 页。

个体不能在生活中将权利和义务、责任统一起来，就是他作为主体“不在其位”。主体“不在其位”，根本称不上是主体，更谈不上积极的主体性。个体的内在本质就是作为权利主体和义务主体、责任主体相统一，将这两个方面在现实生活中统一起来，也是个体的权利、义务和责任。而这一过程是一个复杂的、充满各种矛盾的过程，是个体充分发挥积极的主体性正确处理好各种主体性矛盾的过程，也是个体确证自己是生活主体的过程。个体能够在生活中充分、有机地将自己的权利和义务统一起来，其生活就达到了理想的状态，即自主生活状态，其主体性就达到了最高境界。

四、超越现代性中的“我们”：“自由的共同体”

超越现代性，仅仅依靠个体的主体性解构、重建，只是达到零碎的、碎片化的反抗，远远无法消解现代性的超乎寻常的力量，更无法达到对新纪元的迎接。超越现代性，不是“我”的历史任务，而是“我们”（类主体）的使命。

（一）超越现代性：释放现代性的解放力

通过前述几章的分析，我们看到，马克思将道德的、价值的批判和科学的、历史的批判相结合，将规范性和科学性相统一，着眼于自由与共同体问题，既从人类自由历史演进的角度肯定了现代资本主义社会及其担纲者的成就和历史合理性、正当性，同时，更依据这个社会对人类自由之现实可能性的限制、束缚而从社会经济、政治、文化诸方面深刻揭示了它的不义、不合理。通过对资本主义社会之经济基础的分析，马克思指出，凭借对资本的掌握、对生产资料的垄断性占有，资本家得以在市民社会的经济过程中剥削工人阶级的剩余劳动，由此而形成的，是一个阶级分裂和阶级对抗的社会，在这个社会中，不仅工人是异化而不自由的，资本家也是扭曲而不自由的；通过对资产阶级政治国家的考察分析，马克思又揭示出，凭借由上述这种经济基础所决定的对国家政权的掌握，资产阶级又将市民社会中的这种阶级剥削延伸为政治领域中的阶级压迫和统治，现代资产阶级政治国家是虚幻的共同体，其中所谓的平等自由是抽象的、纯粹形式的，因而也是虚幻的平等自由；而通过意识形态和拜物教理论，马克思不仅告诉我们，凭借在文化意识上建立起的霸权，资产阶级进一步将经济、政治上的剥削、压迫关系拓展为心理上、精神上的操控和奴役，而且还表明，资本主义的文化心理意识所禁锢束缚的不仅仅是无产者，也禁锢束缚着作为统治阶级的资产者，进而表明，资本主义社会的价值观从根本上背离了人的自由、人的全面发展这一目标，它既不可能促使这个社会去实现它自己所创造的可能性，也扼杀了共同体精神得以生长的心理土壤；至于当今的“全球化”，在马克思的理论视野下，无非是将资本主义生产方式下的这种剥削、压迫、奴役、束缚以及自我奴役、自我束缚的关系推向全世界的过程。

一般认为，马克思的资本主义批判就是他的现代性批判。但必须指出，不能就此认为马克思将现代性等同于资本主义。毋宁说，在马克思看来，资本主义是现代性的一种狭隘的、病态的表现。现代世界或者说现代性包含着巨大的解放潜能，而资本主义形式下的生产和交换曾经是现代世界或者说现代性的催生、推动力量，但问题是，同样是这种资本主义社会形式，如今成了现代性本身和现代性对于人类之解放潜力的桎梏和拖累，因此，为了人类解放，资本主义必须退出历史舞台，但是，现代性却不必也不可为之殉葬。它需要的是在一种剥除了“狭隘的资产阶级形式”的更开放的新形态下的进一步发展和生长，需要的是充分释放出自身蕴含着的解放潜能。就此而言，马克思对于资本主义狭隘形式下的现代性的反思和批判与当代那些站在“后现代主义”或“保守主义”立场上的反思批判显然不同，而更接近于那些站在“拓展现代性”或“重构现代性”立场上的批判。它是对现代性的重构，而不是终结。而重构现代性的根本目标，就是继承和发展现代性的成就并以这种成就为基础的“人类解放”。

只要稍稍对照一下马克思在青年时代即明确表达的思想取向——“哲学家们只是用不同的方式解释世界，问题在于改变世界”，我们即可发现：马克思对于资本主义社会的分析批判，乃是为积极的社会改造铺垫学理基础。因此，马克思的批判揭示了资本主义社会中“自由”和“共同体”的背反，但更是为了寻求“自由”和“共同体”双双复归而走向“自由的共同体”。就此而言，一种积极的规范性理论既是马克思理论体系的重要一环，同时，鉴于今日我们和我们生活于其中的这个世界依然受到种种束缚，特别是全球资本主义的束缚，这种规范性理论对于今天我们如何思考、如何超越这个世界，都具有重要意义。而这样一种积极的规范性理论，就包含在马克思“人类解放”的共产主义理念中，包含在关于“自由人的联合体”的思想中。

马克思初步提出迈向自由的共同体的“人类解放”思想是在1844年的《论犹太人问题》一文中。针对青年黑格尔主义者鲍威尔认为只要消灭宗教，一切人就能成为公民而得到解放的观点，马克思指出，鲍威尔的这种观点表明他把人的解放问题仅仅看成宗教解放和政治解放的问题，把人对根本自由或者说解放的追求仅仅看成对作为公民的政治自由的追求，把政治自由同全人类自由混淆了。而实际上，资产阶级的政治革命事实上是市民社会的革命，它打倒了封建专制统治，完成了市民社会（资产阶级社会）和国家的分离和独立，其最本质、最核心的意义是“劳动力”的解放，即为资本主义提供了“人身自由”的劳动力商品。但是，由于政治革命没有变革作为社会基础结构的市民社会本身，特别是没有变革私有财产制度，因此，所谓政治解放即市民社会从封建国家中的独立，无非只是完成了从“政治等级”到“社会等级”的转变过程；而市民社会和现代资产阶级政治国家的分离，也无非就是囿于“人对人的全面战争”状态的市民社会中的“现实的人”和“抽象的公民”的分离过程；“现实的人”是没有真正获得解放、没有实现其真实人性的不自由的人，资产阶级政治国家只是由“抽象的公民”构成的冒允的或虚假的共同体。立足于市民社会并仅仅着眼于市民社会的独立而不改变市民社会本身结构的政治革命不可能实现人类解放，不可能造就“自由的共同体”，只有通过立足于“人类社会或社会的人类”进一步的经济革命和社会革命，才能进一步通往人类解放的目标。

这可以说是马克思“人类解放”思想最初步的正面表达。紧接着在《1844 年经济学哲学手稿》中，马克思进一步指出：共产主义，作为完成了的自然主义，等于人本主义，而作为完成了的人本主义，等于自然主义；它是人与自然界之间、人和人之间的矛盾的真正解决，是存在与本质、对象化与自我确立、自由和必然、个体和类之间的抗争的真正解决。马克思的这一表述，表明共产主义乃是人类自我创造精神从自我束缚中的解放，人与自然的关系从狭隘的功利关系中的解放，人与人、人与社会的关系从各种强制中的解放。由此，社会，作为占有了其真正本质的自由人的结合体，也就成为人与人之间、人与类之间的矛盾抗争得到真正解决的共同体——“自由人的联合体”。

（二）自由人联合体的特征

“自由人的联合体”最凝练地表达了马克思“人类解放”的基本理想。这个理想就其性质而言是非常高远的，以至于一百多年后，罗尔斯在提出他的正义社会的理想时还特别指出：“马克思倾向于把充分发展的共产主义社会看作是每个人能充分实现他的本性、能表现自己全部力量的社会。”这样的社会已排除了必须诉诸他所说的正当和正义原则的理由，因而是“超越了正义的社会”。马克思认为：社会的存在和人的实践互为因果，社会并不是从外部强加于个人之上，而是内生于人的本质属性的，为“自由的共同体”即“自由人的联合体”提供了逻辑可能性，而其立足于历史唯物论对资本主义社会自身矛盾运动的分析，又为这种逻辑可能性补充了历史性论证。

笔者联系前面的有关论述，来解读一下马克思基于人类解放的目标而重构现代社会的基本思想。

第一，马克思首先区分了两个“王国”——“必然王国”和“自由王国”，相应地区分了两种“自由”——“必然王国”中的自由和“自由王国”中的自由。从根本上说，人的自由或者说解放意味着既摆脱自然必然性的束缚，又摆脱来自社会的奴役。但是，就前者而言，现代社会的生产力虽然使现代人在很大程度上不再匍匐于自然的暴虐之下，但由于人的自然本性，他不可能彻底摆脱自然必然性的束缚，因此，在这个不可能彻底消除的“必然王国”中，所谓自由主要是摆脱来自社会本身的奴役，主要是消除社会性的压制和一切有损于人的尊严的关系。这就要求对现有资本主义社会关系、社会组织进行全面的改造革新，即要进行社会经济领域中的革命，从而使人作为“社会化的人”，通过自愿的社会联合，通过对劳动的充分合理的组织，“消耗最小的力量，在最无愧于和最适合于他们的人类本性的条件下”完成“由必需和外在目的规定要做的劳动”，完成他们与自然之间的物质交换。

“最后的革命”只能由无产阶级来完成，只能是无产阶级的历史使命。因为无产阶级在现存的资本主义社会中被排斥于社会之外，与其余一切阶级发生最激烈的对立。换言之，唯有“一个被戴上彻底的锁链的阶级”，一个因为自己的普遍苦难而达到“人的完全丧失”的阶级，一个“不能再求助于历史地位而只能求助于人的地位”的阶级，才会为“人的完全恢复”或“人的全面拯救”而斗争，才有资格充当人类真正解放的利益的代表者。因为只要人类不能得到彻底的解放，这个阶级就不可能解放自己。这个阶级就是市民社会的非市民阶级，就是无产阶级。无产阶级是人类解放的物质力量。无产阶级在取得政治上的统治地位之后，应当对资产阶级社会关系进行改造，而并非简单地夺取政权，变成另一个统治阶级。用今天的话来说，马克思关于变革资本主义各种社会关系、社会制度的理论，或者说“无产阶级专政”的理论，其主张事实上是：在经济活动中，要实行经济民主，要在通过消灭私有制而解决了所有权的基础上进一步由“联合起来的生产者”共同掌握生产过程的控制权（今天这已是发达国家劳资斗争的焦点所在），从而在生产关系中消灭强制；在社会生活中，要在消灭现代政治国家对于人的压迫、强制职能的同时，其对于社会事务的组织、管理职能让位于社会的自我组织，让位于自愿联合起来的个人的自我协调、自我管理。总之，相比于政治领域中的革命，马克思关于变革资本主义社会关系、社会制度的理论更强调和重视社会和经济领域中的革命；而所谓改变政治国家和市民社会彼此分离的状况，是要以经过改造的社会将国家政权重新收回，是要使“真正的人”不再是“抽象的公民”，而是“现实的人”。

第二，通过变革资本主义私有制以及以此为基础的各种社会关系，通过社会将国家政权重新收回，从而消除来自社会本身的强制和奴役，这只是通向“自由的共同体”的第一步。因为，尽管摆脱了社会性的奴役与强制，但就其仍然受制于自然必然性而言，人们依然处于“必然王国”之中，只有在这个“必然王国”的彼岸，真正的“自由王国”才能开始。这就要求在对资本主义社会关系、社会组织进行彻底改造之后，要进一步大力发展生产力，来为迈向“自由王国”奠定坚实的基础。生产力的发展之所以关键，是因为：

其一，共产主义社会作为“自由人的联合体”或者说“自由的共同体”，是一个平等地满足每个社会成员的需求（满足需求的平等），从而实现每个人实质性的平等、自由的社会。为此，社会——作为一个真正的共同体——就必须认真面对社会成员之间所有天赋的和后天的差别，并根据这些差别给予区别对待，达到真正的平等。而要实现满足需求的平等或者说按需分配，则必须以生产力高度发展而带来社会财富的极大丰富为前提。

其二，人尽管不能彻底消除“必然王国”，不能彻底摆脱自然必然性的牵累，但是，充分发展的生产力可以使“集体财富的一切源泉都充分涌流”，进而能够大大降低自然必然性对人的摆布、束缚，特别是生产力的发展、生产效率的提高可以大大缩短必要劳动时间，从而大大缩短工作日，将劳动者从劳动中解放出来。即它是通向自由的道路。那么，在废除私有制、从根本上消灭剥削之后，为了自由王国的繁荣，社会就必须依靠现代生产力的充分发展将劳动时间缩短到最低限度。就马克思认为自由王国的繁荣依赖于现代生产力的充分发展而言，他显然与后来其他一些将现代科技看作现代社会万恶之源的现代性批判者不同，在马克思看来，现代科技是现代世界的伟大成果，是人类的解放力量。也正因此，马克思批判现代性不是要终结现代性，而是为了重构现代性，而重构现代性的目的，就是要释放并进一步发展被“狭隘的资产阶级形式”所禁锢的现代性的解放潜力。

第三，要重构现代性，释放并进一步发展现代性的解放潜力，除了要变革资本主义社会经济和政治关系、大力发展社会生产力，还需要一个价值观念的转换，或者说，还必须重塑现代社会的文化精神。正如我们今天看到的，资本主义私有制经济形态形成的拜金主义、物欲主义、消费主义，或者说占有性个人主义的文化价值观念禁锢了人们的活动。本来按照正常经济理论，人类在必要劳动时间完成之后，可以解放出来，去从事更丰富的活动，去发展更丰富更全面的能力。但现实是，人类被更加牢牢地束缚、限定在了赚钱、消费这种单一的、片面的活动上。不改造这种文化价值观念，即使高度发达的生产力为人们赢得了充分的自由时间，人们也不可能成为真正的自由人，借用哈贝马斯的术语，“自由王国”难免会被客观必然性的逻辑所“殖民化”。当然，私有制的废除，特别是高度发达的生产力带来的物质富裕可以为这种文化价值观念的转变提供前提，但是，现代文化精神、价值观念的重塑还需要具有更明确的方向。马克思的论述则明确告诉我们：对真正作为人的人来说，真正重要或者说美好的，不是金钱，不是占有，不是消费，而是丰富的活动本身，是体现在这种丰富的活动中的人的能力的全面发展。

也许，更接近事实的是，现代性是客观发展的结果，它无法被摧毁，只能被超越。这种超越可以通过个体的主体性重建去消解，但无法从根本意义上解决现实冲突。在马克思那里，这种对现代性的超越，应该通过类主体的力量。而类主体的力量，也不是简单的空对空的虚无的理论对理论的批判，而是对根植于资本主义的生产关系的批判、超越。只有针对生产关系的超越，才是最终意义上对现代性的接收、超越！

参考文献

一、中文译著

《马克思恩格斯全集》第 1—50 卷，人民出版社版。

《马克思恩格斯选集》第 1、2、3、4 卷，人民出版社 2012 年版。

[法] 鲍德里亚:《生产之镜》，仰海峰译，中央编译出版社 2005 年版。

[加] 查尔斯·泰勒:《现代性之隐忧》，程炼译，中央编译出版社 2001 年版。

[美] 大卫·库尔珀:《纯粹现代性批判》，臧佩洪译，商务印书馆 2004 年版。

[美] 戴维·哈维:《后现代的状况》，阎嘉译，商务印书馆 2003 年版。

[英] 戴维·麦克莱伦:《卡尔·马克思传》，王珍译，中国人民大学出版社 2005 年版。

[法] 德里达:《马克思的幽灵》，何一译，中国人民大学出版社 1999 年版。

[德] 哈贝马斯:《重建历史唯物主义》，郭官义译，社会科学文献出版社 2000 年版。

[德] 海德格尔:《存在与时间》，陈嘉映、王庆节译，生活·读书·新知三联书店 1999 年版。

[德] 黑格尔:《法哲学原理》，范扬、张企泰译，商务印书馆 1996 年版。

[德] 马科斯·霍克海默、西奥多·阿道尔诺:《启蒙辩证法》，渠敬东、曹卫东译，上海人民出版社 2003 年版。

[英] 安东尼·吉登斯:《现代性的后果》，田禾译，译林出版社 2000 年版。

[英] 吉登斯:《现代性自我认同》，赵旭东、方文译，生活·读书·新知三联书店 1998 年版。

[英] 吉登斯等:《自反性现代化——现代社会秩序中的政治、传统与美学》，赵文书译，商务印书馆 2004 年版。

[英] 卡尔·波兰尼:《大转型：我们时代的政治与经济起源》，冯钢、刘阳译，浙江人民出版社 2007 年版。

[法] 莱姆克等:《马克思与福柯》，陈元等译，华东师范大学出版社 2007 年版。

[波兰] 莱泽克·科拉科夫斯基:《经受无穷拷问的现代性》，李志江译，黑龙江大学出版社 2013 年版。

[美] 劳伦斯·E. 卡洪:《现代性的困境——哲学、文化和反文化》，王志宏译，商务印书馆 2008 年版。

[匈]卢卡奇:《历史与阶级意识》，杜章智等译，商务印书馆 1996 年版。

[法] 路易·迪蒙:《论个体主义：人类学视野中的现代意识形态》，桂裕芳译，译林出版社 2014 年版。

[美] 马尔库塞:《单向度的人》，刘继译，上海译文出版社 2008 年版。

[美] 马泰·卡林内斯库:《现代性的五副面孔》，顾爱彬、李瑞华译，商务印书馆 2003 年版。

[美] 马歇尔·伯曼:《一切坚固的东西都烟消云散了》，徐大建、张辑译，商务印书馆 2013 年版。

[英] 特里·伊格尔顿:《后现代主义的幻象》，华明译，商务印书馆2000年版。

[英] 特里·伊格尔顿:《历史中的政治、哲学、爱欲》，马海良译，中国社会科学出版社1999年版。

王逢振主编:《詹姆逊文集》第4卷，中国人民大学出版社2004年版。

[德] 马克斯·韦伯:《新教伦理与资本主义精神》，阎克文译，上海人民出版社2010年版。

[英] 约翰·格雷:《伪黎明：全球资本主义的幻象》，张敦敏译，中国社会科学出版社2002年版。

[美] 詹明信:《晚期资本主义的文化逻辑》，陈清侨等译，生活·读书·新知三联书店1997年版。

二、中文著作

陈嘉明:《现代性与后现代性十五讲》，北京大学出版社2006年版。

陈学明、马拥军:《走近马克思》，东方出版社2002年版。

陈志刚:《现代性批判及其对话——马克思与韦伯、福柯、哈贝马斯等思想的比较》，社会科学文献出版社2012年版。

丰子义、杨学功:《马克思“世界历史”理论与全球化》，人民出版社2002年版。

侯衍社:《马克思的社会发展理论及其当代价值》，中国社会科学出版社2004年版。

胡颖峰:《吉登斯现代性思想研究》，中央编译出版社2011年版。

黄瑞祺:《马学与现代性》，(台北) 允晨文化实业公司2001年版。

李欧梵:《未完成的现代性》，北京大学出版社 2005 年版。

罗钢、王中忱:《消费文化读本》，中国社会科学出版社 2003 年版。

罗骞:《论马克思的现代性批判及其当代意义》，上海人民出版社 2007 年版。

孙立平:《转型与断裂：改革以来中国社会结构的变迁》，清华大学出版社 2004 年版。

王平:《后马克思主义的现代性反思及其对建构和谐社会的启示》，学习出版社 2014 年版。

王绍光:《安邦之道：国家转型的目标与途径》，生活·读书·新知三联书店 2007 年版。

吴晓明、王德峰:《马克思的哲学革命及其当代意义》，人民出版社 2005 年版。

郗戈:《现代性的矛盾与超越——马克思现代性思想与当代社会发展》，中国人民大学出版社 2014 年版。

俞可平编:《全球化时代的“马克思主义”》，中央编译出版社 1998 年版。

俞吾金、陈学明:《国外马克思主义哲学流派新编（西方马克思主义卷)》（上、下册），复旦大学出版社 2002 年版。

俞吾金等:《现代性现象学》，上海社会科学出版社 2002 年版。

张曙光:《现代性论域及其中国话语》，武汉大学出版扳社 2010 年版。

张一宾:《回到马克思》，江苏人民出版社 1999 年版。

赵剑英、庞元正主编:《马克思哲学与中国现代性建构》（马克思哲学论坛文丛·第四卷），社会科学文献出版社 2006 年版。

三、外文著作

Jean Baudrillard, *The System of Object*, verso, 1996.

Karl Lowith, *Marx Weber and Karl Marx*, translated by Hans Fantel George Allen & Unwin (Publishers) Ltd.,1982, p.76.

Marx and Modernity, edited by Robert J. Antonio, Blackwell Publishers, 2003.

Marxism, Mysticism and Modern Theory, edited by Suke Wolton, Macmillan Press Ltd., 1996.

责任编辑：陈晓燕
封面设计：九五书装

图书在版编目（CIP）数据

马克思现代性批判理论及其当代价值 / 余艳 著 . — 北京：人民出版社，2024.1
ISBN 978 – 7 – 01 – 026073 – 0

I. ①马… II. ①余… III. ①马克思主义 – 政治哲学 IV. ① D0

中国国家版本馆 CIP 数据核字（2023）第 209103 号

马克思现代性批判理论及其当代价值

MAKESI XIANDAIXING PIPAN LILUN JI QI DANGDAI JIAZHI

余 艳 著

人民出版社 出版发行
（100706 北京市东城区隆福寺街 99 号）

北京汇林印务有限公司印刷 新华书店经销

2024 年 1 月第 1 版 2024 年 1 月北京第 1 次印刷
开本：710 毫米 ×1000 毫米 1/16 印张：17.25
字数：241 千字

ISBN 978 – 7 – 01 – 026073 – 0 定价：56.00 元

邮购地址 100706 北京市东城区隆福寺街 99 号
人民东方图书销售中心 电话（010）65250042 65289539